中国家庭教育观察
——赵忠心访谈录

赵忠心 ◎ 编著

学苑出版社

图书在版编目(CIP)数据

中国家庭教育观察:赵忠心访谈录/赵忠心编著.
—北京:学苑出版社,2013.7(2021年6月重印)

ISBN 978-7-5077-4310-4

Ⅰ.①中… Ⅱ.①赵… Ⅲ.①家庭教育-研究 Ⅳ.①G78

中国版本图书馆CIP数据核字(2013)第135887号

责任编辑	任彦霞
出版发行	学苑出版社
社　　址	北京市丰台区南方庄2号院1号楼
邮政编码	100079
网　　址	www.book001.com
电子信箱	xueyuan@public.bta.net.cn;xueyuanyg@sina.com
销售电话	010-67675512、67678944、67601101(邮购)
经　　销	新华书店
印 刷 厂	北京虎彩文化传播有限公司
开本尺寸	787mm×1092mm 1/16
印　　张	21.50
字　　数	317千字
版　　次	2013年7月第1版
印　　次	2021年6月第4次印刷
定　　价	55.00元

序　言

我是专门从事家庭教育理论研究的学者，主要是通过"文字"说话、表达学术观点。我还是大学教师，当然也通过在学校给学生开课，指导研究生、进修生和访问学者，出席学术会议，到各地讲学，推广、宣传我的研究成果。

与此同时，我还经常接受各种媒体的采访，表达我的家庭教育思想和家庭教育热点问题的观点。

从1980年发表第一篇文章开始，时至今日，已经在国内外220多家报刊发表文章2800多篇，出版书籍60多种，总共2000多万字；到国内外讲学上千场次，在学校开设选修课十余年，听课学生达四五千人，培养研究生、进修生和访问学者数十名。应当说，我很幸运，当今这个开放的社会给我提供了很多的发表言论、推广学术思想、为社会服务的机会。

然而，我所研究的对象"家庭教育"比较特殊，与高等学校教育理论专家研究的对象有所区别。我研究的对象是非常普遍的社会生活现象，跟家家户户有关系，跟人人有关系，人们都非常熟悉。

我们每个人在社会上的职业、身份虽然各不相同，但在家庭里，不是"教育者"，就是"受教育者"，概莫能外。而且随着社会的发展，人们逐步从对子女"数量"的追求转变为重视子女的"质量"，家庭教育由过去的"粗放型"转变为"集约型"，由"广种薄收"转变为"精耕细作"，都要对子女"精雕细刻"。特别是独生子女家庭，家长对孩子"质量"要求之高，对培养教育重视之程度，可以说是空前的，培养孩子成为家庭里的头等大事，大家迫切希望实现家庭教育科学化。因此，对家庭教育理论指导的需求越来越强烈。我的研究成果，牵涉到千家万户的切身利益。

但在30年前，20世纪80年代初期，我刚刚介入这个学术领域的时候，有的人甚至还不知道"家庭教育"为何物？"家庭教育"理论研究几乎是无人问津，这个领域还是无人光顾的"处女地"。我单枪匹马地贸然进入这个领域，是名副其实的"孤独的拓荒者"。环顾左右，冷冷清清，只有我孤零零的一个人在"孤军奋战"。直到今天，像我这样把家庭教育理论研究作为主要研究方向的人，国内还是寥寥无几，许多人是把"家庭教育研究"作为副业，家庭教育理论研究始终没成"气候"。这就与强烈的社会需求形成了鲜明的反差，远远满足不了社会的需要。

30年来，尽管我发表了许多篇文章，也陆续出版了一些书籍，到全国各省市讲学，但对我们这样一个十数亿人口的泱泱大国来说，有如杯水车薪。特别是我们国家正处在改革开放的年代，家庭教育面临着许多前所未有的新情况和新问题，而且是层出不穷。家长们在培养教育子女的过程中，遇到了很多的困惑和麻烦，家长普遍感到"老方法不灵，新方法不明"，需要及时给予解释和解决。

具有职业敏感和社会责任感的传媒记者们发现了问题，就主动找上门来，跟我一起共同探讨那些五花八门、眼花缭乱的家庭教育新情况、新问题和家长的困惑或麻烦，希望听听我的见解，以帮助家长分清是非，排忧解难。尽管我很忙，时间非常宝贵，但却无法拒绝。作为专门从事家庭教育理论研究的学者，我责无旁贷，必须挤出时间，接受记者的采访，以尽职业赋予我的责任。

30年来，我曾先后接受境内外100多家媒体记者的采访。这其中有《新华社》、《人民日报》、《光明日报》、《文汇报》、《中国教育报》、《中国妇女报》、《中国青年报》、《中国人口报》、《中华儿女》、《国家教育行政学院学报》、中央电视台、中央广播电台、凤凰卫视中文台、美联社等多种媒体。有的媒体多次采访，甚至达数十次。算起来，总共接受530多次采访。在这个过程中，有幸结识了许多新闻界的年轻朋友，有的我们已经成为"忘年之交"。在和这些记者朋友接触的过程中，他们给予我很多的启发，也使我变得年轻。

接受记者的采访与撰写文章、书籍不同。撰写文章、书籍当然也要具有针对性，但表达观点的对象是有读书看报雅兴的人，对所谈问题需要论证，说明"来龙去脉"、"前因后果"，论证就需要尽量全面、系统，有逻辑性。在生活节奏加快的今天，有的读者就觉得看文章、书籍不"解渴"，不想花精力了解问题的"来龙去脉"、"前因后果"，只想一下子就知道最终的"结论"，希望回答疑问、破解困惑要开门见山，直截了当，旗帜鲜明，一针见血，简单明了，不要"拖泥带水"、"模棱两可"。通过记者采访报告传出去的信息，便能适应这种社会需求。

记者所采访的问题，很具有鲜明的时代特征，都是现实生活中刚刚发生、引人关注、还没有解决的问题。当然，撰写文章、书籍也不能脱离现实的生活实际，无的放矢、"无病呻吟"。但发表文章、出版书籍，或长或短总是需要一定的时间，不及时，缺乏时效性，往往会错过最好的时机，有时候放的是"马后炮"。通过记者采访发表观点，就具有迅速、及时发布信息的优势。

记者所采访的问题，一般都是社会上的热点问题、热门话题。各种媒体"炒作"得很凶，万众瞩目，街谈巷议，议论纷纷；一些冒牌"专家"在经济利益的驱使之下，故意混淆视听，把家长的思想搞乱，往往众说纷纭，莫衷一是，一时间成为社会各界热议的焦点。这些问题或话题，不仅有是与非、正确与谬误的问题，往往还直接牵扯到某些利益集团的利益，包括社会信誉或经济利益。因此，也是比较敏感的问题，发表观点要冒很大的风险。

尽管如此，由于社会责任感的驱使，我必须直面现实，不能躲闪、回避。我必须旗帜鲜明，不能模棱两可，随声附和，要大胆地发表自己的观点，让读者、观众或听众去琢磨、品评、思索、取舍，做出选择。当然，我发表的任何观点，都是经过深思熟虑，自信是正确无误的，符合大众的利益，能被主流社会所认可的；而不是随意应付的，更不是趋炎附势，违心地附和某一利益集团。

我必须站在学者的立场，独立思考，主持正义，坚持公正，我得对大众负责，对社会负责。尽管，由于我公开发表了对一些敏感问题的观点，揭露了一些骗局，影响了一些人"取之无道"的经济利益，曾经遭到过攻击、谩骂、骚扰甚至威胁；但我无所畏惧，无怨无悔，始终以追求真理为天职。不管面临什么样的艰难险阻，我不能辜负大众的期望，必须一如既往地袒露心胸，直言不讳，毫不隐瞒自己的观点，以澄清是非，正本清源，以正视听。

除了接受记者关于热点问题、热门话题的应时性的采访之外，我也接受过一些比较深入的采访。由于我系统研究家庭教育理论问题几十年，一些记者从各种媒介对我的学术成就和学术见解有了一些了解，便希望我能对当前我国家庭教育的一些重大的、带有倾向性的实际问题和重要的理论问题，系统地发表意见和观点，进行比较深入的探讨和论述。多数问题是谈三四个小时，有的要谈一整天，有一次甚至连续谈了两个晚上整整十二个小时。这类采访虽为数不多，但却给了我一些机会，能以宏观的视野，通观全局，尽可能比较系统地发表我的见解，我便有机会敞开心扉，展开议论，直抒胸臆，言无不尽。这样，我就会把问题谈得比较全面、深入、透彻一些，既解决了回答记者进行应时性采访的"意犹未尽"的遗憾，也使读者对问题有一个全面的了解，避免了由于太追求"直截了当、简单明了"而往往造成的理解上的"歧义"或"断章取义"的麻烦。

本书所收集的记者就家庭教育的"热点问题"和"热门话题"的采访稿件，虽然都已成为"过去时"，但并没有丧失它的价值。

家庭教育虽然是在家庭这个比较封闭的社会组织形式中实施的一种教育，但家庭并不是孤立于社会之外的，不是跟社会生活相隔绝的，社会的政治、经济和文化的变革，会通过各种渠道渗透到家庭生活中，直接影响着家庭教育的进程和效果。特别是市场经济社会，它是具有强大生命力的、生机勃勃的社会，发展非常迅速，可以说是一日千里，日新月异。社会上新的事物、思想和观念层出不穷，对家庭教育产生了很大、很深刻的影响。这影响有的是积极的，有的是消极的。与此同时，家长在教育、管理自己的子女时，也势必会经常遇到一些难以解决，甚至难以解释的问题，不少前所未有的新情况和新问题经常困扰着家长。

随着社会的发展和时代的进步，在社会上还会不可避免地出现大家街谈巷议的家庭教育热点问题或热门话题。尽管问题表现形式有所不同，但同是市场经济社会出现的家庭教育问题，同是中国这个特定的文化传统背景下的家庭教育问题，往往具有十分相似的文化特征。有一些家庭教育指导的伪劣、假冒"产品"被曝光之后，又死灰复燃，"改头换面"，"穿新鞋走老路"，"换汤不换药"，"形式"变了，"实质"没变，继续在扰乱家庭教育市场，欺骗家长。"前事不忘，后事之师。"因此，我的这些跟记者的谈话，仍旧对读者具有重要的借鉴和参考价值。

过去，这些采访文章分别发表在很多的刊物或其他的媒体上，非常分散，我自己也是花费了很多的时间、很大的精力才收集起来的。要想看到所有的记者采访我的文章，那是很难很难的。

现在，经过筛选，我从500多篇记者采访的文章中，选取了70多篇不同类型、不同问题的采访报告，分成三组：

第一组是我对当代中国家庭教育宏观的看法；

第二组是澄清家长在孩子教育中的认识误区；

第三组是批判社会上流行的错误观点和导向。

结成这个采访报告集子，取名为《中国家庭教育观察——赵忠心访谈录》，推荐给读者。

我想，重温记者采访我的报告，不仅可以进一步了解我的家庭教育思想，对提高读者家庭教育理论素养、家庭教育实践能力、识别分辨能力，减少失误，也会有所裨益的。

赵忠心

2012年7月10日于京师园

目录

宏观观察——赵忠心的家庭教育观

1. 许身家教 孜孜耕耘 ………………………………………… 3
2. 赵忠心教授的追求 …………………………………………… 18
3. 家教观念：如何适应市场经济 ……………………………… 30
4. "神童教育"可以休矣 ………………………………………… 36
5. 指导家庭教育是教育部门分内之事 ………………………… 42
6. 谁在炒作"天才儿童" ………………………………………… 48
7. 神童是不能复制的 …………………………………………… 56
8. "神童"没有"批发站" ………………………………………… 61
9. 幼教小学化之谬 ……………………………………………… 67
10. 访谈：10岁男孩参加高考 …………………………………… 73
11. 孩子的早期教育究竟应该怎么搞 …………………………… 79
12. 家庭教育如何让孩子更幸福 ………………………………… 89
13. 少子时代如何让儿童更幸福 ………………………………… 93
14. 给家长的八条建议 …………………………………………… 109
15. 家庭教育讲科学，不讲"神话" ……………………………… 119
16. 家庭教育就是家风熏陶 ……………………………………… 134

17. 母亲的背影是最好的教科书 …………………………… 145
18. 家庭教育也要讲究和谐 ………………………………… 150
19. 中国家庭教育六十年的变迁 …………………………… 154
20. 我国家庭教育的发展趋势与对策 ……………………… 158

正本清源——赵忠心答疑家庭教育问题

1. 漫谈给孩子起名儿 ……………………………………… 173
2. 京城家庭照顾儿童太过度 ……………………………… 177
3. 任性的孩子其实很痛苦 ………………………………… 182
4. 压岁钱是不是变味了 …………………………………… 184
5. 家庭德育要早抓 ………………………………………… 186
6. 幼儿家庭教育中存在的问题及其策略 ………………… 188
7. 孩子"有病" 父母"吃药" …………………………… 196
8. 家长不要对孩子求全责备 ……………………………… 201
9. 孩子过早认字对发育不利 ……………………………… 204
10. 不要让孩子过早学奥数 ………………………………… 208
11. 成功育儿 要做"明白"家长 ………………………… 211
12. 育儿要平和心态,别太功利 …………………………… 214
13. 不要把早期教育变超前教育 …………………………… 217
14. 学前儿童该学些啥 ……………………………………… 220
15. 上幼儿园,选日托还是全托 …………………………… 222
16. 隔代教育谨防误区 ……………………………………… 226
17. 教育孩子两代人千万别唱对台戏 ……………………… 228
18. 妈妈、奶奶带孩子,谁说了算 ………………………… 231
19. 孩子"玩"的天性退化有损身心健康 ………………… 234

20. 孩子怎么连玩都不会了 …………………… 236
21. 如何看待孩子的智商 ……………………… 238
22. 教子应怀平常心 …………………………… 241
23. 尊重教育缺失 ……………………………… 246
24. 反对"曝光浪费"：
保护隐私还是拒绝改正 …………………… 248
25. 感恩教育助学子驱逐"榨取心" …………… 252
26. 两成多毕业生求职靠父母 ………………… 257
27. 学习育儿方法时切莫"追星" ……………… 260
28. 我们要更新教子读书观念 ………………… 261
29. 家长平和心态选择好书 …………………… 263
30. 我国家庭教育正处于
方式方法变革时期 ………………………… 265
31. 探讨家庭教育的误区 ……………………… 268

拨乱反正——赵忠心批判社会上的错误家教观点

1. 作秀文化导致家庭教育种种误区 ………… 277
2. 给"赏识教育"泼点冷水 …………………… 279
3. 狼性教育对吗 ……………………………… 285
4. 河南"教育狂人"遭质疑 …………………… 287
5. "西点"只是一剂教育偏方 ………………… 289
6. "富二代"真的富有吗 ……………………… 291
7. 孩子不是用钱堆起来的 …………………… 293
8. 名人的孩子早"独立" ……………………… 295
9. 专家对"早恋低龄化"另有看法 …………… 297

10. 安全套该进孩子书包吗？ ……………………………………… 299
11. 早婚会给未成年人的成长带来不利影响 ……………………… 301
12. 越怕越快乐？暴力光盘占据孩子长假生活 …………………… 303
13. 罪与非罪的边缘：专家谈中学生拉帮结伙 …………………… 304
14. 警惕五类招生广告陷阱 ………………………………………… 306
15. 15位"名校家教"全系冒牌 监管空白待填补 ………………… 309
16. 小学入学考吓坏学童 …………………………………………… 314
17. 是谁在制造"休学"和"弱智"学生 …………………………… 316
18. 家庭教育要从"出钱"走向"出力" …………………………… 318
19. "家校互联" ……………………………………………………… 319
20. 谨防少儿读物再被"灰色"歌谣打败 ………………………… 321
21. "出书就像氽丸子" ……………………………………………… 322
22. 家庭教育岂能如此推广 ………………………………………… 323
23. 家庭教育应更积极发挥专家作用 ……………………………… 326
24. 应该给孩子一个什么样的家庭教育 …………………………… 328

宏观观察

——赵忠心的家庭教育观

1. 许身家教　孜孜耕耘
——赵忠心教授家庭教育思想之纪要

赵忠心教授是中国当代家庭教育理论的开拓者和奠基人。他出版了我国第一部家庭教育基础理论研究著作——《家庭教育学》，从此确立了家庭教育学的独立学科地位；他还为国家培养了第一批家庭教育专业的硕士研究生。他不但进行家庭教育学科建设，还进行了大量的家庭教育科普宣传，并对似是而非的家庭教育舆论进行了学术批判和引导，为中国家庭教育事业沿着正确的方向发展做出了重要贡献。

阿基米德曾经说过："给我一个支点，我可以撬起地球。"这是一个思想家的科学宣言。"支点"成为每一个思想者和开拓者找寻的目标。

赵忠心也在上上下下地求索一个支点，他想把中国家庭教育事业推进得更深入一些。

凡是关心和了解家庭教育事业的人，对"赵忠心"这个名字都可以说是耳熟能详。在当代家庭教育领域，他保持着许多个"第一"和"唯一"：我国第一位专门从事家庭教育理论研究的专家，第一位在高等院校开设家庭教育学课的教师，我国第一位家庭教育学研究生导师，出版我国第一部家庭教育基础理论研究著作——《家庭教育学》，创办我国唯一的家庭教育学术期刊《中国家庭教育》，我国唯一以家庭教育专业评上高级职称的研究人员，我国唯一的家庭教育学术高产学者——发表文章2700多篇，独著、主编50多部著作，共计2000多万字……

伴随着十一届三中全会以来改革开放的社会大背景，他在家庭教育领域内孜孜耕耘20余载，与中国家庭教育事业的发展同风雨、共甘苦。他的志向、梦想、心迹、情感甚至生活，他的喜怒哀乐，无不与中国家庭教育事业的脉搏一起跳动。他一贯锐利鲜明的思想和曲折坎坷的经历，记载着

一项新事业诞生时不可避免的阵痛,也预示着它不可阻挡的勃勃生机。

一、首创中国当代家庭教育学

32岁时,风华正茂的赵忠心老师就任北京师大附中党总支书记。1980年9月他回到北师大教科所专门从事教育理论研究。当领导要他确定研究方向的时候,他石破天惊地提出:"家庭教育。"当时人们都不理解,纷纷提出质疑:家庭教育都是婆婆妈妈的事情,有什么可研究的?可他不这么认为。

在多年的学校实际工作中,他接触了大量的教育教学实践。他一直在关注这样一个事实:虽然在同一学校、同一班级接受同一老师的教育、教学和训练,可是学生的发展却千差万别。他认为,导致这种情况的一个关键因素,就是因为学生们出生于不同的家庭并接受了不同的家庭教育和熏陶。家庭和子女的关系好比是土地和禾苗的关系:土地肥沃,禾苗就苗壮;土地瘠薄,禾苗就瘦弱。在某方面,家庭教育对孩子的成长甚至起着"塑型"的作用。比如,每个人的个性与家庭教育有直接关系,而不是由老师塑造出来的。

赵忠心选择这个研究方向,还是他对社会发展需要审时度势、深思熟虑的结果。他回到师大教育科学研究所的时候,恰逢我国政府大力贯彻计划生育政策,鼓励"一对夫妻只生一胎"。他敏锐地觉察到,中国人家庭观念一向浓厚,生儿育女意识强烈。家庭子女的数量减少了,人们势必把注意力转向子女的质量。子女的培养教育也会由"粗放型"转为"集约型",由"广种薄收"转变为"精雕细刻",家长会迫切希望改进家庭教育,实现家庭教育科学化。因此,对家庭教育指导的需求,必将日益强烈。他坚定地认为,社会的需要是科学研究最强大的推动力,家庭教育理论研究大有可为,大有前途。

可能是出于对他的爱护,领导和同事、朋友都不赞成他的选择,认为这在学术上是没有出路的。但赵老师决心已定,不想打退堂鼓。他在领导面前给自己立下这样的"军令状":"五年之内我要拿出在全国有影响的理论研究成果来,否则,我主动辞职。"他把自己逼到"背水一战"的地步,决心许身于家庭教育事业。

他说这句话的时间是 1983 年。就在没有导师指导、没有助手协助、没有科研经费、学术界没有承认它是一门独立学科的十分艰难的情况下,他义无反顾,全身心地投入家庭教育这块"处女地",成了一个名副其实的"孤独的拓荒者"。

此后的 1500 多个日日夜夜,赵忠心一直奋斗着。他在十分艰苦的条件下进行了深入的调查研究,获得了大量宝贵的资料和深刻的亲身体验;他翻遍了国家图书馆、师大图书馆各个阅览室有关的图书、杂志、古书和善本。当时还没有复印机,他亲自摘抄的读书笔记就有几尺高。他在家庭教育这块处女地里独自开拓、默默耕耘。探赜索隐,他不知春夏秋冬;绞尽脑汁,他不思茶饭香甜;著书立说,他不顾白天黑夜。他坚定地认为:"要想活得不寂寞,就得首先能忍得住寂寞。"五年之内,他甘坐"冷板凳",不轻易发表浅薄之见。经过五年奋斗,1988 年终于诞生了我国第一部《家庭教育学》,立即引起了学术界的重视。

他没有满足已有成就,而是继续前进。当时,我国社会处于急剧变革的转型期,家庭教育面临的新情况、新问题层出不穷。这给家庭教育理论的研究提出了新的要求。他又进行了几年的教学实践与研究,对《家庭教育学》进一步在理论上进行扩充与开掘。1994 年,该书由人民教育出版社正式出版,至今重印十余次,累计 20 多万册。经过专家评审,1998 年这部论著被教育部选为"全国中小学教师继续教育学习教材",1999 年又被教育部定为"全国高等学校文科教材",在社会上产生巨大的影响。这本教材的分量逐步升级,表明家庭教育在教育体系中的重要地位得到社会的承认,家庭教育学的学科地位在逐步上升,赵教授的愿望如期实现。

赵忠心的科学研究,填补了新中国成立后我国家庭教育学术领域的空白,充实了几十年"一贯制"的高等师范院校教育学科的课程,受到了教育专家的赞赏。

二、率先从事家庭教育一线教学

1987 年,在中国高等师范院校出现了一门新课程——赵忠心教授首次

在北京师范大学开设了家庭教育学课。赵老师所在的教育科学研究所是专门的学术研究机构，本来不承担教学任务。为了检验和促进他的理论研究，他主动提出要给学生开设选修课。由于我国高等学校以前从来没有人开设过这门课程，所以引起了学生的极大兴趣。当时报名选修的学生竟达1200人之多，涉及全校16个系，是北师大历年选修课人数最多的课程。

对赵教授上课的火暴场面，学生感慨地说："只有电影导演谢晋侃电影，才会有如此盛况！"许多外校的学生和社会上的家长听说了这件事，也纷纷前去旁听。一般教室容不下这么多人，就改在学校最大的教室"五百座"，还要分两次上课。这么多的学生选修"家庭教育学"课，当时在社会上引起了巨大的反响，中央电视台、《光明日报》、《中国青年报》、《北京日报》、《北京晚报》等多家新闻单位报道了此事。20年来，学校选修家庭教育学课的学生共有4000多人次。

当赵忠心首次在师大开家庭教育学课的时候，正赶上全国师范院校教育系教学工作研讨会在北师大召开。开会人员对赵忠心开设的家庭教育学课给予了很高的评价。中国教育学会会长、原北京师大副校长顾明远先生指出，赵忠心开了一门新课，打破了我国教育学学科发展沉闷的气氛，对师范院校教育学科的改革起到了一定的推动作用。解放30多年来，我国高校教育系一直照抄照搬苏联教育系的课程模式，几十年一贯制；而开设家庭教育学课突破了教育系固有的课程体系，对于改革传统教育学科模式有一定作用，具有开拓意义。

赵忠心认为，中国家庭教育事业要实现可持续发展，需要具备两个条件：一是要有一支指导家庭教育的骨干力量和进行理论研究的专门人才；二是要加强基础理论及其应用的研究，为家庭教育事业的发展提供理论支持。他主张，全国的高等师范院校、教师进修院校和女子学院、共青团院校都要努力创造条件，普遍开设家庭教育学课，提高教师、有关干部的家庭教育理论修养，大力加强专门人才的培养和理论研究，努力满足中国家庭教育指导的需要，为振兴我国的家庭教育事业做出贡献。

在开设家庭教育学课的基础上，赵忠心教授在1991年成为我国第一位家庭教育硕士研究生导师，1992年率先招收了新中国成立以后我国第一届家庭教育方向研究生，后来还陆续招收了进修教师、访问学者。十多年来，他为国家培养了一批家庭教育专业的高级专门人才。

三、赵忠心家庭教育思想的主要内容

赵忠心教授的座右铭是："许身家教，孜孜耕耘。"他著作等身、思想丰富，并形成了他的思想体系。现摘取其思想精髓，借以展现一个教育学人的睿智与风貌。

1. 家庭教育性质论

要建立一门独立的家庭教育学科，首先就要充分论证家庭教育的特殊性。赵忠心教授认为，与学校教育、社会教育相比较，家庭教育的根本属性在于它是一种"私人教育"，是"非正规教育"，是"终身教育"。具体而言，家庭教育与学校教育的区别在于：实施教育的环境不同，教育者与受教育者之间的关系不同，教育者自身的条件不同，确定培养目的的依据不同，教育内容不同，教育的方法和途径不同，组织管理不同等。家庭教育的优势是：广泛的群众性，强烈的感染性，特殊的权威性，鲜明的针对性，天然的连续性，固有的继承性，内容的丰富性，方法的灵活性。

与此同时，他还论证了家庭教育的局限性：家庭教育的条件不平衡，家庭教育易感情用事，家庭教育比较封闭。正是家庭教育的这些特殊性，决定了家庭教育作为一门独立学科的可能性，决定了家庭教育需要专业指导的必要性，从而奠定了家庭教育学的逻辑基础。

2. 家庭教育产生与发展论

赵忠心教授认为，研究家庭教育产生、发展和演变的历史过程，可以了解家庭教育与社会生产方式和生产力发展水平的关系，认识和掌握家庭教育发展的趋势和规律，展望和预测家庭教育未来的发展前景。以历史唯物主义和恩格斯《家庭、私有制和国家的起源》为基础，他指出：家庭教育不是最原始的教育形式，而是人类社会发展到一定阶段的产物。人类社会最原始的教育形式是公共教育，也就是社会教育。漫长的家庭教育历史，应当是从一夫一妻的个体家庭的家庭教育开始的。赵忠心以确凿、翔

实的历史材料为依据，深刻论证了原始社会、奴隶社会、封建社会、资本主义社会和社会主义社会的家庭教育基本状况、主要特征、发展的历程和与政治经济的关系。赵忠心教授关于家庭教育的产生与发展论，揭示了家庭教育的历史发展规律，为研究、考察和改革我国的家庭教育提供了历史唯物主义基础。

3. 家庭教育辩证法

任何事物都不是孤立存在的，与相邻的事物有着千丝万缕的联系。家庭教育的实施过程和效果受着多种因素的影响和制约。例如，家长自身的素质、教养态度、教育能力，家庭的结构、规模、生活条件，子女的数量，家庭成员之间的关系，家庭的社会背景和社会风气等。他断言，由于上述诸因素的综合作用，形成家庭教育错综复杂的冲突与矛盾。家庭教育是一个相当复杂的过程，不可能存在适用于所有家庭的教育"绝招"。开展家庭教育，必须要进行理性的思索，绝不能把家庭教育绝对化、简单化、庸俗化。为此，赵忠心教授提出了家庭教育辩证法，为家庭教育的理性实践提供了指导。他论证了"家庭教育的优势与劣势"、"独生子女家庭教育的长处与短处"、"爱而不娇"、"严而有格"、"该管则管，该放则放，管放结合"、"发展特长和全面发展"、"言教和身教"、"说服教育和实践锻炼"、"遇物则诲"、"掌握分寸"、"选择教育机会"等重要的实践和理论问题，为解释和解决家庭教育过程中的种种矛盾提供了辩证唯物主义的方法论。

4. 家庭素质教育论

从 20 世纪末开始，全面推进素质教育就成为我国社会广泛关注的热门话题。当教育界大多数人只是关注学校推进素质教育的时候，赵忠心教授把眼光投向与素质教育利害关系密切的家庭教育。他认为，要全面推行素质教育，就必须构建一个充满生机的、具有中国特色的社会主义教育体系。学校教育作为国民教育体系的主体，必须责无旁贷地首先承担这个历史任务并且要发挥主导作用。但是，没有社会教育，特别是没有家庭教育的支持和配合，素质教育就不可能落到实处。为此，赵忠心教授提出：

"要把家长看成是对孩子进行素质教育的资源,教育部门要把指导家庭教育作为分内的事来抓,切实提高家长作为教育者的素质,充分挖掘和利用家长这丰厚的教育资源。"他具体论述了当前影响家庭实施素质教育的八大误区:重视智力发展,忽视道德品质的培养;重视知识的学习,忽视能力的培养;重视书本知识的学习,忽视生活常识的学习;重视孩子智力因素的培养,忽视非智力因素的培养;重视特长的培养,忽视全面发展;重视灌输,忽视自学;重视孩子身体健康,忽视心理健康;重视孩子的营养保健,忽视身体锻炼。这些思想为迷失方向的家庭教育敲响了警钟。

5. 独生子女家庭教育论

子女的数量也是影响家庭教育过程和效果的一个因素。20世纪80年代,独生子女家庭成为我国的独特国情。赵忠心敏锐地认识到,独生子女教育关系到千家万户的利益,关系到我国计划生育政策的实施,关系到民族的素质和国家的未来。1988年,赵忠心出版了《独生子女家长必读》一书。他认为,要改造客观世界,首先必须要正确认识客观世界。要有效地教育独生子女,首先要正确认识独生子女。针对历史上对独生子女偏颇的看法,他指出:认为独生子女是"问题儿童"或"优等儿童",实际上是遗传决定论的观点,不能把独生子女看作是特殊儿童。他们和其他儿童一样,也是普通儿童。他仔细分析了独生子女家庭生活环境的特点,指出独生子女和非独生子女相比较,不仅仅是"数量"上的差异,更重要的是引起了家长心态的巨大变化。因此,中国独生子女教育应特别注意这样几个问题:要把孩子摆在恰当的位置上,让他过着普通人的生活;对孩子的期望要实事求是,不要期望过高;要全面关心独生子女,不要只进行"一半的教育";对孩子照顾要适度,培养独立意识和能力;要尽早让独生子女进入社会群体,提高其社会适应性。他认为,中国独生子女出现的社会背景和文化环境与国外不同,要引起注意。因此,探索独生子女家庭教育的规律,摸索出一套适合中国国情的独生子女教育的经验和理论,实现家庭教育科学化,是摆在我国家庭教育理论界面前的一个十分紧迫的任务。

6. 休闲教育论

自1995年我国实行"双休日"以来,每年寒暑假、双休日,再加上

各种长假，中小学生处于休闲状态的时间总共有170天之多，接近全年的二分之一。然而，中小学生休闲教育在我国几乎还是空白，很少被人提及。学生放假家长不休息，家长和老师"鞭长莫及"，难以指导和控制，致使许多学生不会安排自己的休闲活动。他们在大量的休闲时间里无所事事，或是没完没了地看电视、上网、玩游戏机，或是漫无目的地闲逛，或是出入于不适合未成年人的休闲场所，学生的人身安全和思想道德存在着严重的隐患。赵忠心教授早在十年以前就敏锐地觉察到了这个问题，郑重提出应加强青少年休闲教育的研究与探索，教孩子"学会休闲"。他明确指出，家庭是青少年的第一休闲场所，家长是对青少年进行休闲教育的第一责任人。

赵忠心认为，休闲是青少年、儿童的权利，不能任意剥夺。中小学生在学校读书学习是一种"发展"，休闲状态则是另外一种"发展"。学生可以充分利用休闲的自主权，根据自己的需要、喜好和特长，完全按照自己的意愿，自主地从事许多上学时不能从事的有益的实践活动，获得课堂上无法获得的知识和能力，使个性、知识、人格、情操、体质诸方面得到健康发展，与学校生活中的"发展"相辅相成、互相促进、相得益彰，促进学生的全面发展。但是，如果不会休闲，儿童青少年面临纷繁复杂、不可预测和控制的社会环境，就有可能受到腐朽文化思想的侵蚀。事实表明，违法犯罪青少年基本上都是在休闲时间学坏的。所以，加强儿童青少年的休闲教育刻不容缓。我们要帮助他们选择休闲方式，指导他们进行科学、文明、道德的休闲，使之在休闲活动中获得教益。特别是在中央提出加强未成年人思想道德建设的今天，赵忠心教授提出的休闲教育问题显得更加重要。

四、赵忠心家庭教育思想的特点

1. 古今中外相结合，建立中国特色的家庭教育理论

赵忠心教授的学术视野很开阔。他有一个明确的指导思想，就是要广泛吸收前人创造和积累的家庭教育经验，努力做到"古为今用，洋为中用"。他具有深厚的古文修养和历史唯物主义理论素养。他对中国古代的

家庭教育进行了系统深入的研究,整理出版了《中国家庭教育之道》、《中国家训名篇》、《古今家教文萃》、《古今名人教子家书》、《古今名人教子诗词》、《古今父范》、《古今母仪》、《中国家庭教育五千年》、《中国神童》等中国古代家庭教育思想史方面的著作,在海内外产生了重要的影响。他还研究了国外的家庭教育经验和理论,出版了《中外家庭教育荟萃》、《大师的阶梯》、《大师关键的一步》等外国家庭教育思想史方面的著作,借鉴了国外先进的家庭教育思想和理念,为理论研究者提供了珍贵的历史资料,为高校教学工作者提供了重要的参考用书。

他特别重视中国家庭教育传统的研究。他认为,中国家庭教育文化传统是一个储藏十分丰富的宝库,那些有生命力的东西要继承、发扬。只有这样,才能使我们的家庭教育具有中国特色;也只有在这个基础上创新,才能使理论适用于中国国情。赵教授以大量的历史资料为基础,论述了中国优良的家庭教育传统。诸如重视胎教和早期教育、家长的人格修养和家长以身作则,重视思想品德教育和行为规范的训练,"教子必先治家",对子女坚持"爱而有度"、"严而有慈"、"养教并重"、"一视同仁"、"因材施教"、"量力而行"、"循序渐进"的原则等。同时他也批判了中国传统家庭教育的糟粕,诸如以"三纲五常"为核心,普遍实行封建家长制,灌输"万般皆下品,唯有读书高"和乐知天命、明哲保身以及男尊女卑的思想等等。赵忠心扬弃中国传统家庭教育观念,提出了现代家庭教育的三大思想根基:更新评价子女的标准、建立新型的父母子女关系和建立新型的家庭教育模式。他说:"当前,我国正在进行改革开放时期。开放的社会对于家庭教育提出了新的要求。家庭教育只有真正实行开放,才能更好地为改革开放服务,培养出的人才才能适应并立足于开放了的社会。"

2. 理论研究与科学普及相结合,培养家教指导两支队伍

赵忠心教授善于学习和思考,有深厚的理论功底。在主攻家庭教育理论研究之前,他曾主持多项省、部级科研课题的研究,广泛涉猎教育学科各个领域。"六五"期间,曾参与"中等教育体制改革"、"中小学生思想品德教育"的实验研究;"七五"期间,参与、主持国家教委和全国教育总工会起

草的《中国教师法》和《中国教育基本法》。这些课题的研究实践,给他后来的家庭教育理论研究打下了坚实而宽厚的基础。赵忠心是当代家庭教育学科的创建者,为家庭教育学科建设做了大量的基础性工作,搭建了学科建设的基本框架,为促进家庭教育基本理论的发展做出了卓越贡献。

除了进行理论研究以外,赵忠心教授还培养硕士研究生、访问学者和进修教师,多次接受教育部、团中央、全国妇联和各级各类学术团体的邀请,为校长、教师、团干部、妇联工作者、记者、编辑等各类从事家庭教育研究、教学、辅导和宣传的人员进行讲座,大力推广家庭教育的理论知识,培训、培养了一大批家庭教育指导的专兼职人员。

赵忠心是从事理论研究的专业学者,但他始终对大众面临的实际问题给予了理性关怀。他不仅承担研究和教学任务,还经常到全国各地与家长面对面地交流和讲学,并在科普杂志上举办家长学堂,解答家长在教育孩子过程中遇到的实际问题。20多年来,赵忠心教授曾经到全国所有省市、自治区的100多个城市讲学500多场,听众达数十万人次。他的科普讲座和科普文章深入浅出、广征博引、语言生动、循循善诱、发人深思,努力引导家长学会"用教育的头脑思考孩子的教育问题",产生了很好的社会效益,为家庭教育科普事业做出了重大贡献。

3. 学术建设与学术批判相结合,为家庭教育流行舆论去粗取精、去伪存真

正如赵忠心最初选择家庭教育研究方向所预料的一样,近十多年来,家庭教育受到了社会的广泛关注,对家庭教育指导的需求日益强烈。适应社会的需要,众多理论工作者、实际工作者和各界的热心人士对家庭教育充满了热情,纷纷投入到理论研究和科学普及中。同时,众多文化商人也盯上了家长和孩子们。在这种情况下,难免会出现泥沙俱下、鱼龙混杂的状况,一些貌似科学而实际并不科学的东西充斥于市。面对被炒作的所谓"新经验"和"新理论",不少家长经不起不实宣传的诱惑,纷纷盲目追随,一些家庭教育观念被引入了误区。面对这种情形,赵忠心教授心急如焚。他以高度的社会责任感和大无畏的精神,勇敢地站出来说实话说真话,旗帜鲜明地把家庭教育的科学真理展现给大众,引导家长走出教育的

误区。

（1）"早熟的果实不丰满"——批判早期教育决定论。

随着家长们越来越注重孩子的早期教育，早期教育的误区也越来越突出。有一种倾向认为，早期教育越超前越好。于是，就出现了孩子出生不久就教孩子认字、算算术，让四五岁的孩子学小学课本等现象。赵忠心认为，社会上出现的这种急功近利的超前教育倾向不是偶然的，它是一定客观环境的产物。一方面是独生子女家长心态浮躁，对子女的期望值过高，操之过急，急功近利的思想情绪严重，从而为"早期教育决定论"提供了生存的温床。另一方面，有些所谓的"专家"不负责任地宣扬鼓吹，极力夸大超前教育和超前智力开发的作用，曲意逢迎那些望子成龙过于心切的家长们，这是一种很不负责任的错误诱导。赵忠心教授明确指出：早期教育是重要的，但"早期教育决定论"是不科学的。它过分夸大了早期教育的作用，没有任何实践和理论的依据。过早地对孩子进行"定向"培养和训练，任意实施超前教育，只能制造虚假的优势，不能切实提高孩子的全面素质，反而不利于孩子的发展，甚至会伤害孩子，造成不可挽回的损失，对我们整个民族身心素质的提高都是不利的。对于早期教育应当采取积极而慎重的态度，小心翼翼，不能盲目行事。随心所欲地进行超前教育，后患无穷。

（2）"神童是不能复制的"——批判人造神童论。

近几年，有人迎合一些家长不正常的心态，通过大众传播媒介，接连不断地推出培养神童的"方案"、"计划"、"工程"、"行动"、"教室"、"摇篮"之类的著作或产品，自我吹嘘"揭开了神童之谜"、"儿童个个都是神童"、"儿童个个都是天才"、"让神童进入千家万户"、"从我这个幼儿园出去的个个都是神童"，等等。似乎那些人开办了制造神童的"工厂"。赵忠心说，这完全是鼓吹"现代迷信"，是根本无法兑现的虚假广告。他指出，古今中外确实存在神童，但不能把"神童"这个概念的内涵和外延任意泛化，更不能偷换概念；不能把通过强制性、掠夺式智力开发训练出来的孩子称为"神童"。他指出："神童与其说是被培养出来的，倒不如说是被发现的。"赵教授提出了一个著名的论断："神童是不能复

制的。"

他希望那些在"神童教育论者"的鼓动下还在盲目地做着"神童梦"的家长,要克服浮躁心理和不切实际的幻想,破除迷信,赶快从梦中醒来,回到现实中来。还是要把自己的孩子当成普通儿童,扎扎实实地,一步一个脚印地培养、教育和训练。不要在急功近利的思想驱使下,硬是"赶着鸭子上架",拔苗助长。还是要从孩子的实际能力出发,量力而行,循序渐进,在全面发展的基础上,让孩子掌握好基础知识和基础能力,练好基本功。这样,才有发展的"后劲",成才和成功的可能性也更大一些。

(3)"智商不是盖棺定论"——批判智商测验热。

社会上测查学生"智商"的热潮一直不断。赵忠心说,在智力测验没有成为商品,只是作为一种普通的医疗诊断和教育科学研究手段时,测查人员对智力测验过程和结果的解释还能做到实事求是,一般不带有"水分"。而智力测验成为商品进入市场以后,在经济利益的驱动下,为了招揽顾客,有的测查人员对测验结果的解释就不那么实事求是了,有点像"算命先生",说他们测查的结果是板上钉钉、准确无误。而有的家长,由于对智力测验、智商不大了解,对测查结果也深信不疑,认为是"盖棺定论"了。

他呼吁家长要正确看待"智商",人的智商虽然具有相对的稳定性,但人的智力是有可塑性的。特别是少年儿童,在环境、教育和实践的作用下,智商变化的可能性和幅度更大。及时进行科学的培养、教育和训练,再加上孩子自身的努力,智商就会明显提高。相反,如果不及时进行科学的培养、教育和训练,孩子本人又不努力,智商不但不会提高,甚至会有所下降。因此,一次智力测验,特别是在年幼时的一次智力测验结果,并不是"一测定乾坤"。它不能决定一个人一生的智力发展水平。至于对传媒上经常出现的什么"财商"、"德商"、"健商"、"性商"等五花八门的新鲜名词,赵教授提醒人们说,这都是一些在学术界没有定论的东西,明显地带有简单化、庸俗化的倾向,最好不要赶什么"时髦"。

(4)"究竟是谁发现了母亲"——批评浮躁的学术之风。

1999年,《发现母亲》一书出版,引起社会的广泛关注。作者说:

"16世纪发现了人，19世纪发现了妇女，20世纪发现了儿童，21世纪我发现了母亲。"还说："过去我们只重视教和学，忽视了潜教育的育和习，这是我们人类教育的最大问题所在。"还有一些很经不住推敲的推论，例如：说"母亲是第一生产力"。面对这些武断的结论，赵忠心给予了严厉批评。

赵教授指出，我国早在《吕氏春秋·侍君览》、西汉政论家贾谊的《新书》和戴圣编纂的《大戴礼记》等书中，都记载过母亲教育的情形。西汉经学家、目录学家、文学家刘向，早在公元前1世纪就撰写出《列女传》，可以说是我国最早的一部古代的妇女史。从唐宋到明清时期，后人又在此基础上陆续增写了诸如《续列女传》、《列女传增广》、《广列女传》等不下十部妇女传记。每部《列女传》中都无一例外地设有《母仪篇》，专门收集、介绍中国古代社会历朝历代上百位教子有方的母亲的事迹。

到现代社会，中国母亲教育著述就更多了。在1931年，上海中华书局印行了欧阳溥存撰写的《母道》一书；1935年，上海女子书店又印行了绿萍的《母亲日记》一书；1945年印行了熊芷的《母亲学》一书；1946年，正中书局印行了傅琴心的《母教》一书；1948年，正中书局印行了张天麟的《中国母亲的书》一书；等等。1942年11月20日，周恩来在《新华日报》上发表了《论"贤妻良母"与母职》一文，高度评价了母亲的职责。他说："为着人类绵延、民族的繁荣，尤其是为着目前健强我们中华民族的万代子孙，我们极需尊重母职，提倡母职。"到新中国成立以后，母亲的作用在我国仍旧受到高度重视。1958年"六一"儿童节期间，宋庆龄特意在《人民日报》上发表的《在儿童节向母亲们说几句话》一文中说："孩子们的性格和才能，归根结蒂是受到家庭、父母，特别是母亲的影响最深。"

遗憾的是，自诩为《发现母亲》一书的作者对上述历史资料置若罔闻，视而不见，无一反映。面对学术界的浮躁情绪，赵忠心教授忠告年轻学人："我们做学问，要取实事求是的态度，不能数典忘祖，不要哗众取宠。置史实于不顾，贪天功为己有，硬说是自己'发现'了母亲，是会贻笑大方的。"这充分表明赵忠心教授对年轻学人的关心和爱护。

(5)"赏识教育宣传过头了"——批判家庭教育简单化与模式化。

针对社会上盛行一时的"赏识教育",赵忠心在媒体上公开发言:"赏识教育宣传过头了!"他说:"'赏识教育'根本不是一种科学的教育理念。'赏识'至多只是一种具体教育方式方法,不是什么'教育理念';且只适用于弱势群体和那些缺乏自我评价能力的人群。一种教育理念要经过几年、几十年甚至几代人的实践,反复实验和论证才能形成,绝不是某个人一拍脑袋就提出一个什么'教育理念'。"

他指出,对儿童青少年进行教育,历来的教育家都主张该表扬就表扬,该批评就批评;要以表扬为主,以批评为辅;表扬要实事求是,批评要尊重孩子的人格,不可伤害孩子的自尊心。鼓吹"赏识教育"的人光讲表扬,不许批评,而且主张表扬可以"无中生有,无限夸大"。不管孩子的情况如何、表现好坏,成天把"你真棒"、"你是全世界最棒的孩子"挂在嘴边,那不叫"教育",应该叫"哄小孩子"。而且,"赏识"这个词是文学语言而非学术语言,其本意是"认识到别人的才能或作品的价值而予以重视或赞扬";而那种不分年龄段、不顾实际情况地一味"夸张地赞赏",从根本上就违背了"赏识"这个概念的本意,也直接违背了因材施教的教育原则,完全是哗众取宠。把"夸张地赞赏"当作教子的灵丹妙药向家长推销,实在是种误导。其结果,势必给听惯了"廉价赞赏"的孩子将来进入社会制造麻烦。事实表明,那种不问情况的廉价"赞赏",早已遭到具有自我评价能力的青少年的抵触。

赵忠心教授直言道,教育是严肃的事情,是有其基本内在规律可循的科学;而不是任何人随心所欲、随随便便就可以搞花样翻新的游戏。面对近年来社会上热炒热作的家庭教育典型,赵教授提醒人们说:

"成功的家庭教育经验是有一定价值的,但任何经验都是有局限性的,不可照抄照搬。因为每个家庭和孩子都是特殊的。我们应当保持头脑清醒、心态平和,不要轻信一些别有用心的人的'忽悠'。人是最复杂的,教育人的过程是复杂的,不能简单化,不要奢望有什么万能的'绝招'和捷径;还是静下心来,要老老实实地学点家庭教育科学知识,学会用教育的头脑思考孩子的教育问题。"

在改革开放年代,多元价值观念相碰撞,旧的价值观念受到质疑,新的价值体系没有完全建立起来,这期间必然出现各种各样似是而非的概念和理论。赵忠心教授就是这样,在学术建设的同时,始终关注社会上出现的热点和焦点问题,并以学者的敏锐和深邃对之进行学术批判,弘扬辩证唯物主义和历史唯物主义的科学教育观,表现了一个教育学人与时俱进的创新精神和高度的社会责任感!

《国家教育行政学院学报》2007年第3期
本报特约记者晏红采访

2. 赵忠心教授的追求

　　一般情况下，一个人39岁的年龄意味着什么？古语"三十而立"。39岁倘若事业上还一无建树，似乎这一辈子也就没有多大成就了。

　　赵忠心教授却是在"一般"之外的特殊。他是在39岁的台阶上起步，奋斗，建立起中国家庭教育理论研究领域崭新的王国！

　　1987年，他在中国高等学校第一次开设了家庭教育学课程。

　　1988年，他出版了中国当代第一本家庭教育学学术专著。

　　1992年，他招收了中国第一个家庭教育学"硕士研究生"。

　　迄今为止，他仍是全国高等学校唯一的一个家庭教育学"硕士研究生导师"。

　　20年间，他游学中国香港、中国台湾，足迹遍及全国所有省份200多个城市，讲课500多场次，出版了20多本学术著作，在上百家报刊上发表了1000余篇文章，总计1000多万字。这也就是说，二十年如一日，他必须每天在电脑上敲出1500字。

　　当我们在北京师范大学一幢普通的教授楼里，在一间书架排满整面墙壁的书房内，对赵教授表示出内心的惊讶和敬慕时，赵教授没有客套，没有谦虚，当仁不让地说："当年选择这个研究方向时，我就很自信：我一定能够成功！"声音干脆，底气十足。而那目光，有不属于这个年龄，甚至不属于知识分子身份的一种锐利！

　　"雄关漫道真如铁，而今迈步从头越。"1980年，在北京师范大学附属中学任党总支书记的赵忠心被调到教育科学研究所搞科研时，他已经比和他在师大毕业的同班同学整整晚了15年。在差距面前，他没有却步，反而让他焕发出一种奋发的豪情："我要用五年赶上并超过他们！"

　　赵忠心终于回到他所向往的理论研究领域。他多年"离群索居"，有一种"归队"的感觉。从科研的角度看，他比他留在大学的同龄人的确是

宏观观察——赵忠心的家庭教育观

晚了十五年；然而，他并不后悔在中学工作的那段经历。他认为在中学工作的十五年，让他亲身参与了基础教育的实践，这是非常难得的经历，为他后来的理论研究提供了宝贵的直接经验。他觉得这是他特有的优势。

成功往往取决于关键的第一步。对赵忠心教授来说，"选准研究方向"，是他的重中之重：已届不惑之年，不允许他犹豫不决，也不允许他说"试一试"，必须马上选准方向立即行动，刻不容缓。但这第一步要慎之又慎，不容你有丝毫的闪失。

他想，我已届"不惑"之年，要是跟在别人后头跑，会永无出头之日。我要选择一个有所作为的研究方向，它必须是社会急需，而且最好是没有人涉猎过的空白。赵教授绞尽脑汁，他的眉头时而扭结，又时而松弛。

终于水落石出。经过一段时间的考察、思索、比较、筛选，"家庭教育"这四个字渐渐在赵忠心的脑海里凸显了出来。

可他的兴奋还来不及发热膨胀，就灰飞烟灭——

领导不同意："研究青少年德育，这是目前最重要的。"

同事、老同学也不理解，觉得"不伦不类"："家庭教育？那是女人们婆婆妈妈管小孩子的事。你一个大男人，还正儿八经地把它当作科研课题？！""没有人承认你的研究成果，怎么办？""不给评职称，怎么办？"……这的确关系到赵忠心后半生的发展前途。

没有回应的呼声，最能反射出一种寂寞。

赵忠心选定这个研究方向，不是头脑发热，一时冲动；而是经过了深思熟虑，是理性的选择。他不容置疑，无比坚定。今天，学校教育越来越发达，但同时家庭教育职能并没有因此而消失，家庭教育仍旧一如既往地继续在发挥着作用。它之所以存在，就表明它有存在的基础，即条件和必要性，就必定有它特殊的内在矛盾，即特殊的规律在支撑。理论研究的任务就是揭示事物发展的规律。认为家庭教育是婆婆妈妈的事，似乎没有规律可循，没有什么学问，那是因为没有进行实地研究，没有揭示、认识它的规律，并不等于没有规律。这就像人们站在海岸妄说大海没多深是一个道理，只有亲身跳到海里才知道海水的深浅。赵忠心下定决心，就是要跳

到"家庭教育"这个没有人试过深浅的"大海"里去实地测量。至于承认不承认研究成果、评不评职称,那都不是我能左右得了的问题,先不管这些。

"只管耕耘,不问收获。"赵忠心很倔强,不想轻易放弃自己的选择,他再次找到单位的领导,别出心裁地跟领导订了一个口头的"君子协定":"请领导允许我干五年。五年内,我要是搞出在全国有影响的科研成果来,就让我继续干下去;如果我搞不出来,我就自动卷铺盖卷,离开师大!"

话都说到了这个份儿上,领导虽不大情愿,也只好默许。

赵忠心知道这个"协议"的分量。他是把自己后半生的命运置于"背水一战"的境地,逼迫自己"破釜沉舟"。只许前进,不能后退;只许成功,不能失败。

赵忠心的事业开始的时候,那可说真是"一穷二白":没有一分钱的科研经费,没有资料的积累。

单枪匹马,孤军奋战。没有伙伴,没有助手,调查研究方案没有人帮助做。请人帮助做,又囊中羞涩,分文没有。怎么办?事必须要做。世上无难事,只怕有心人。赵忠心开动脑筋,想到了一个绝妙的主意:"以工换工。"他给家长讲课,培训教师,他的课讲得生动活泼,深入浅出,通俗易懂,没有不受欢迎的。然后,他跟讲课的组织者讲:"咱们结成个'互助组'好不好?我讲课不要你们的酬金,你们呢,替我做调查也不要我付劳务费。"一个科研工作者的诚恳和对事业的执著精神,深深感动了对方:讲课费照付,调查费分文不取。

但是,不是所有的问题都能用"以工换工"解决的。查阅到大量资料,没钱买,那时也没有复印机,就是有复印机也没钱复印。怎么办?困难必须要克服。那时,赵忠心刚刚40岁,年富力强,精力旺盛,浑身有使不完的劲。他使用一个最原始的办法:手抄!自力更生,丰衣足食,亲自动手抄写。他觉得,还是自己动手抄最可靠,抄一遍要比看一遍印象深多了。他熬过了数不清的"三更灯火五更鸡"的夜晚,就凭着手中的一支笔,他硬是抄完了《列女传》、《颜氏家训》、《温公家范》、《袁氏世范》等几十万字的资料。他右手的中指上,磨起了厚厚的老茧,久久未能退去。那几尺高的手稿,现在还摆放在书房的最显眼处。早已是汉字输入高手的赵教授,每当看到那一笔一画的手迹,都分明瞧见了自己皓首穷经的倾心付出。

五年期限,转眼就到了。功夫不负有心人。赵教授终于建立了"家庭教育学"的基本框架,专著写出来了。

他本来以为可以松一口气了,没料到他又陷入了更大的困境——没有出版社肯出他辛辛苦苦写出来的专著。那个时候,家庭教育在人们心目中还是个新鲜事儿。家庭教育的专著,出版社见所未见,甚至闻所未闻。赵忠心虽然对自己的学术研究成果很自信,认为已经形成了比较完整的家庭教育学的学科体系。但在理论研究领域,他那时候还是个初出茅庐的"新兵",是个很不起眼的"无名小卒",没有人用正眼看你。他切身体会到了"门难进,脸难看"的尴尬。

在学术研究领域赵忠心是个新手,但他毕竟在社会生活中摔打了十多年,应当说有一些经历了。他知道,万事开头难。书的出版是遇到了困难,但同样还是难不倒他,他不相信"拿着猪头找不到庙门"。他不仅表现出了理论家的智慧,还表现出了谋略家的胆识和勇气。

他不在乎"门难进,脸难看","丑媳妇总得要见公婆"。他硬着头皮跑了多家出版社,屡屡面对那"不屑一顾"的轻蔑态度,他没有泄气。终于有一家出版社的口气有了些松动:"赵老师,说实话,我们不懂它的学术价值,怕贸然出了赔钱。"赵忠心不怕出版社说话,就怕不说话。他抓住机会,立即接住话茬说:"你们不是怕没人认可我的专著吗?这样好不好,我先给你们写一本通俗的科普读物,不是学术著作,这本书肯定能赚钱。要是发行不错的话,再把我这本专著给我'搭上'出版,怎么样?"其实,就像卖香烟的高价低价"搭配"销售的策略。

赵忠心日以继夜,很快写出了一本名为《中学生家长必读》的十万字通俗读物。这在当时也是稀有的"产品",出版后经济效益很好。于是,出版社立即同意出版他的《家庭教育学》。

那是1987年。那个时候一个人同时推出两本书,非同小可,在社会上引起了不小的轰动,教育学术界一下子便知道了"赵忠心"这个名字。

我们看到了摆在茶几上的这两本书，比起现在的印刷质量和装订技术，它们实在是不起眼，甚至是有一些粗陋的。但正是它们，为赵忠心开辟出了一片全新的学术天地。也感谢这家出版社的编辑慧眼识珠，中国学术界才填补了一片空白。赵忠心教授用他学术精神以外的慧黠，赢得了这具有战略意义的一步。

"这个办法看来有些登不了大雅之堂，但有一点在我的思想上非常坚定：绝不能让我的学术著作烂在手里，一定要让它见天日。我能写出书来，也就能把书推出去。这两本书问世以后，我立刻就从'买方'变成了'卖方'，有五六家出版社主动找上门来，倒过来请我出书了。"

话语中充满着自信和得意，也隐隐约约地流露出一丝无奈和自嘲。我们却听得心花怒放，禁不住表示出由衷的钦佩：这才是新时代知识分子该有的风范！既然市场经济无所不在，今天的学者们就得有三分迂腐，一分精明。既能扎扎实实地做学问，也会推销自己的学术成果，以保证学术水平的精进和事业的发展，何乐而不为！

迈出了这坚实的一步，赵忠心名声在外。但他却异常的冷静，没有满足现有的成绩，没有自我陶醉，没有故步自封、停滞不前。他想：我这株家庭教育的"墙外花"，能不能"墙外开花墙内也香"，能不能在师大校园里盛开呢？

1988 年，他试探性地在学校开设了家庭教育学公共选修课，把时间定在晚上。课程公布出去，赵忠心感到从未有过的忐忑不安：这门课，国内还没有人开过，我也是开天辟地第一次在高等学校讲课。有没有人买我的账？也许一个学生也没有……结果大大地出乎意料——

"您知道有多少学生选修了这门课？"赵教授笑吟吟地两眼盯着我们，故意卖起了关子，"1200 人！有本科生、研究生、进修生……当时全校只有两千名左右学生，每年有 20 多门选修课，我的课是选修学生最多的。"

学校最大的教室"五百座"根本坐不下。第一次上课那天，教室的走廊上、窗台上，全是学生，有坐着的，有站着的，包括他讲课的讲台的周围都像小燕子似的坐了一圈。赵教授又紧张又激动。哪一个老师见到这样的场面能不激动呢？课一口气讲了三个多小时，学生们个个聚精会神，全神贯注，没有一个人走动离开。

下课了，学生们意犹未尽，围着问这问那，久久不愿散去。赵教授忍不住问学生："你们为什么要选这门课？"

学生们争先恐后地说，据了解，目前国内还没有人在大学开这门课，我们想听听家庭教育课究竟讲些什么内容。还有，我们将来都会当爸爸当妈妈，现在只许生一个，要培养高质量的孩子，就该未雨绸缪，提早做准备，用科学的教育思想武装自己的头脑。

只有在这个时候，赵教授才切切实实地感受到：当初力排众议，选定这个研究方向，我的决定是正确的。

就像芝麻开门后，满洞窟都是珍宝一样，家庭教育一旦被大家重新认识了解，才发现多少未知等着我们去探求。这些未知都关系到每个家庭，关系到每个孩子，而孩子又联系着一个民族的兴衰荣辱。赵教授时刻觉出肩上的担子是沉甸甸的……

我们中华民族素有重视家庭教育的优秀传统，积累了非常丰富的经验。但过去，中国家庭的子女一向比较多，人们拥有的是教育多子女的经验。今天，面对独生子女，不夸张地说，家庭有孩子和没有孩子但亲戚朋友有孩子的人，都对这个"小太阳"、"小皇帝"的培养教育有些迷茫，就像"老革命遇到了新问题"，感到束手无策，无所适从。急剧变革的社会让大人的许多观念在发生着变化，但又不知如何理清头绪，对孩子实施教育就显得盲目随从、手忙脚乱。这个时候，赵教授高屋建瓴的轻轻点拨，像神秘的魔杖，使人豁然开朗。

洋为中用，古为今用。既要继承、发扬我国传统的家庭教育文化，也不拒绝借鉴外国先进的经验。改革开放以来，外国的东西大量涌入我国，正在冲击着我国的文化传统，一定要根据中国的国情，慎重对待。不能盲目引进，免得"水土不服"。像外国有的家长对孩子剪草做家务，大人付报酬，中国家长也学着那样做；外国鼓励小孩子要勇敢，中国家长就教育孩子别人打你，你也打他……

赵教授不赞成这样做："给小孩子零花钱，是做家长的义务；孩子干力所能及的家务活，也是他的义务。劳动在市场经济条件下，可以是有偿的，但家务劳动属于伦理道德范畴的行为，是一种义务，对家庭成员来说不能是'商品'。如果用钱来衡量，就等于用事实告诉孩子，人与人之间包括亲人之间都是一种金钱关系。不能以道德的丧失为代价，去鼓励孩子参加家务劳动。这样做，得不偿失。"

有的家长看到别人注重培养孩子的竞争意识，就认为孩子只要学会竞争，就能够适应环境，立足社会，这种观点很片面。首先，社会的竞争绝不是像小孩子搏斗那样，那是对社会竞争的一种肤浅的理解。其次，社会生活有多种领域，在不同的领域有不同的行为准则。市场当中要讲究竞争，"市场不同情弱者"；但在有的领域就不能讲竞争，要讲谦让。比如，上公共汽车，就要讲秩序和谦让。再比如，小孩子在外面被人欺负了，可以告诉老师、家长帮助解决。如果同学之间你打我一下，我非得打你一下，这样"针锋相对，寸土不让"，那到处就都成了"战场"。另外，从保护孩子的角度讲，总教孩子跟人拼命，不吃亏，最后吃亏的还是自己。遇到比自己强的能硬拼吗？遇到手持凶器的歹徒能硬拼吗？家长应教会孩子保护自己。

几年前，北京有个中学生见义勇为，在与歹徒搏斗中牺牲了。孩子的父亲知道赵教授认识一些"上边"的人，便找到赵教授说，希望能帮他找找有关单位，给孩子封个"烈士"名誉什么的。赵教授推心置腹地跟那位家长说，我是认识一些人，但我不想为你找"上边"。你的孩子有正义感，很英勇，是个很优秀的、值得家长骄傲的孩子；但这事不能大张旗鼓地宣传。因为小孩子好模仿，未成年人要是都去跟歹徒搏斗，是要出事的。过去，宣传像赖宁那样英勇救火的孩子，是违背未成年人保护法的，是不妥当的。出现小孩子受伤害的事，不该宣传表彰，大人们该做的事是反思、检讨，总结经验教训。未成年人是弱者，是需要保护的对象，不能鼓励他们亲身跟歹徒搏斗，去救火，因为面对穷凶极恶的歹徒和自然灾害，未成年人处于绝对的劣势。歹徒没抓住，我们可以再抓；财产损失了，我们可以通过劳动再创造；而孩子的生命消失了是不能够复活的，不能鼓励未成年人做无谓的牺牲。你这个品学兼优的孩子过早地牺牲了，说明我们大人没有教给他自我保护的意识，没有尽到保护的责任。

宏观观察——赵忠心的家庭教育观

沉重的气氛，第一次来到我们中间。听了赵教授的分析，我们对许多司空见惯、习以为常的问题，开始重新审视。赵教授的体会又远远突破了我们思考的表层，深入到事物的本质。他所体会的责任，应该是这样的强烈！正是这种强烈的社会责任感，使他几乎废寝忘食，夜以继日地工作；对媒体的宣传，凡是有损孩子权益的，凡是迷惑了家长的，他都是无所顾忌，仗义执言。

"目前，我国家庭教育的最大误区，就是家长的功利心太重！为了孩子的聪明，考上大学，成为人上人，于是，什么'音乐胎教'、'零岁方案'，吃'脑黄金'、'忘不了'等等，伴随着各种天花乱坠的广告，铺天盖地而来，家长们总是抱着'试一试，万一有用呢'这种侥幸心理，枉费几千几百元钱是小事，弄不好伤害了孩子，可能要毁掉孩子的前程，家长将会后悔莫及。"

"母亲一怀孕，就进行所谓的'音乐胎教'，把耳机放置在肚皮上，对着胎儿稚嫩的耳膜没完没了地放音乐。大人不想听了，顺手就关了；可胎儿怎么办？就只能被动地忍受着无法忍受的噪音的骚扰，有多么可怜！有的孩子，就是因为在母亲怀孕时受到了粗制滥造的'胎教音乐'的严重伤害，而造成两耳终生失聪。我曾写过一篇名为'丈夫如何进行胎教'的文章，说胎教不光是孕妇一个人的事。胎教最主要的就是让孕妇保持良好的情绪。良好的情绪怎么来？主要不是靠什么美妙的音乐，而是靠跟孕妇关系最亲密的人对她的态度；如果丈夫、婆婆天天让孕妇生气，再动听的音乐也无济于事。"

电视里有一个广告，请了清华、北大和北师大等知名大学的学生，做广告说："吃了'脑黄金'才考上了名牌大学！"这些学生纯粹是商家雇的"托儿"！哪一个诺贝尔奖获得者吃过"脑黄金"、"忘不了"？孩子从小吃这些东西，如果产生了依赖性，学习时一旦记不住了，就会想："哎呀，我脑子不成了，得补脑。"这样，会使孩子越来越失去自信。孩子脑子不需要单补，要补脑，最好的补品是"膳食平衡"。

前几年，有人鼓捣出了一个"零岁方案"，目标是让孩子三岁"扫盲"。我不赞成。有的孩子是能认识几千字，但不可能所有孩子都能做得

到。我一口气写了六七篇文章反对这件事,结果他们把我告到"上面",说赵忠心打击他们搞科学实验。"上边"派人到发表我文章的报社查那件事,把总编辑吓坏了。我安慰说,不用害怕,"文责自负",一切后果由我承担。我说,这不是打击,是对社会负责任。没有经过实验证明的"方案",就不能作为商品推到市场上去。三岁的孩子怎么能"扫盲"?认识一些字还可以。比如,"花"、"草"、"树"、"木"、"水杯"、"电灯"等字词,三岁的孩子会认得,懂得含义,因为这些字词有实物做依托;但像"理论"、"一刹那"、"偶尔"等这些很抽象的事物,孩子只能像鹦鹉学舌那样会念,但不可能懂得其含义。他可能说"我要买一个大偶尔"。这个"方案"是把早期教育引向歧途,三岁的孩子"扫"不了"盲",也根本用不着扫盲。

去年,外国人写的一本书《学习的革命》,传到中国,国人趋之若鹜,疯狂抢购,赚了中国人很多的钱。我看了这本书以后,立即在《中华读书报》上发表了一篇文章《〈学习的革命〉给我们带来了什么?》,文章中说,"革命"一词,我们中国人可不陌生,是指"根本性的变革"。可这本书里,全是别人观点的大"拼盘",没有什么新的东西,而且还有许多的奇谈怪论。比如,书中说读了这本书,可以做到"一天能看四本书,并能记住全部的内容","四到八周可以熟练地掌握一门外语",这是绝对不可能的。像书中所鼓吹的那样,一个星期就可以学完小学课程,两个星期就可以学完中学课程,用不了两个月就可以拿到博士学位;如果一两个月就能掌握一门外语,人这一生得能掌握上百个语种,这不是胡扯吗!?

有人对赵教授说:你要是开个文化公司,出书、出磁带、办培训班,一定能发财。就凭你的名气,甚至会有商家推出新产品,高价请你讲几句好话做广告。赵教授连连摆手,一口回绝:"不干,不干。我是个老师,我做不了买卖,不想多挣钱,就是为了保持我说话的可信度。我不怕得罪人,更不怕打官司。我从事家庭教育理论研究,是家长的朋友。我的责任就是帮助家长辨别真伪,不要上当,让每个孩子健康、幸福地成长。这才是我的追求。"

桑榆晚晴。那彩霞满天的绚烂,用赵教授的诠释就是他所追求的"潇洒人生"。

跟赵教授面谈，沉重时一起叹息，欢乐时一起大笑，就是找不到沉闷和枯燥。他会用坦率得惊人的词语，让你时而惊讶继而大笑。他见状就自夸："怎么样，看我这老头儿，还有点魅力吧？"看见你点头，他便得意地大笑。这时候，你会忽略了他斑白的头发，觉得他真的就年轻得像他说的那样："我是五十多岁的年龄，四十多岁的身体，三十多岁的心态！"

赵教授信奉年轻人的一句话："玩命地干，拼命地玩。"二十年来，他几乎天天是凌晨一两点上床睡觉。工作时，他顾不上刷牙，洗脸，刮胡子，忘记吃饭还一个劲儿地说自己"吃了，吃了"。只要往电脑前一坐，思维便一下子活跃起来，他全神贯注，文思敏捷，左右逢源，写起来便得心应手，甚至不耐烦电脑的反应比他的手指还慢半拍。1997年这一年，赵教授一次出版了六本书，共130多万字。

实施一周两个休息日以后，他非常生气：一周休息两天，家人都回家来了，两天都在家，乱哄哄的，影响了我的工作。他在工作中能获得极大的乐趣，希望把"星期天"变为"星期七"，一周工作七天有多好。多少年来，他的确没有"假期"这个概念，学校的寒暑假对他是没有意义的。这个时候，如果师母让他干点儿事儿，用师母的话说是"废物利用"，他准会"犯傻"。女儿爱吃西葫芦馅饺子，老伴在家准备，让他出去买西葫芦。赵教授到菜市场转了一圈空手回来了，师母问他怎么回事。他说："你让我买，说大个儿的买两个，小个儿的买三个。我看了一下，那西葫芦不是就分为大、小两个等级。大大小小的，究竟什么样的算大的，多大又算小的，我都弄不明白。干脆，你给我在纸上画一下，我比照着买。"

这可不是瞎编的，师母说果真有其事。直到今天，师母和女儿一想起这件事，还都乐得不行。

赵教授重视传统，很喜欢研究历史，他认为多研究历史，学问才做得有"厚度"。但他的思想意识并不保守，能接受新生事物。进到他的三室一厅，现代文明他不拒绝，端给你的是饮水机里的纯净水，电脑旁边有家用传真机，就连厕所里的马桶上都装上了少见的净便器。

出门见客，赵教授和师母照着镜子，西服、领带虽是师母包办的，但

必定是价值不菲的。他率领中国妇女代表团去韩国访问,西服革履,潇洒倜傥,那不卑不亢、挥洒自如、大方得体的举止,让与会的韩国、日本女人偷偷地说他是"美男",这让女团员们那个自豪啊!在回来的飞机上,大家就送给他一个外号"帅叔"。回国后,"帅叔"美滋滋地把照片放大二十寸,放在书架上,逢人便自夸:"有没有点儿周总理的风度?"

有了经济收入,他不当守财奴。儿子是酒店的经理,女儿家也有钱,都不用老两口儿的钱。他就把钱花在他们自己身上,教授经常对师母说:"年轻时我很穷,你从未动摇过,死心塌地跟着我到现在,咱们有钱了,你看上什么就买什么,别当守财奴。"为了吃特色小吃,老两口儿会花五十元"打的"去吃十来元钱的小吃。为了时时刻刻知道对方在哪里,老两口一人一个手机,号码保密,连儿女也不知道,说这就是他们两个人的"热线",出门时都带上,随时保持联络。而在校园里,老两口儿多是形影不离,很少分开,只有老伴到老年活动站打牌的时候,他不时地打电话过去,或是"请示"什么事,或是问她什么时候去接。老伴一手摸牌,一手拿着手机,随时准备接赵教授的电话。

教授很懂得"怜香惜玉",更会做"画龙点睛"的那一点儿活儿:刷厕所、倒垃圾这些脏活儿,他全包了,从不让师母动手;师母做饭,他在一旁递个酱油、剥个大葱什么的,他也只会这个;家住五楼,师母下班登上楼梯的第一个台阶,他在楼上就能听得出来;每当师母回家拿着大包小包到了门口,手忙脚乱地找钥匙时,家门"吱"地应声而开,每次他都是这样,就是为了让师母高兴。

师母毫不掩饰地说:在这个时候,我就觉得特别幸福。说明他时刻都在惦记着我。

这个时候,赵教授就会偷偷地乐:他只是开开门,举手之劳,做些眼面前儿的事;而师母则每天都要忙不颠儿地干一大堆活儿,还是心甘情愿的。你说,是谁赚了?

赵教授不仅能做学问,也能歌善舞,多才多艺。歌,他会唱评剧、河北梆子,唱京剧杨子荣让专业人士竖起大拇指;舞,他的华尔兹能一连转晕三个女伴儿,他也常常为自己优美潇洒的舞姿自我陶醉。

教授善于结交，朋友多，既有部长、司局长、总编、记者、学者，也有看门的老头儿、卖旧书的下岗工人、卖刀削面的姑娘等。他笑称："我是'谈笑有鸿儒，往来有白丁'。"

教授的目标，是要出五十本书，写出两千万字，他说"脑子还有好多本书稿"。眼下，他正动手编写《中国家庭教育思想史》、《中外家庭教育比较》，并重新修订他的《家庭教育学》。

吃喜欢吃的饭，干喜欢干的事儿，看喜欢看的人和景。从心所欲，不逾矩。这就是赵教授一再推崇并孜孜追求的"潇洒人生"。

《中华儿女》杂志1999年第6期
本刊特约记者段莫、余晓清采访

3. 家教观念：如何适应市场经济

前不久，我去约稿，中心内容是"孩子成长过程中非智力因素所起的作用"。在约稿的过程中，我来到北京师范大学赵忠心老师家里。不费什么口舌，也不需多少时间，我便完成了任务。赵老师以其真诚和高度的责任感，答应为我报写一篇《让儿童多吃点苦》的文章。

如果按照例行公事，此时的我可以班师回朝了。但撇开约稿，撇开冠冕堂皇，我又向赵老师提出了令他意想不到、同时又成为本篇文章产生契机的问题："赵老师，每年我们的报纸、电视、广播，我们的记者、教育工作者和有识之士都在起劲地谈论家长应如何教育子女，不要让子女成为'小皇帝'。可我总觉得，这些宣传，这些道理没有多大用，中国的家庭'小皇帝'依然层出不穷。"

赵老师对这个问题也很感兴趣。之后，我们做了两次长谈。

赵老师：你提到的问题是一个深层次的问题。咱们可以就这个问题进行一次深入的探讨。

我觉得，现在，许多中国人自觉不自觉地把孩子培养成"小皇帝"，其根本原因是我们的市场经济不够发达，不够完善。我们的许多家长还没有经历市场经济的充分洗礼。具体地说，市场经济是一种激烈竞争的经济生活，它需要人们具有较强的独立意识和创造能力。由于我们刚刚跨入市场经济之门，许多人自身还没有充分意识到独立性和创造力的重要性，还留恋着旧体制下的"大锅饭"。因而，在他们的潜意识里也就不会把培养孩子的能力作为一项重要任务。所以，多数家庭培养的孩子依然是"饭来张口，衣来伸手"的"小皇帝"。

记者：您的看法令人耳目一新。关于"小皇帝"的问题，我也考虑许久，只不过没能把它同市场经济挂钩。现在，将二者挂起钩来，我感到对外国人的教育观念理解起来就十分容易了。比如，外国的学校里为什么往往把培养学生能力放在第一位。外国的家长看到自己的孩子摔倒了，不去扶起他，而是耐心地等他哭完了自己爬起来。这些事，以前我只以为是民族的行为习惯或传统不同。现在理解了，可能就是市场经济的大背景造成的。

赵老师： 的确是这样。因为外国人（这里主要指市场经济发达国家。下同）知道个人的独立意识和创造能力是他们在市场经济社会中生存的必要条件。我再举一个例子。很多人都知道外国人往往让生下不久的孩子自己睡一间屋，自己睡一张床，从小培养孩子的独立性。许多中国人听说后不以为然，认为如果自己有那么宽裕的住房条件，也叫孩子独居一室。但事实上，现在我国许多人的家居条件早已经得到改善，孩子独居一室也有可能了，可我们有多少家长叫小孩子自己睡呢？倒是不少上了小学的孩子晚上睡觉，还要摸着妈妈的脸或耳朵方能睡着。其实，让孩子和父母睡在一起是中国人的传统，并不是因为没有空房子。在我国农村，很多家庭都是全家人挤在一个大炕上睡觉，而闲置的房间宁可去放粮草，也不让孩子单独睡觉。这反映我们的家长缺乏教育意识。

记者： 您举的例子很形象。记得以前曾经听说过这样的事，美国的教育工作者对中国幼儿园小朋友整整齐齐、安安静静地坐在一起听老师讲课表示惊讶，因为他们的孩子是很难被管教得如此服服帖帖的。美国幼儿园的孩子聚在一起，要么三一群俩一伙地玩玩具做游戏，要么几个孩子大声喧哗，追跑打闹，即使让他们坐下来听课，也必定是提出各种各样的"怪"问题。幼儿园给孩子创造了一个很宽松的生活环境。造成这种差别的原因，一方面是双方教育者的教育目标不同，另一方面，也与两国家长的导向有关。比如，中国家长等孩子从幼儿园回家后，往往问孩子又学到了什么知识；而美国家长呢，常常要问今天又给老师提出了什么问题。中国家长看重的是学到了多少知识，美国的家长看重的是求知欲望强不强。

赵老师： 这方面的例子还很多。比如，外国人比较重视孩子交往能力的培养，如果家里来了客人，大人们彼此相互介绍、认识完毕以后，也要让孩子和客人彼此介绍认识，并允许孩子旁听大人们的一般谈话。而中国人正好相反，客人来了一般都不介绍孩子，谈话聊天时，总是把孩子支得

远远的,"去那个屋里玩",简单一句话,就使孩子失去了学习交流能力的机会。

记者:刚才举的这些例子,看来是中外在家庭教育观念上的差异。导致这些观念差异的,您刚才讲是市场经济的洗礼程度不同。请您再具体谈谈家庭教育观念与市场经济的关系问题。

赵老师:无论中国人还是外国人,在教育子女方面,家长都有自己的明确认识和目的,头脑里都有一个把孩子培养成什么样的人的模式。尽管他可能今天想培养孩子做音乐家,明天又想让孩子做画家,这仅仅是职业的不同,而培养孩子的道德品质、行为习惯和适应社会生存的原则则是基本相同的。

这些家庭教育观念主要是从家长的切身经历和对社会生活的体验中得来的。外国人懂得市场经济条件下竞争的残酷,他们有切身体会,深知没有特长、缺少进取精神、缺乏能力者生存的艰难,因而自觉不自觉地意识到:要么不生孩子,要么把孩子培养成为有特长、有进取精神、有能力的人。所以,我们才能见到日本人花钱给孩子买"罪"受,非要把孩子送到中国内蒙古大草原的夏令营来吃苦不可。而中国人呢?刚刚步入市场经济社会,许多人还没有亲身体验到市场经济社会竞争的残酷与激烈,也没有体验过生存的艰难。一句话,懒、笨、不思进取并没有影响自己不错的小日子,因而在教育子女方面自然不用特别强调进取精神和能力,不愿让孩子吃苦。

所以,也才出现这样的镜头:在日本人把孩子送到中国内蒙古草原中日联合夏令营吃苦的时候,一些中国家长却不让自己的孩子去这个夏令营"受罪"。而以往在组织夏令营活动前,我们不少人,特别是官员"近水楼台先得月",凭借自己的权力,想方设法走后门也要把自己的孩子送夏令营去"锻炼"。可在这次中日联合夏令营开营前,有的中国官员硬是把自己的孩子从营员名单里一笔勾掉。

记者:其实,各个民族的家长在爱孩子的感情方面都是一样的。爱孩子并不奇怪,高尔基说过:"爱孩子,那是连老母鸡都会的事情。"关键是,以什么样的方式爱孩子和想寻求一个什么样的结果。

宏观观察——赵忠心的家庭教育观

赵老师：更具体一点说，那就是什么才是孩子真正的幸福。咱们刚才谈到了中国家长的许多不适应市场经济的家庭教育观念。其实，这些都是中国的传统和历史造成的。

从远的讲，古代中国是小生产的汪洋大海，全家人都围着一亩三分地转，子女也不愿离开家。在家里，主意都是由家长拿，什么事也轮不到子女来做决定，他们只需要顺从、听话、墨守成规即可。从近的讲，解放后我们对人的基本要求就是听话，不允许犯错误。在用人制度上，录用一个不听话、犯过错误的人，可能是企事业单位永远也甩不掉的包袱；在政治上一个不听话、犯过错误的人，会是一个永远失去前途的人；在生活经历上，犯过错误的男人总是被视为"二等公民"，犯过错误的女人则永远也抬不起头。各级领导都喜欢或者说不得不喜欢听话的人，看重的是人的档案，人的过去，而不看人的发展和变化。在这种社会氛围下，家长当然也只能把孩子往听话的方向培养，不愿意因为或者有能力、有闯劲但可能犯错误而毁掉孩子的前程。

记者：噢，我明白了。正因为家长都以听话、少犯错误来教育（尽管有许多家长是潜意识的），所以，中国的家庭教育观念才缺少重视培养进取精神、实际能力，塑造孩子独立人格的内容。赵老师，如此说来，是不是说我们迈入市场经济就等于跨上了达到彼岸的龙舟？

赵老师：也不尽然。存在决定意识，市场经济的建立对于我们社会家庭教育观念的转变，会起到巨大的作用。但并不是说，这种观念会很快占据家长们的大脑。因为家庭教育观念是社会意识和个人意识中深层次的东西，在社会变革的情况下，它会靠着自身的惯性力量延续很长一段时间。比如，"万般皆下品，唯有读书高"的观念，历经各个朝代，直到今天，不是依然很有市场吗？而且，与学校教育和社会教育观念相比，家庭教育观念的变化更慢，因为家庭更加封闭，旧观念不易被动摇。此外，对于家庭教育而言，市场经济也并不是一把万能的钥匙，或许有的孩子认为金钱万能而从小就钻进钱眼里。总的说来，进入市场经济社会，对于家长的要求提高了，一方面要转变观念，另一方面又要对孩子进行正确的人生观教育。

记者：这么说，步入市场经济社会以后，人们的生活节奏加快了，生

存压力加大了，休闲时间减少了，可教育子女的担子反而更重了。

赵老师：依我看，说市场经济社会是一个充满激烈竞争的社会，就是在家庭教育方面也存在着激烈的竞争：看谁把孩子培养得能力更强，也就是看谁能让孩子的未来更幸福。

记者：您曾经谈到市场经济社会会改变人们的家庭教育观念，但不会是立竿见影的。可能有相当多的家长由于认识不到培养"小皇帝"的危害而会使自己和孩子饱尝生活苦果的。从这个意义上说，可以认为，各种媒体对社会、对家长进行正确、全面的家庭教育观念的宣传教育大有必要了。

赵老师：对。还是应该多写些文章，多宣传。

记者：赵老师，您能不能再介绍一点中外家长教育子女观念差别的例子，以便能使我们更清楚、更具体地意识到我们自己存在的错误或者说是落后的教育方式？

赵老师：可以。

比如，在培养吃苦耐劳精神方面，中外就差别很大。中国的孩子去春游或参加什么活动，互相攀比谁带的钱多，谁带的食物丰富，那简直就像是"食品店搬家"。而日本孩子去春游，吃的食物由学校集体购买，所有孩子完全一样，并且不允许多带零花钱，否则就要没收。就是家庭旅游也不一样，中国父母不论东西多少都是自己背着，让孩子空手而行；日本家长则多少都让孩子背一点儿，哪怕是一块手帕，一把牙刷，为的是从小就给孩子渗透"自己的事情自己做，不给别人添麻烦"的思想意识。

对待劳动和金钱的观念上，中外家长不一样。中国是家长为孩子攒钱。在许多大学生心里家长穷就自卑，家长有钱就荣耀。他们常常以劳动为耻，一说去饭馆打工端盘子就认为是下贱，就脸红。而美国中学生就有句这样的口号："要花钱自己挣。"他们可以去送报纸，送牛奶，做保姆，或在别人家打工，他们常常以向父母要钱为耻辱。不论穷人家的孩子还是富人家的孩子，都是这样。像瑞士那么富裕的国家，孩子上中学就必须去打工挣钱，以备将来上大学和结婚用。

培养孩子独立性方面，前面我们举过一些例子，现在再说一些别人不大注意的习惯。比如，中国人爱抱着小孩子，特别是农村妇女，怀里总是抱着个孩子；而欧美妇女不老是抱着孩子，经常是用小车推着孩子。中国家长出门总爱带着孩子，就连参加舞会都带着孩子，家长和孩子形影不离，家长到哪里孩子都像小尾巴似的寸步不离；而外国人出门则是把孩子留在家中，告诉孩子渴了去哪儿找水喝，饿了去哪儿找吃的，就不管了。中国小学生的家长不但在上学前要为孩子收拾书包，而且上学路上还要替孩子背着书包；日本的小学生这些事全要自己做，并且还要根据头一天的天气预报，自己决定第二天上学穿多少衣服、穿什么衣服以及是不是需要带雨具。

另外还有是否尊重孩子的隐私权上，中外家长也不同。中国家长经常偷看或公开看孩子的日记，私拆孩子的信件，还理直气壮地说"有这个权力"。一些家长对孩子也经常不讲道理，理由就是"我是你爸爸"。而外国人在家庭内部要民主得多，专制强迫少得多。前些日子，有个美国电视剧叫"我的一家"，一个孩子被人打得鼻青脸肿，回家后爷爷关切地问他这是怎么回事。那孩子说："爷爷，我现在还不想告诉您。"爷爷尊重孙子的意愿，也就不再追问了。要是中国家长遇到这种情况，肯定会追问到底，还会去找学校讲理。

记者： 看来，许多中国家长都不尊重自己孩子的人格，仅仅把孩子看成是家长自己的延续或附属品。赵老师，依您看，在目前我国市场经济社会的初级阶段，中国的家庭教育应该注意哪些原则？

赵老师： 我想，大致应该有这样几条：第一，应该是要让家庭成为孩子进入社会生活的"演习场"，而不应该由于不正确的家庭教育使家庭变成进入社会生活的障碍。第二是要明确意识到，评价孩子的标准就是"指挥棒"。对孩子而言，家长的评价就是孩子的行动指南。第三是教育子女无小事。虽然我们不能说家庭教育是一门大学问，但至少可以说它不是一件简简单单、无关紧要的小事。

记者： 谢谢您，赵老师。

《科技日报》1995 年 7 月 9 日
本报记者李大庆采访

4. "神童教育"可以休矣

——"早期教育与智力投资"研讨会纪要

为更好地总结本报《中国人口报》1996年历时11个月,共刊出36期的"早期教育与智力投资"专题讨论的成果,1996年11月4日,本报编辑部邀请首都幼教界的部分专家、学者、幼教工作者和家长代表召开了"早期教育与智力投资"研讨会。

当前的主要问题是:"误区"加"误导"

北京师范大学教育科研所研究员赵忠心认为,改革开放以后,中国人的眼界大为开阔,心态也开始变得浮躁起来。就在这个时候,曾经在国外流行一时的"早期教育决定论"的思潮传到了中国,它正好迎合了中国家长的望子成龙之心。加上一些所谓的"学者"大肆鼓吹"神童教育",四处推广所谓的"神童方案",推销"早期智力开发开始越早越好"的观点。于是,在许多家庭就出现了任意超越儿童年龄阶段的"超前教育"、"超早期智力开发",在孩子出生不久就教认字、算算术、学外语等典型的急功近利的做法。

当前我国早期家庭教育的主要问题是"误区"加"误导"。误区,不在孩子在家长;误导,不在家长在"专家";同时,传媒的舆论导向也负有不可推卸的责任。

是素质教育还是"神童教育"?

与会专家对目前在社会上广为传播的一些以"神童"为培养目标的"早教方案"进行了深刻的剖析,指出这类"神童方案"可能给儿童的身心带来极为有害的影响。

赵忠心对有人提出"儿童个个都是神童",到处推广"0岁识字,3岁扫盲"的方案，在广告上宣称要"让神童进入千家万户"的做法，极不赞成。他说，如果儿童个个都是神童，那么，"神童"这个概念就没有存在的必要了；如果家家户户都要按"神童方案"去培养子女，最终的结果是，绝大多数的孩子要陷入"水深火热"之中。

是遵循规律还是违背科学？

"神童方案"把"幼儿识字"作为主要指标之一，提出"0岁扫盲，3岁读书"，这是没有理论根据的，是无益有害的。

赵忠心列举出美国儿童心理学家格塞尔做过的著名的"双生子爬楼梯"的实验加以说明。他说，格塞尔认为，支配儿童心理发展的因素有两个：一个是"成熟"，另一个是"学习"。在两者之中，他是更着重于"成熟"。他认为，儿童心理发展是儿童行为或心理形式在环境影响下，按照一定顺序出现的过程。这个顺序与"成熟"的关系较大。在他的这个实验中，其中一个双生子从出生后48周起，每天做10分钟爬梯训练，连续6周。到第52周时，他能熟练地爬上5级楼梯。在此期间，另一个双生子不做爬梯训练，而是从53周时才开始进行爬梯训练。但到两周以后，这第二个双生子不用旁人帮助，就可以顺利地爬到楼梯顶端。

由此，格塞尔得出的结论是：不"成熟"就无从产生"学习"，而"学习"只是对"成熟"起一种促进作用。格塞尔的这个实验表明，儿童的成长是受生理和心理成熟机制制约的，人为地任意提前进行训练，效果不见得更好，也不见得有那个必要。不仅没有必要，还会因为打乱了儿童身心发展的正常次序，给儿童在生理和心理上造成负担和伤害。弄不好还可能影响儿童对学习的兴趣，从而产生逆反心理。

人为地任意进行超早期教育和训练的结果，将会如法国思想家、教育家卢梭所说，造成一些"早熟"的"果实"，"它们长得既不丰满也不甜美，而且很快就会腐烂"。有的人以为，进行超前教育就一定会早出人才，出高水平人才，仅仅是一种良好的愿望，是一种推测，实际上并没有得到证实。不进行超前教育的儿童不见得超不过进行了超前教育的孩子。因为"大器晚成"也是成才的一个规律。

是和谐发展还是片面发展？

"神童方案"为了在短期内取得唬人的效果，采取了"单项强化训练"的办法。对此，专家们指出，在孩子的教育上，不能"杀鸡取卵"。

赵忠心认为，进行早期智力开发，是有可能促进儿童身心早期发展的。但应该特别慎重，不能盲目，不能草率行事，不能"攻其一点，不及其余"，不能"单打一"，不能"单兵冒进"，不能只进行"一半的教育"。如果在某一方面强迫他们学习超越他们年龄阶段的东西，尤其是过早地进行专门化的训练，就是人为地制造"畸形"，会破坏儿童身心和谐发展的正常进行。儿童作为一个完整的人，面临着各种各样的发展课题，身心各方面是相互影响、相互促进、相互制约的。如果人为地加速或强化某个方面的发展进程，置其他方面的发展于不顾，其结果只能是以牺牲、丧失其他方面的发展为代价，这是很不合算的，从长远看肯定是有害的。任何事物只有和谐发展才能获得长足发展，不和谐的发展，就是"畸形发展"，不可能得到充分的发展。

他希望家长们都能明白，人才的成长是一个漫长的发展过程，不是一蹴而就的。早期教育和早期智力开发是重要的，不充分估计它的地位和作用，会使人们忽视；而任意夸大它的地位和作用，则会导致"掠夺性"的智力开发，就像"杀鸡取卵"那样，这是有害无益的，必须加以纠正。做父母的有责任有义务创造条件促进儿童身心的发展，但同时也有责任有义务呵护他们的童心、童趣，保留他们的"固有东西"，遵循他们成长的自然要求，让孩子在自由自在的玩耍中学习、成长，在无忧无虑的生活中谋求自身的发展，学会生存。不能操之过急，急于求成。

"早期教育决定论"已被国外否弃

与会专家还从国内外幼教发展史的角度分析了"神童教育"产生的背景。

赵忠心指出："神童教育"的出现不是偶然的，实际上是国外前些年盛行一时的"早期教育决定论"的反映。

宏观观察——赵忠心的家庭教育观

早在几十年前，苏美"两霸对峙"的时代，就有一种说法，说国家实力的竞争是科学技术的竞争，是教育的竞争。当时，美苏两国为了增强自己的竞争实力，不约而同地都在国内进行"教育改革"，并且不谋而合地都是选择重点加大早期教育改革的力度，缩短学制年限，前移教学内容，提高教学难度等。当时，美国的代表人物是心理学家布鲁纳，在苏联则是心理学家赞可夫。经过几十年的改革实验，两个国家又不约而同地总结了教训，认为这种做法从眼前的效果看是好的，但从长远效果看却是不好的。因为它"打乱了儿童身心发展的次序"。最后，双方都不得不放弃这种大规模的改革实验。

就在人家放弃了这种改革实验的时候，我们国家开始实行工作着重点转移，发展社会主义市场经济，重视知识、重视人才成为一种很强烈的社会舆论，早出人才、快出人才、出好人才的呼声一浪高过一浪。"早期教育决定论"就在此时传到了中国，一些不负责任的"学者"极力鼓吹这种思想，提出这个"神童方案"、那个"神童计划"，正好迎合了望子成龙心切的部分家长的心愿。这种理论，尤其受到了独生子女家长的青睐。所以，这种急功近利的超前教育倾向，就在中国泛滥起来了。这就是"早期教育决定论"出现的社会背景。

从整个世界范围来看，现在大家推崇的已不再是"早期教育决定论"，而是终身教育，继续教育，达到共识的观点是：人的一生从 0 岁到 65 岁之间，所有时候都是开发智力的机遇，并不是说只是早期。我们应当克服自我封闭的心态，虚心学习、借鉴外国成功的经验，同时，也要汲取外国失败的教训。使人不可思议的是，人家通过实践已经否定了的东西，我们又要重新再做一遍，让人感到莫名其妙。

赵忠心举例说明，其实在国外，有好多科学研究在理论上已经解决了这个问题，而我们有些"专家"、"学者"因为自己钟情于"超前教育"，并没有全面介绍国外的情况，让中国人一看好像外国全都在进行"神童教育"。其实，世界各国早期教育的主流不是这样的。他们很能迷惑人，所以我要本着学者的良心，对国家负责，对孩子负责，把真相披露出来，以正视听。

教育过于功利化后患无穷

专家们一针见血地指出,"神童教育"是一种功利化的教育,望子成龙之心太过急切的家长们急功近利,搞"神童方案"的人则有意迎合这种急功近利的心态。

赵忠心说,急功近利的超前教育,也是现代教育过于功利化的反映。过去的古典教育,是"重义轻利",现代教育则是"重利轻义"。这种倾向,不是现在才出现的,早在资本主义上升时期就出现了。为了提高劳动者的科学文化素质,教育教学内容更加倾向于生产劳动技能方面,而有意无意地忽略了思想品德教育。伟大的哲学家、教育家罗素早在几十年前就已经有预见性地指出了现代教育这种功利化和实用化的偏向。"重利轻义"的功利化、实用化的倾向,带来的直接后果是:许多资本主义国家普遍存在的"经济上去了,道德水平下来了"。多少年来,人们培养教育子女,目的就是升学、就业,只要是对升学、就业有用处的,就下工夫、下本钱;对升学、就业没有直接好处的,就放任不管,放弃不学。也就是说,只考虑培养孩子"成才",不大注重教育孩子"做人"。不仅在外国是这样,近些年来在我们中国又何尝不是这样呢?

家庭教育过于功利化、实用化的倾向,主要反映在两个方面:一个是只进行"一半的教育",就是重智轻德、重知识轻能力、重视书本知识忽视生活知识、重视智力因素的发展忽视非智力因素的发展、重视特长培养忽视全面发展,等等。另一个就是急功近利的早期教育和超前的智力开发。以牺牲、丧失其他方面的发展为代价,对孩子进行超越他们年龄阶段的强迫教育,过早地进行智力开发,片面地进行专门化的智力训练,破坏了孩子身心和谐发展的秩序,不能达到切实全面提高孩子素质的目的。这不仅对孩子身心的发展不利,对我们整个民族素质的提高也是不利的。

加强行业管理把握舆论导向

与会代表呼吁政府主管部门及时清理整顿目前非常混乱的"幼教市场",努力排除其对正规幼儿教育事业和早期家庭教育的干扰。

赵忠心说，这种过于功利化、实用化的超前、超早期教育，应该引起教育界的极大重视，不要让它任意发展下去，一定要及早把这个问题解决。新闻单位发表这方面文章，也应当注意认真审查，严格把关。

《中国人口报》1996年11月25日
本报记者林江整理

5. 指导家庭教育是教育部门分内之事

2000年12月14日，中共中央办公厅、国务院办公厅下达了《关于适应新形势进一步加强和改进中小学德育工作的意见》，2001年4月中央教育科学研究所德育研究中心举办了系列培训班。全国第一位家庭教育硕士研究生导师、北京师范大学赵忠心教授做了报告，他深情地说："《意见》第十三条对家庭教育事业具有转折性的意义，我个人感受最深……我们国家终于明确了……"

记者在采访赵忠心教授时，他竟然一字不漏地背下了文件第十三条的内容："各级党委和政府要关心支持家庭教育，各级行政部门要承担组织和指导家庭教育的责任。各级工会、共青团、妇联等群众团体要开展丰富多彩的家庭教育活动。要通过多种方式普及家庭教育知识，帮助家长树立正确的人才观、成才观和教育思想，掌握科学的教育方法。学校要通过家长委员会、家长学校、家长接待日、家访等形式同学生家长建立经常性联系，及时交流情况，认真听取家长对学校管理和教育教学的意见、建议。学校要对班主任、任课教师的学生家访提出具体要求。"

赵教授把"枯燥"的条文叙述得跟原文毫厘不差，还分明看得出他叙述时激动的情绪。

记者： 赵教授，您对这一条文如数家珍，真是情有独钟。

赵教授： 我研究家庭教育二十年来，就盼望有这么一天，有这么一个文件，把家庭教育指导纳入教育部门分内之事。去年3月12日，我给分管教育的李岚清副总理写了一封建议书（见附录），不但在3月17日就收到了中共中央办公厅、国务院办公厅信访局的回复，而且在12月14日的"两办"文件中就反映出来了。中央这么重视我的建议，反应这么快，工作力度这么大，我怎么能不感到欣慰呢！

记者： 我在中学教过书，学校每学期都开家长会，班级老师也经常家访，一直很重视家庭教育的。

赵教授：可你是有所不知啊，文件中的这条内容对今天的教育部门来说是一件"新事"。解放前，1940年，当时的教育部令"32046号"公布的《推行家庭教育办法》，明确规定："各级教育行政机关应督导各级学校、社会教育机关及文化团体、妇女团体，按照本办法之规定积极推行家庭教育。各省市教育厅局应于主管社会教育之科股，指定职员一人，办理家庭教育行政事宜。"这个规定对我国解放前的家庭教育工作，具有重要的推动作用。

解放后，相当长的一段时间内，家庭教育并没有引起人们的重视。那个时候，只强调教师可进行家访，沟通情况，做到学校教育一致，但对家庭教育的指导并未提到议事日程上。1981年，中共中央书记处"19号"文件，规定由妇联负责指导家庭教育。二十年来，妇联发挥自身的优势，团结协作，做了很多的工作。但是，妇联是个群众团体，不是行政部门，不能强有力地承担家庭教育的系统指导工作，应该由教育部门指导家庭教育。

20世纪80年代以后，我国从保护儿童受教育权的角度，先后制定了《义务教育法》、《未成年人保护法》等相关法律，对于促使社会和家庭重视家庭教育有一定的作用，但是还远远不能适应家庭教育发展的需要。中央"两办"颁布的这个文件，明确由教育部门承担指导家庭教育的责任，这是一件非常有意义的事情。

记者：教育部门比妇联有哪些优势？

赵教授：家庭教育的主体是父母和孩子。教育部门有大批懂得教育理论的研究者和实际工作者，有丰富教学经验的教师，学校经常与学生和家长打交道，对他们的情况比较了解，由教育部门指导家庭教育，既能做到有强烈的针对性，又可以保证指导工作的系统化、经常化，从而避免指导工作一般化和与青少年儿童实际脱节的现象，能收到良好的效果。

记者：学校还有专门的教学场地和物质设备，这也是妇联等其他部门所不具备的条件。

赵教授：对。学校教育在整个教育体系中占主导地位，是国民教育的

主体,除了搞好校内的教育工作以外,必须密切联系并支持社会教育,并有责任指导家庭教育。苏联教育家苏霍姆林斯基就认为,只有学校和家庭这两个"教育者"一致行动,从同样的原则出发,在教育目的和教育手段上都不发生分歧,才能实现儿童和谐的全面发展;否则,不管老师付出多大的努力,都收不到完满的效果。

记者:看来,由教育部门指导家庭教育可以充分发挥教育部门的优势,最大限度地挖掘和充分利用家庭教育资源。

赵教授:是的。经过二十年来的努力,家庭教育工作领导体制的关系终于理顺了。我很欣慰。

记者:您的愿望终于实现了,可以长舒一口气了。

赵教授:也不尽然。这仅仅是一个开端,还有很多工作要做。家庭教育指导是一门科学,还没有深入、系统地专门研究过,而没有理论指导的实践是盲目的实践,这方面的研究需要受到重视和加强。教育部门指导家庭教育是一项新的工作,究竟怎样开展这项工作,把它制度化,形成一整套的管理体制,各级各类学校怎样落实,怎样培训专门的工作人员,也需要长时间的反复探索。此外,教育部门怎样与其他有关青少年儿童教育机构密切配合,也需要研究和探索。所以说,任务很艰巨,要做的事情还很多。

记者:有没有国外的经验可供借鉴?

赵教授:有。世界各国都很重视家庭教育的指导。比如,英国在中小学普遍开设家政课程;美国国会通过拨款专门资助职业学校设立家政科,有的地方还专门成立了家政师范,培养家政教师;苏联不仅给做父母的建立了"家长大学",而且还给中小学编写家庭教育方面的教学大纲和教材;巴西则规定青年男女婚前要学习家庭社会学知识,考试及格才能登记结婚;日本的家政教育,不仅起步早,而且有一贯性,他们通过多种多样的渠道和方式实施,不仅使日本国民重视家庭教育,而且也使之学会了如何进行家庭教育,这对日本是具有战略意义的。

记者:您对我国家庭教育指导工作再上一个台阶有信心吗?

赵教授:很有信心,家庭教育事业蓬勃发展的春天就要来到了!去年年初（2000年），国家主席江泽民发表了《关于教育问题的谈话》，含有丰富而深刻的家庭教育思想，从宏观上论述了家庭教育的地位、家庭教育的社会主义方向性、正确的家庭教育价值观和人才观以及正确的家庭教育指导思想，为我国家庭教育的发展指明了前进的道路。我国政府首脑如此重视家庭教育并发表大篇幅的重要讲话，建国以来尚属首次。李岚清同志在学习、贯彻江泽民同志关于教育问题重要谈话报告会上的讲话《加强和改进教育工作促进青少年尽快成长》中进一步指出："一定要重视和改进家庭教育。"还从微观上论述了家庭教育在家庭教养方式、家庭教育内容和亲子关系等三个重大方面要实现转变，为家庭教育的发展提供了明确的指南。

记者：这两篇文章，一个是我们党的总书记所作，一个是我国政府副总理所写，反映了党和政府对我国家庭教育事业的高度重视，这种重视程度在历史上是绝无仅有的！

赵教授：确实如此。这两篇文章作为家庭教育发展史上的重要历史文献，必将为推动我国家庭教育事业和整个教育事业的发展做出卓越的历史贡献！所以，我坚信：在党中央和政府的亲切关怀、大力号召和支持下，我国家庭教育事业必将进入新的历史发展阶段！

《现代教育报》2001年6月25日
本报记者晏红采访

附录：关于变更我国家庭教育工作领导体制的建议

李岚清副总理：

您好！

我是北京师范大学的教师，专门从事家庭教育理论研究二十多年了，是我国唯一的一位家庭教育研究生导师。

江泽民同志和您等党和国家的领导人都十分重视家庭教育工作，这使我非常振奋！我深信，我国的家庭教育事业会越来越兴旺发达。

但是，我国的家庭教育研究和普及工作，却远远不能适应社会发展和

广大家长的需要。这其中一个重要原因是：家庭教育工作的领导、管理体制没有理顺。

记得在1980年前后，中共中央书记处曾经决定要中华全国妇联来负责这项工作。经过二十年的实践证明，尽管各级妇联组织做出了巨大的努力，也取得了一定的成绩，但是效果并不能令人满意。我以为，原因是妇联组织不是国家行政机构，对家庭教育工作的开展，它们只有协调的职能作用，没有强有力的行政制约力。

家庭教育也是一种教育。妇联组织没有这方面的专门人才，不能胜任理论研究和广泛普及的领导和指导工作。妇联组织只能从维护儿童受教育的权利这个角度做发动、宣传和协调工作。据我多年考察，全国各级妇联干部虽然很敬业，做了许多的工作，但往往是事倍功半。

在我国，从事家庭教育理论研究的人员，基本上都是教育界的人士；普及家庭教育的实际工作，也主要是依靠各级各类学校（包括托儿所、幼儿园）通过开办家长学校来实施，而学校教育也正好需要家庭教育密切配合。因此，家庭教育工作由教育部门来负责领导和指导，才是顺理成章的。

在民国年间，我国的家庭教育工作就是由当时的教育部负责，并且于1940年颁布了《推行家庭教育办法》。该文件第一条规定："各级教育行政机关应督导各级学校、社会教育机关及文化团体、妇女团体，按照本办法之规定，积极推行家庭教育。"第二条规定："各省市教育厅局应于主管社会教育之科股，指定职员一人，办理家庭教育行政事宜。"第三条规定："各县市政府应组织家庭教育委员会，主持全县市家庭教育计划及推行事宜。"

1998年和1999年，我曾两次组团去台湾出席海峡两岸家庭教育学术研讨会并进行考察，发现台湾省一直沿用民国年间的领导管理体制。

据我了解，世界各国也都是由教育部门负责指导家庭教育工作，没有一个国家是由群众团体牵头做指导工作的。可以说，我国是独一无二。

鉴于此，我建议：为了振兴我国的家庭教育事业，尽快变更我国家庭教育工作的领导体制,由教育部来主管。

以上建议,如有不妥,敬请批评指正。

此致

敬礼!

国家基础教育实验中心

社区与家庭教育研究所所长

北京师范大学教授

赵忠心

2000 年 3 月 12 日

6. 谁在炒作"天才儿童"
——北京师范大学研究员赵忠心访谈录

赵忠心，中国教育学会家庭教育专业委员会理事长，《中国家庭教育》杂志社主编，北师大教育科学研究所研究员，著名家庭教育研究专家。1980年开始专门从事家庭教育理论研究，1992年在我国率先招收家庭教育方向研究生。到目前已出版家庭教育著作50余种，发表了2000多篇文章。以下是他在记者采访中，就家庭教育和当前社会上一种炒作"天才儿童"、"小作家"的倾向，发表自己的观点。

家庭教育大家都关心，出发点各自不同

1980年我开始投身家庭教育理论研究时，这个领域还不大被看重，没有什么人关心。二十年以后的今天，跟过去不同了，家庭教育已经成了大家都关心的事，可以说"家喻户晓，人人皆知"，全民族人民都在关心。

但不同的是，各自关心的角度、出发点和意图不同。对每个家长来说，孩子都是家庭里的头等大事，"票子"、"房子"、"车子"、"孩子"这几个"子"当中，首屈一指，"孩子"是最重要的。孩子越少，就越显得重要。家长都希望子女能出类拔萃，获得成功，立足于社会，将来能找个好职业，至少是能有个稳定的职业。为此，不惜豁出一切时间、精力和金钱，加大投入，一定要把孩子培养成才。政府、教育行政部门、各级妇联也都很重视，主动承担指导家庭教育的责任；教育和心理学科的专家、学者和有经验的教育实际工作者，都尽自己所能，积极参与研究和指导工作。

与此同时，某些文化商人也很"关心"、很"投入"，他们以获得经济利益为目标，看到这是一个很大的市场，"遍地都是黄金"，都纷纷参与其中，希望从中分到一杯羹。电视台、电台、报纸、杂志、书籍等媒体也不甘寂寞，一直在争先恐后地热炒热作。

我不给书商当"托儿"

1998年冬，《学习的革命》一书在中国推广发行，号称发行了几百万册。当时有人打电话请我去开座谈会，实际就是"吹捧会"。我说，这本书我只是听说过，但还没看过。他们给我送来一本，我看了看。对请我的人说，我不参加你们的会，我是从事家庭教育研究的学者，不想当这本书的"托儿"。那本被人吹捧到天上的书，实在不怎么样，甚至使我深为反感。学习怎么"革命"？我听着都觉得新鲜。学习从来就是遵照学习的规律，运用科学的学习方法，扎扎实实，通过刻苦努力学习的。从古到今都是这样，"革"什么"命"？怎么"革命"？真新鲜。

就凭我读书和写书的经验，我当时一看就觉得，那本书是不懂教育的外行人写的。东拉西扯，七拼八凑，逻辑混乱，整个是一个半生不熟的大"拼盘"，一般家长肯定是看不懂的。因为连我这个从事了一辈子教育实际工作、研究了几十年教育理论的人也看不大懂，这足以说明作者本人就没弄清楚"学习"是咋回事，还美其名曰"学习的革命"。

那本书当时确实是"火"了一阵。一时间，各大城市成千上万的读者趋之若鹜，各个书店都人头攒动，家长们纷纷解囊抢购。都以为买到了这本书，就等于为孩子拿到了"21世纪的通行证"，如获至宝。其实，那是书的推销者在"忽悠"家长。事情哪能那么简单！

当时我做过一些实地调查。我那时经常在师大实验小学门口逗留，问那些接送孩子的家长，买了这本书以后看了没有？许多家长无奈地直摇头，十个人里看完这本书的不到一个，因为看不懂，云山雾罩，像天书，不知所云，让人感到一头雾水。当时我就在《中华读书报》上发表了一篇《〈学习的革命〉给我们带来了什么？》的文章，指出该书是一本不入流的书，没有多大使用价值和理论价值，不要听信广告上的胡吹。

社会上还有一些人既不是教育专家，也不是商家，什么也不是，没有来头，也参与到这一类炒作中。他们做出了一些"教育产品"，邀请我参加他们的什么"教育产品推介"座谈会，不管给多少劳务费，我都不去。

我只出席纯粹的真正的学术研讨会。我们做学者是要讲良心的,坚持实事求是的,有优点肯定优点,有缺点指出缺点。可那些"教育产品"有好多是外行人假装"行家里手"攒出来的,起码的科学性都不具备,甚至是"伪科学"。你如果实事求是地去说人家"产品"的缺点或毛病,人家肯定是不高兴的;可让我昧着良心只去说人家想听、爱听的话,无原则地"捧臭脚",夸赞"产品""十全十美",我又做不到。因此,我常常婉言谢绝邀请,借故不出席。

改革开放以来,有些家长望子成龙过于心切,甚至已经达到"饥不择食,慌不择路"的地步,不管什么法子,只要广告说好,说能把孩子培养成"神童",就不惜重金,先要试一试。这是一种盲目的行为。家长花自己的钱,拿自己的孩子当"试验品","商家"倒是乐不可支;可这样对自己的孩子,却是不负责任的。要培养好自己的孩子,家长首先要有一个正常的心态,盲目行动是要付出代价的。

个体的教育经验,谈不上教育理念

前些年,在长春的一个培训班上,我遇到聋哑女孩的父亲,晚上他到我房间长谈了几个小时,说他对女儿实施的是"赏识教育"。我听后,直截了当地说,你使用的"赏识",顶多是一种具体的教育方式方法,谈不上教育理念。"教育理念"是一种高度抽象、概括的东西,就像"素质教育",是要经过在若干个实验点上的多次反复实验、论证才能形成的。而且还要形成一整套教育理论,如培养目标、教育目的、教育原则、教育内容、教育方法、教育途径等等。你只培养了一个孩子,就能"发明"一种"教育理念",那是很不严肃的,也是不可信的。

他的所谓"赏识教育",就是伸大拇指,一味地夸奖,甚至还要"任意夸大、无中生有",可就是不能批评。一味夸奖的做法不是不可以使用,但主要适用于那些弱势群体,如聋哑、弱智、不大懂事的小孩子等。由于他们普遍缺乏自信,赏识是鼓励他们的一种方法,夸张一些也是允许的。而对上了学的正常的孩子,就绝不能一味地只说好。应该是有进步就夸奖,有优点就表扬,有缺点该批评时就要批评。比如,幼儿园的小孩子为家长递双拖鞋，家长可以表扬、夸奖，甚至夸张地表扬、夸奖；如果一个上中学的心理发展正常的孩子，也给家长递了一双拖鞋，家长也可劲儿地表扬、夸奖，孩子肯定会很反感，觉得（家长有毛病），是把他当成了小孩子。

有一些家长，孩子上了大学，上了清华、北大、哈佛、牛津，就把功劳都记录在自己的功劳簿上。这不是实事求是的态度。单靠哪一个家长就能把孩子送入大学？别听他们说得头头是道的，哪个孩子考上大学，主要还不是靠各级学校、各位老师的辛苦和智慧！这种贪天功为己有的做法，真不知让人说什么好。我就不信哪个孩子不靠学校，只靠家长能考上大学！

让未成年孩子独自流浪，家长涉嫌违法

有一次，中央电视台请我去做一个谈话节目，事先不知什么话题。到那儿一听，是谈家长培养孩子独立生活、生存的能力的问题。说南京有一个11岁的孩子刘某，独自一人到千里之外的长沙，十多天里一分钱不带，随身只带着自己写的书，到车站、旅店、饭店就拿出书来自我介绍是"小作家"。也还真是，就靠这个，没花一分钱在外边过了十多天。

主持人让我发言时，我就实话实说，家长要培养孩子独立生活、生存的能力，这很好。但让一个未成年的孩子单独一个人出门，家长不陪着，却是违犯《未成年人保护法》和《预防未成年人犯罪法》的。法律有规定，未成年人不得"夜不归宿"，父母或监护人"不得让不满16周岁的未成年人脱离监护单独居住"。这么小的孩子单独出那么远的门，没有出问题，那是侥幸，不值得宣传，不能宣传。大家还会记得，前几年的一天夜里，因为观看流星雨，一个北京的女孩子没有大人陪着，在凌晨单独出门，就被坏人残忍地奸杀。那是血的教训，我们要记取。

让孩子锻炼可以，但一分钱不带也是不合适的。因为孩子是未成年人，他不能打工；招收未成年人打工，也违法。乘车、住店、吃喝都要花钱。可这个孩子十几天硬是一分钱没花就到了目的地，确实很"精明"。我认为，人精明一点是可以的，但小小年纪要是"过分精明"了，就让人

讨厌了（说到这里，中央台录像大厅的观众热烈鼓掌）。我说，要是学这种所谓的"独立生存能力"，那他最好到北京西单附近，跟那些要饭的乞丐去学。这个《谈话》节目结果被我给搅黄了，没有被批准播放。

一些新鲜事儿容易被新闻媒体关注，这很正常。但是，媒体工作者应该明白，"新鲜事儿"不见得都是新生事物。新生事物是代表客观事物发展趋势的，是有生命力的。有的事只是"新鲜"、"新奇"，只有"新闻价值"，没有科学价值、"推广价值"。新闻媒体要对社会负责，媒体工作者要有社会责任感，应该理性选择。像一个11岁的孩子单独外出，这种违法现象不应该赞扬、提倡。因为太危险。未成年人又好模仿，如果孩子们都跟着学，那后果不可想象。

7岁孩子写的，那不叫小说

南京一个7岁的小孩子写"小说"，曾经轰动一时。南京一所私立学校接他去读书，他跟谁也合不来，无法融入社会群体，没几天就退学了，又回到了他家那个小天地。

"小说"是要写社会、写人的，通过人物的塑造和情节、环境的描述来概括地表现社会生活的矛盾。一个7岁孩子，只接触过他的父母，只接受他父亲的教育，很少与外界接触，都没进过学校，连社会生活是咋回事都不清楚，不可能写出小说来。把他写的东西冠之为"小说"，那是不实际的，顶多可以说是"童话"。出版社包装他的作品，赚了一大笔钱，孩子的家里也发财了。这个孩子的性格已经有点扭曲，对谁都严加防范，不信任。记者采访他时提问题，他不正面回答，总是反问记者。他小小的年纪，自视高人一等，没法跟别的孩子一起玩。现在已经出了几本书。一位记者提出要看看他的原稿，出版社说"找不到了"，那可能吗？由此可以推断，是大人对书稿做了加工、包装。这样的孩子，将来走上社会也容不下他人，跟别人很难正常交往、沟通、合作。我真不知道，这孩子的发展前景将会如何？我很担心。

一个人是否成功，不是家长、老师说了算，是社会实践说了算，社会实践是最权威的考察标准。不进入社会生活，多大的本事也是无用武之地。

别把孩子造成"方仲永"那样的"神童"

  北宋时期文学家王安石写过《伤仲永》一文,说的是江西一个小小的"神童"方仲永,小时候异常的聪明,几岁时就能作出很好的诗。他的父亲没有针对儿子的特殊情况,及时给予应有的培养教育,而是把孩子当成"摇钱树",带着他到处表演作诗,从中赚取钱财。结果,他长大后"泯然众人矣",终究没有逃脱"10岁神童,15岁才子,过20岁成庸人"的厄运。我真担心这些家长会让自己的孩子,也成为方仲永那样昙花一现的"悲剧人物"。

  不久前,上海一位家长在报纸上,给他那不满周岁的儿子刊登了一个"应聘广告",想让小儿子做广告"模特",家长无非是想让孩子早出名。也有的家长,给孩子申请什么吉尼斯世界纪录,让孩子过早地成为"公众人物"。还有的家长不惜花重金,拿着孩子所谓的"作品"找出版社出版,也是为了让孩子"出人头地"、"一鸣惊人"。

  对于这些家长的做法我的看法是,不宜让孩子过早出名,"名利场"不适合未成年人,太早地进入其中,孩子的心从小就变得很浮躁,很难再沉下来,不见得是好事。一般说名利场上的"暴发户"都长不了,往往是昙花一现,稍纵即逝,这已经被许多事实证明了。小孩子过早成名,众星捧月,万众瞩目,高高在上,往往会莫名其妙地自以为了不起,傲视周围的一切,藐视甚至敌视周围的人,不思进取,不求上进,最后很可能一事无成。

  我国晋朝时期有一个叫卫玠的孩子,长得特别漂亮,眉清目秀,肌肤白嫩,风神秀异,十分惹人喜爱。全家人都觉得他太过漂亮,每次上街都带着他,觉得是一种荣耀。就是由于他太出众了,只要一出门就围堵上好多人,争先恐后地要一睹他的风采。结果他再也不敢出门了,每天闷在家里郁郁寡欢,心烦意乱,十分苦恼。由于难以解脱,仅活了二十多岁就早夭了。人们都说他是被"看死"的,实际上就是鲁迅先生所说的那样,是被"捧杀"的。这种教训应当记取。

中国人太相信大众传媒

有人说,在市场经济社会,人们有两种东西时刻都离不开:一是空气,二是广告。中国人向来相信报纸、电视,认为是"党的喉舌",以为上了报纸、电视的就是正确的,就是"中央的精神",便深信不疑。我有一位朋友,他是营养保健方面专家,有一次到太行山区的农村去考察,看见当地农民把鸡蛋攒起来舍不得吃,留着卖了买方便面。他问那里的老乡:"鸡蛋的营养丰富,可比方便面强多了。干吗你们不吃鸡蛋,却要换方便面吃呢?"老乡说:"不是中央号召人们吃方便面吗?"我这位朋友奇怪地问:"中央什么时候说了?"他们说:"中央电视台播的。"原来,老乡是把中央电视台播的销售方便面的广告,也当成中央宣传和提倡的东西了。

这事看起来好笑,实际上它首先给我们的媒体,尤其是中央媒体,提出了一个很严肃的问题:中国人太相信大众传媒了,以为报纸上刊登的,电视里播送的都是中央的精神。而我们的媒体为了增加收视率,报社为了增加发行量,出版社为了多出书多赚钱,有时不分是非真伪,不严格把关,只要给钱就刊播、就出书。这样,就难免会做出些不利于孩子的事情来。

在今天,家长们必须要学会看广告。要知道,"广告语言"不是"合同语言"。"合同语言"是要讲究真实、准确,不会产生误解和"歧义"的;而"广告语言",一般则是夸张、夸大其词的,有许多不实之辞。比如,那些增强记忆力的保健品,什么"脑黄金"、"忘不了"之类。北京电视台曾经访问了几个名牌大学的高考"状元",都众口一词:"吃了某某脑保健品才考上了大学!"实际上,没有一个服用过任何的脑保健品,这明明就是欺骗。再比如社会那些高考复读班的广告,信誓旦旦地许诺保证送学生进入清华、北大。清华、北大难道是他们开办的"私塾",想让谁进谁就能进?那"许诺"完全是一纸空文,那"保证"只是说说而已,难以兑现,说一百遍一千遍,也不会有法律效应。

大众传媒在今天只是个传播信息的平台,是人们喜闻乐见的宣传、娱乐形式。所传播的信息不都是科学的，实事求是的。希望今后不利于孩子的话不说，不利于孩子的事不做，传媒单位要增强社会责任感，不辜负人们的信任和期望。

子女发展顺其自然

最后，谈谈我是怎样教育我的孩子的。我和我的夫人都是从事教育工作的，夫人在北师大实验小学任教，我们是同行。我们对子女的教育思想是"无为而治"。这是道家的政治主张，"无为而治"并不是撒手不管，而是顺其自然，循循善诱，因材施教。

我的女儿上小学的时候就在中央芭蕾舞团学习芭蕾舞，小学五年级进入北京队学花样游泳，后来进了国家队，拿过全国冠军，出国参加过比赛。她当了八年运动员，做了两年教练，后来主动退职考上大学，自学外语，又留学澳大利亚，顺利地拿到了 MBA 学位。现在在中关村一家软件公司做管理工作，月薪上万元。

儿子中学毕业时说，想先工作，然后边工作边学习。我们让他自己做主了。儿子后来当上饭店的部门经理，又学习饭店管理大专课程，跳槽到公司，又学商业贸易。10 来年他换了七八家单位，我不喜欢他老调动，说你看爸爸这一辈子就在师大。儿子说现在调动得多，一是说明他有能力，二是表明他适应性很强。他说，联合国在中国招文职官员，四条标准里，其中有一条就是要经过 6 种工作岗位，经历单一的人不适应联合国机关的工作。儿子现在在一家出版社工作，又考上了成人教育本科。

最后，我想再强调几句：家长教育子女的成功经验是有价值的，可以了解一下，学一学。但不要迷信，不要全盘照搬。因为经验还没有上升到理论，都是有一定局限性的；而每个家庭都是特殊的，每个孩子也都是特殊的。盲目照抄照搬别人的经验，就像是"邯郸学步"，恐怕最后就连走路也不会了。

《中国教育报》2002 年 12 月 24 日
本报记者符德新采访

7. 神童是不能复制的

——访北京师范大学教授赵忠心

神童是客观存在的，他们具备特殊的遗传素质

记者：目前，我国又出现了"神童"热，您是如何理解神童的？您认为后天的生长环境对他们会有很大影响吗？

赵忠心：我专门研究家庭教育二十多年，也一直在关注神童问题。因为神童的出现，往往直接跟家庭有关，这一点是我不能回避的。并且在2003年由中国法制出版社出版了一套《中国神童》丛书，共七册，分先秦和秦汉、魏晋南北朝、隋唐、宋元、明朝、清朝、近现代七个历史阶段，介绍了中华民族五千年文明史上出现的三百多个神童。这些孩子可以说是"智力超群、聪明过人、出类拔萃、出人意料"，其智力发展水平大大超过同龄的孩子，甚至超过成年人。

神童是客观存在的。我国古籍中早有记载。《庄子·逸篇》记载："蒲衣八岁而舜师之。"西汉思想家刘向在他的《新序》一书中记载"颛顼行年十二，而治天下。秦项橐七岁为圣人师"的神奇事迹。东汉之后，就开始有了"神童"的称谓。汉代《华阳国志》一书称辞赋家扬雄之子扬乌为"文学神童"。后来的很多典籍都有关于神童的记载，诸如"张霸七岁通《春秋》"、"陆士龙六岁便能赋诗"、"王勃六岁善文辞"、"李泌九岁赋诗"、"李东阳五岁以举神童"等。民国年间，有人曾于史籍中搜得中国自先秦至清末的九百五十八名神童的实例。

比如现代，山西夏县有个叫申克功的孩子，1980年9月，在他只有11岁时，参加了山西全省1260多名会计人员的心算比赛。他心算了许多整数、小数、分数等多位的四则与乘的开方运算题，既快捷又准确，其速度竟然能超过袖珍电子计算机。同年10月，在北京中国农业银行举行的一次表演中，他仅用20秒时间，就准确无误地心算出"625"这个数的8次方的答案：14551915522836685180640625，这个答案竟然是一个26位数。简直"神奇"极了！而他的父亲我认识，只是山区农村的一位只有初中文化程度的普通兽医，根本就不懂得什么叫"速算"。他的老师呢，也并不具备这种专门技能和特长。申克功速算的神速、准确，实在使人感到费解。

所以，人们发现，家庭生活环境和所受到的教育，并没有提供足以使"神童"具有那么神奇、令人不可思议的非凡才能的条件。也就是说，这些孩子之所以那样的神奇，他们所生活的今天环境和所受到的家庭教育，并没有什么特别之处。他们之所以那样"神奇"，主要是因为他们具备特殊的遗传素质。究竟是什么样的遗传素质呢？至今，科学家们还没有弄清楚。我国极个别人吹嘘说他已经"揭开了神童之谜"，那不是事实，是在欺骗舆论！

与其说"神童"是被培养出来的，倒不如说是"被发现的"

记者： 为什么有的"神童"最后归于平庸？既然"神童"是由遗传基因决定的，那么是否会出现神童世家？

赵忠心： 古今中外的"神童"，往往是某个年龄阶段表现得比较神奇，终生都很神奇的十分鲜见。一般情况下，随着年龄的增长，多数"神童"就会逐渐变得不那么"神"了，与常人无异。就是那些被大众传媒"炒"得"烫手"的"神童"，也大都由"神童"回归到了"凡人"堆里。

比如，在我国，1985年武汉大学少年科技预备班破格录取了第一名正式学员，就是在当时引起全国轰动的5岁的小男孩津津。小津津半岁时就能用汉语、英语说出物体和玩具的名字，两岁时能用英、汉语对话，4岁时就能背诵几十篇长篇古诗文，能借助英汉字典阅读英语科普读物，能解某些初中二年级以上的数学难题。5岁就能上大学，那可真是奇迹！学校特殊照顾他，还派了几个非常得力的教授专门负责，精心培养他。记得当时被媒体"炒"得不亦乐乎。现在，怎么样了？当年那个"神童"上哪里去了？恐怕早就"泯然众人矣"。

再比如，在20年前，国际上知名度极高的韩国神童金雄镕，出生3个月时就会叫"爸爸"、"妈妈",1岁时就能演算高等数学微积分,两岁时就已会读写2500个汉字,10岁时智商高达210,是常人的两倍还多。然而,随着年龄的增长,他越来越趋于平常,在参加1979年高考时,他的平均成绩只有65分,在2763名被大学录取的名单中,仅位居2420名,属于末等。1990年有报道说,时年27岁的金雄镐,已成为一个极为普通的青年。

许多事实表明,就真的是"神童",也不见得都能成"大器"。真是被中国古人说中了:"小时了了,大未必佳。"

究竟应该如何看待"神童"的成因呢?社会上有一种颇为流行的说法:"神童,之所以具有超人的智力水平,是教育的结果。"猛一听,这种说法似乎很有道理。其实,这仅仅是一种"推理",并没有什么充分的事实依据。

古今中外的"神童",绝大多数都有兄弟姐妹,可成为"神童"的,往往是一个家庭里只有他(她)"那一个",在同一个家庭里,并没有发现所有子女全都成为"神童"的记录,更没有听说过有什么"神童家族"、"神童世家"之类的说法。

19世纪初期,德国有一位乡村牧师叫卡尔·威特,他的儿子小威特八九岁时,就能说6国语言,通晓一般自然科学知识,尤其擅长数学。9岁就考入莱比锡大学,后又转入洛廷根大学。由于学识渊博,14岁便被授予哲学博士学位。两年后,又被授予法学博士学位,并被任命为柏林大学教授。在瑞士著名教育家裴斯特洛齐的劝说下,老威特还把他将儿子培养成为真正"神童"的"经验",写成了一部题为"卡尔·威特之教育"的书,在世界各国广为流传。要说能够"成批地制造神童"的话,那位老威特先生,应当说是最有"资格"的了,可以成为"当之无愧"的神童"制造商"。

然而,在他的后代中,并没有发现他再培养造就出第二个"威特"的记载。他也没有像我们中国极个别人那样开办什么神童"培训班"、"幼儿园"或"小学"。如果有可能的话,那样"既利家又利国又利整个人类"的善事,老威特何乐而不为呢!看来,不是"不为"也,而是"不能"也。

由此,我在这里大胆地提出一个论断:"神童是不能复制的。"与其说"神童"是被培养出来的,倒不如说是"被发现的"。发现之后,采取了一种最适合的教育方法,不使他倒退。仅此而已。

如果把办各种"神童班"称为"圈养"的话,我却主张采取"放养"的模式比较好

记者:面对如今很多"培养神童"的"方案"、"计划"、"工程"之类,您有何看法?您认为神童培养怎样更合理?

赵忠心:可以说,无论是中国还是外国,时至今日,都鲜有神童教育成功的范例。很多当年的"神童",大学毕业之后基本上都混同于普通的大学生,有的智力发展水平和社会成就,还不如一般的学生。

当年,我们国家花重金开办科技大学少年班,期望值是很高的,希望把这些孩子培养成某些新兴学科的带头人,成为知名的科学家。然而,很遗憾,都快30年了,科技大学少年班招收了上千个神奇的孩子,那都是亿万少年儿童中出类拔萃的"精英"。但迄今为止,这些当年的"精英",在学术上做出突出成绩的人并不多,这与当年开办科技大学少年班的初衷相距甚远。据说少年班的毕业生出路有两个"大部分":一是"大部分"都经了商,另一个"大部分"是在国外定了居。我想,当初我国一些科学家主张开办大学少年班,绝不是为了培养商人;如果是为了培养商人,又何必要集中到中国科技大学呢?应该集中在经济、贸易类学校才是。另外,毕竟我们国家的教育经费还不富裕,人才还相当紧缺,特别是高端人才,还没有人才过剩到必须有一批到外国定居的境地。因此,现在就说科技大学少年班是成功的,恐怕为时尚早。

所谓"神童教育",就是对智力超常的儿童进行教育,也就是特殊的教育,进行与众不同的教育。可以把它看成是因材施教。现在的问题是:施什么样的教?怎么样地施教?这些问题还没有解决,还在探索过程当中。

我不是很赞成像现在开办少年班这样集体的神童教育。我认为,对超常儿童最好是进行个别培养。大批地、集体地培养，一个班一个班地集中培养，不见得是最佳培养模式。因为，超常儿童不仅特别的聪明，而且一般来说个性也特别强，或者说"很有个性"。把那些"个性特别强烈"的孩子集中起来培养，倒是能集中教师的优势，但不利于克服他们消极的个性。把超常儿童集中来培养，要承担很大的风险，如果有一个环节没有做好，就可能把一批孩子都给毁掉；而如果把超常儿童当作普通儿童培养，可能不会像神童那样发展得那么快，但是也不会有很大的风险。让考上大学的超常儿童跟普通大学生在一起生活、学习，对克服这些孩子身上的消极个性会有好处，他们还会在相处中向普通的大学生学习，取长补短，做到优势互补。

我个人主张把这些被称为神童的孩子，跟普通孩子放在一起培养。如果把办各种"神童班"称为"圈养"的话，我却主张采取"放养"的模式。这样也许更好，更有利于他们实现社会化的进程，顺利进入社会生活，融入社会群体。

《光明日报》2006年2月8日
本报记者王宁宁、王琳采访

8. "神童"没有"批发站"
——北京师范大学教授赵忠心访谈录

最近,不少读者致电本报(《河南日报》),反映各地的"教育商人"打着"神童教育"的旗号,鼓吹什么"0岁识字,3岁扫盲","儿童个个都是神童、天才、大师",甚至吹嘘"让神童进入千家万户",等等。面对这些广告,许多家长真假难辨,不知这些说法是否科学、合理,感到很困惑。

为了帮助家长朋友消除困惑、正视此类问题,我们特约请郑州教育电视台记者常艳春专访了我国著名的家庭教育研究专家、北京师范大学教授、中国教育学会家庭教育专业委员会理事长赵忠心先生,他说——"神童不能复制"。

"神童"没有"批发站"

常艳春:近几年来,"神童教育"在社会上大行其道,在诱人的广告词的诱惑下,不少家长不惜重金,加入到"神童制造"的行列,对孩子进行超强度、"掠夺性"的所谓"早期智力开发",把普通的孩子当成"神童"来"强行开发"。作为家庭教育专家,您如何看待"神童教育"这种现象?

赵忠心:近几年,不断有人推出什么"培养神童"的所谓"方案"、"工程"、"行动"、"教室"、"摇篮"之类。似乎那些人是制造"神童"的"魔术师",他们所开办的培训班、幼儿园、小学,都是制造神童的"工厂",可以"成批"制造"神童",似乎是神童的"批发站"!其实,这些说法完全是自吹自擂、欺骗家长,没有任何科学根据。不难看出,他们是在鼓吹"现代迷信",编造"教育神话",完全是受经济利益的驱使。希望家长切莫上当。

什么是"神童"

常艳春：既然说他们是欺骗家长，那么应该如何理解"神童"这个概念呢？

赵忠心：所谓"神童"，在中国古代也叫"奇童"，国外则叫"天才儿童"，是指那些特别聪明的孩子。在儿童中，确实有极少数就是不普通，是超常的。跟一般儿童相比，他们是"超乎寻常"的，人们称之为"神童"或"奇童"，这是客观存在的。

"神童"大约可分成两类，一类就是他整个的心理水平比较高，另一类只是某一方面有特长。比如，有的孩子记忆力非常强，比如汉朝时期的王粲，就具有过目不忘的特殊本领；有的孩子很小的时候，就精于诗文，文采飞扬，而且年龄不大就能创造出不朽的作品，如今天孩子们经常背诵的"鹅鹅鹅，曲项向天歌。白毛浮绿水，红掌拨青波。"就是唐朝著名诗人骆宾王7岁时写的，脍炙人口，流传至今；还有的少年时就精通兵法，胸有文韬武略，像战国时期十二岁为上卿的甘罗出一奇计，夺得五城；三国时期曹操在军事上的重要谋士郭嘉，十几岁时就策划了著名的"官渡之战"，创造了中国历史上以少胜多的军事奇迹；也有智慧超群，机智过人的，比方说"为圣人师的项橐"、"曹冲称象"、"文彦博灌水取球"、"司马光砸缸救伙伴"等等。在我的眼里，这些才叫真正的神童。

家长们如果看一看这些神童的故事，就会发现今天被"炒作"的或被强制、掠夺智力开发的那些所谓"神童"，最多只能称为"某方面比较聪明的畸形儿"。

另外，我认为，真正能称为"神童"的孩子，除了"其智力发展水平大大超过同龄人，或在某一方面显示出非凡的才能"，以及"从小有良好的家庭环境，受到了良好的教育"这些显著特征以外，似乎还有我们没有揭示出来的原因，比如他们的大脑构造或机制上有没有区别于常人的特殊性等，给人以"神秘的感觉"。就是说，"神童"的这个"神"字，有双重含义：一是"神奇"，出奇的聪明；二是"神秘"，使人有点儿摸不透。同样，"奇童"的"奇"字也有双重含义：一是"稀奇"，即罕见的聪明；

二是"奇怪",不知道"奇"的原因是什么。

"神童"无法复制

常艳春: 眼下,社会上有一种颇为流行的说法:"因为人是环境(包括教育)的产物,所以,人的智力发展水平是环境和教育综合作用的结果。那么,'神童'之所以具有超人的智力水平,当然也是环境和教育的结果。"您是如何看待这种说法的呢?

赵忠心: 乍一听,这种说法似乎很科学、很有道理,让人觉得"无懈可击"。其实,这仅仅是一种"推理",并没有什么充分的事实根据。如果这种推理成立的话,家长或教师只要能培养出一个"神童"来,那么他就能培养出第二个、第三个来。然而,事实并不像人们所想象的那样。古今中外的"神童",绝大多数都有兄弟姐妹,可成为"神童"的,往往是一个家庭里只有他(或她)"那一个"。就是说,在同一个家庭里,并没有发现过有什么"神童家族"、"神童世家"之类的事实。比如,德国乡村教师威特"培养"出了神奇的小威特,就没有再听说他的后代中还有神童出现。

前些年,有人鼓吹说从他开办的幼儿园出去的"个个都是神童",事实并不是像某人所鼓吹的那样,只是吹牛而已。就连某个著名的"0岁方案",同样也没有培养出整班整班的"神童",还不是新疆一个、福建一个、辽宁一个……那怎么能是他的"神童方案"培养出来的呀?贪天功为己有,不大光彩。

这充分说明,"神童"的形成,有良好环境和教育方面的原因,但也有特殊的生理和心理机制方面的原因。而后者,甚至往往起着非常重要的作用。比如,不久前,国外有报道说,科学家经过解剖发现,世界著名科学家爱因斯坦的大脑结构就是与众不同。最近,我们中国医生对我国"国际象棋皇后"谢军的大脑进行检查时,也发现了同样的迹象。我们必须老老实实地承认和正视这一点。要不然,我们就无法解释"出生于并且生活在同一个家庭里、接受同样教育的亲兄弟姐妹,而智力发展水平差别却很大甚至相差悬殊"这种非常普遍的事实。因此,我在这里大胆地提出一个

论断：

"神童是不能复制的。"

家长要从实际出发

常艳春：既然神童是不能复制的，那么您认为对于家长来说，在对子女的培养教育上，应该怎样去做呢？

赵忠心：凡是做父母的，都希望自己的孩子成才。特别是独生子女的父母，培养孩子成才的欲望尤为强烈。这无可非议。但我希望所有做父母的，要树立科学的教育理念，既要重视环境和教育的作用，充分发挥家庭教育的主观能动性，又不要相信"教育万能论"和"环境决定论"，无限夸大教育和环境的作用，从而完全否定遗传素质的作用，不分青红皂白地对孩子进行"掠夺性"、"强制性"的所谓"智力开发"。特别希望那些在"神童教育论者"的鼓动下，还在盲目做着"神童梦"的痴心家长，要克服浮躁心理和不切实际的幻想，破除对"神童教育"的迷信，赶快从梦中醒来。要把自己的孩子当成普通孩子，扎扎实实、一步一个脚印地培养、教育、训练。不要在急功近利的思想驱使下，硬是"赶着鸭子上架"、拔苗助长，逼迫孩子学习、掌握不适合这个年龄阶段和认识水平的知识和能力，不要勉为其难。应该在全面培养和发展的基础上，让孩子掌握好各种基础知识和基础能力，练好基本功，尽量把基础"打宽"、"加厚"，打得扎实。这样培养出来的孩子虽然不能被人们冠以"神童"的美名，但会有更强的自我发展的"后劲"，将来成功和成才的可能性更大一些。

"神童"之谜还未揭开

常艳春：有人说，只要孩子从小教育得好，训练措施和要求得当，就可以培养出"神童"来；也有人说，"神童"都是天生的。对于这些说法应该怎样看？

赵忠心：迄今为止，从人们所掌握的资料看，并不能说"神童"是完全靠教育培养出来的。然而，这并不是说他们的"神奇"是"无缘无故"的，是天生的，而是"事出有因"。只是到目前为止，人们还未能真正揭示出某些独特的原因来。没有揭示出来的原因，并不等于不存在。正如国外一些长期从事这类研究的科学家所说："儿童的智力早熟，是一种真正的自然之谜。"这种说法，不能认为是"唯心主义"的观点；恰恰相反，这正是唯物主义的观点，是一种科学的严肃的实事求是的态度，因为承认人的生理机制方面的原因。而我国有极个别人吹嘘说他已经"揭开了神童之谜"，那不是事实，是在吹牛，虚假的宣传，是欺骗舆论！

"神童"的概念不能庸俗化

常艳春：能否把提前认识千儿八百个汉字或有点儿什么特长的孩子称为"神童"？

赵忠心：真正能称得上是"神童"的，只是极少数，甚至可以说是"凤毛麟角"。我们不能把"神童"这个概念任意"泛化"，更不能"偷换概念"，把那些任意超越孩子心理发展水平，进行"强制性"的所谓"智力开发"，经过单一的超强化训练的孩子，也都称为"神童"。学龄前儿童认识千儿八百个汉字或有点儿什么特长，并不是什么难事，也不是什么新鲜事，自古以来就有，很普通。经过一定的培养、训练，差不多所有没有生理缺陷的孩子都有可能做到，只是不见得都能理解所能"辨认"的那些字词的含义。那些孩子只能称为"比较聪明或很聪明的孩子"，不能称为"神童"、"奇童"或"天才儿童"。如果把那些比一般孩子"稍微聪明一点"的孩子都称为"神童"，说"让神童进入千家万户"，那也就太庸俗化了。说"每个孩子都是神童"，实际上也就无所谓什么"神童"了。

有一颗平常心最重要

常艳春：有一位中学教师，她先生是一家大企业的白领，小宝宝还不到两岁。爸爸觉得儿子很聪明，于是，一直主张把他送到某幼儿园的"神童实验班"。妈妈不知该怎样为孩子选择一条切合实际的教育路线。

赵忠心：我觉得进这种班很容易让孩子从小背上一个"神童"的标签，长大后，如果发展不是特别理想的话，他思想上将会有包袱，成为心理上难以承受的压力。中国科技大学少年班当年有一个很有名的神童，后

来留校当老师,至今也没拿到硕士学位。从1982年开始,曾经三次报考研究生但他却一次也没有进入考场,原因是他不敢参加考试。他是没有应考的实力吗?不是。是他有顾虑。一般人在大学当老师,觉得没有读硕士、博士,评职称很难,便积极考试、应考,今年考不上明年再考,明年考不上后年接着考,直到考上为止。而这位当年的"神童"却不敢贸然迈出报考这一步。因为他头上戴着"神童"这么一顶沉重的帽子,人们会认为他是"无所不能",他怕一旦考不上没法给世人交代,丢人,就是经过几次报考终于勉强考上了,也会成为人们街谈巷议的笑料。尽管很多人给他鼓劲,但他觉得没有百分之百的把握,就是不敢冒这个险,最终还是出家当了和尚。"神童"这顶帽子就成了他无法承受的包袱。所以,我认为,在孩子成长过程中,家长有一颗平常心是最重要的。

《河南日报》2006年3月22日
郑州教育电视台记者常艳春采访

9. 幼教小学化之谬

赵忠心："按部就班并不慢。早期教育欲速不达，'幼儿教育小学化'有违规律。"

1978 年，75 位诺贝尔奖获得者在巴黎聚会。有人问其中一位获奖者："你在哪所大学、哪所实验室里学到了你认为最重要的东西呢？"出人意料，这位白发苍苍的学者回答："是在幼儿园。"是的，孩子社会化的启蒙教育是从幼儿园开始的。这一时期的学前教育，对孩子一生的发展具有奠基作用。

2008 年 12 月 15 日，著名家庭教育专家、北京师范大学赵忠心教授在接受《教育》旬刊记者采访时，饶有兴味地给我们讲起了这个故事，他指出："幼儿教育小学化"搞不好会适得其反，家长的功利心很可能把孩子毁了。

想住二楼要先盖好一楼

今年 67 岁的赵忠心教授虽然已不担任北京师范大学的教职，但具有中国教育学会家庭教育专业委员会理事长、中国家庭教育学会副会长等众多社会职务，平日里依然很忙的他认为把科学的家庭教育理念传播给大众，是作为学者的一种担当。他说："你看现在的小孩子，他们太可怜了，整天被拴在幼儿园里学那些不属于他们这个年龄阶段该学的东西，连玩耍、娱乐、锻炼身体的时间都没有。哪像我们当年，整天跑跑跳跳、欢欢乐乐的，你看我身体有多棒，精神状态有多好！"

冬日下午的阳光透过落地窗，暖暖地洒落一地，屋里的静谧将他的声音衬托得异常响亮。在这样的氛围里，他以深厚的理论研究和生动的事例对目前早期教育中存在的"幼儿教育小学化"现象进行了剖析。

赵教授认为,"幼儿教育小学化"是违背教育规律的。按照教育规律办事,就是要让人在不同的成长阶段,接受相应的教育内容,这个内容不能超前,也不能滞后。简单地说,就是在什么阶段就学什么知识。就像人的成长发育,刚出生的婴儿主要是大脑的发育,青春期主要是长身体,成年后主要是心智的完善,按照这样的顺序,人才能成长为一个健全的人。世界各国通行的儿童上小学的年龄是六至七岁,而让四五岁的孩子甚至更小的孩子在幼儿园就学习小学的知识,这是与教育规律背道而驰的。赵教授指出,幼儿园阶段主要是让孩子学习感性知识,由具体行为思维向形象思维发展。在小学阶段,才是学习理性知识,发展抽象思维。而要形成理性思维必须要有感性思维做基础,感性思维越丰富,理性思维越好。可现实是,很多幼儿园连孩子的具体行为思维、形象思维都没有锻炼好,就对他们进行理性知识的灌输。这样做,虽然能取得一些立竿见影的效果,但打乱了孩子身心发展的次序和学习的程序,造成身心发展和学习过程的失调,对孩子未来的发展十分不利。

现在很多小学一二年级的学生上课爱捣乱,或者是注意力不集中,喜欢"开小差",很大原因是由于一些孩子在幼儿园阶段就已经学过这些知识了,他们以为自己已经掌握了知识,便无心于学。其实他们未必真懂,很可能是只知其一不知其二,或者说只是囫囵吞枣,他们学的知识都是"半拉子",知识不完整,没有真正理解。

赵忠心忧虑地对记者说:"教育的目的不是看孩子掌握了多少知识,而是要看他有没有自我发展的能力。这是个科学的概念。通俗一点说,就是看他有没有发展的后劲。举个例子,假如一个孩子在学校只能得80分,而到外面去能发挥到120分,这就叫有后劲。如果说这个孩子很会死记硬背,他门门功课都是100分,他是班里第一,可他到外面是个书呆子,只能发挥80分,不管他学历再高,他也缺乏自我发展能力,没有发展的后劲。所以,'幼儿教育小学化'这种注重知识灌输的做法是不科学的,它忽略了孩子的发展规律,只是为孩子的现在负责,不是为孩子的一生负责,从长远看是有害处的。"

"不过,最严重的问题是很多家长没有意识到这一点,"赵忠心教授举例说："就像有个玩笑说的那样,有个人想住二楼,他找人给他盖。等楼盖好了,他站在二楼说,我只要二楼,你们为什么还给我盖一楼,这不是浪费吗?这就是典型的空中楼阁思想。家长们往往给孩子定一个目标,要孩子上北大、清华之类的,但却不注重基础,只要求将来这个目标能实现就行。这样一来'幼儿教育小学化'就有市场了,反正小学的知识将来考试要用的,早学肯定比晚学好,于是就给幼儿园的孩子灌输小学的知识,反而将幼儿本来应该学的东西放到一边去了。"

郎朗不就只有一个吗

幼儿教育小学化的做法是违背孩子学习和成长规律的,那么正确的幼儿教育应该是怎样的?对此,赵忠心教授向《教育》旬刊提出了他的幼儿教育观。

赵忠心教授认为,要正确理解幼儿教育。幼儿教育的范围是很宽泛的,而非家长所说的那种让孩子一味接受书本知识的狭隘的教育。日益严峻的升学竞争和就业竞争让家长们的功利心空前膨胀,他们生怕自己的孩子"输在起跑线上"。为了让孩子们能考高分,他们希望孩子从幼儿园开始就学习小学的知识,或者让孩子去参加一些特长班、兴趣班。赵忠心认为,让孩子参加特长班是件好事,但前提是孩子自己要愿意去,真正是出于孩子自己的兴趣,千万不能强迫,不能让他们觉得参加这些特长班很痛苦。此外,如果让孩子参加特长班,应该让他们多参加一些动作类的项目,诸如跳舞、游泳等,借以锻炼身体,培养动作的协调性。再者,要明确让孩子参加特长班的目的是促使他们的个性发展,而不是为了当什么家。"绝大多数人应当是为了提高文化素养、自娱自乐的,能成名成家的有几个?学钢琴的中国孩子可能不下几百万吧,但郎朗不就只有一个吗?你让几百万的孩子都往这个道上挤,那不是瞎起哄吗?带着强烈的功利性目的学习钢琴,最后,绝大多数的孩子思想上将终生被'失败者'的阴影笼罩着。"

说到此处,赵忠心教授激动不已。

因为一直从事家庭教育研究,赵忠心教授接触过很多家长,对家长的

教育观也很熟悉。他说，很多家长的教育观都是错误的。在各地开讲座的时候，他总是不厌其烦地进行纠正，但他反对空洞的说教，总是用事例说明他的观点。关于幼儿教育，他常举的例子是跑步——"孩子的成长和教育是长跑而不是短跑，就像王军霞跑的那种。王军霞跑的那种起跑并不重要，关键在于她的耐力强、有速度、有实力。人生是长跑，起跑并不重要，关键是后来的发展能力要强，这样才能跑到最后。这就告诉家长们，幼儿园的时候学一些这个阶段该学的东西就行了，主要的是让孩子身心健康，为以后的发展奠定坚实的基础。千万不要好高骛远，逼迫孩子学那些不属于这个年龄阶段的东西。"

在赵忠心教授看来，幼儿园这个阶段该学的东西有这几个方面：一是要学会说话，学会口语，学会本土语言。他特别反对在这个阶段学外语，他说如果本土语言学好了，到学龄阶段学外语不仅不迟，而且还能起到促进作用；二是要教幼儿懂得一些规矩，行为规范，礼仪礼貌等；三是要学习一些能力，具体就是生活自理能力，比如学会自己穿衣服等等；四是用大量时间去丰富他们的感性知识，父母要抽出时间带孩子去逛公园，让他们感受大自然，或者带他们去街道上，熟悉社会，去农村，看看粮食是怎样种出来的，农民伯伯是怎样劳动的，等等；五是让他们学会交往，学会相处。当然，孩子身心健康是重中之重。他特别指出，因为现在实行计划生育，城市里每个家庭都是一个孩子，从小就不会相处。"比如前几天我的孙女和外孙都来了，他们都是独生子女，孙女大一点，外孙小一点。外孙抓起一个玩具要玩，但他姐姐不让，说'这是我的''那是我的'，就不给他玩，急得外孙直哭。"

说起这些，赵忠心教授显得颇为忧心。

办幼儿园不是卖糖葫芦

研究家庭教育几十年了，赵忠心教授说他从来没有预料到幼儿教育会发展成现在这个样子。他的担忧是显而易见的，之前在接受媒体采访时，他也曾多次呼吁社会各界重视这个问题，但效果似乎不容乐观。"我很久都没有面对过媒体了，以前接受采访时发了很多牢骚，但后来发现说了也是白说，家长无动于衷，不起什么作用。"

感慨之余，他虽然感到无奈，但也还是矢志不渝，笑着说："即使说了白说，也还是要说。学者是干什么的，学者就是干这个的！"说到此处，他的语气明显加重了很多，表现了一个学者强烈的社会责任感。

对于《教育》旬刊记者提出的"幼儿教育小学化"该如何解决的问题，他认为，应该从以下三方面抓起：首先，教育部门应该加强管理，无论公办或者民办都要严格管理，用制度和文件对这种情况进行遏制。他特别提出，加强管理还要注重引导，树立一些正面典型，形成一种模仿效应。此外，针对目前民办幼儿园竞争激烈、发展无序的状态，他建议实行民办幼儿园准入制度，不能谁有钱谁就办，谁想办谁就办。"办幼儿园不是卖糖葫芦，不是卖砖卖瓦这些普通的商品。培养人的事情一定要慎重，不仅要考虑经济利益，更要考虑社会效益；不仅对孩子的现在负责，更要为孩子的一生负责。所以，必须有严格的资质准入制度。幼儿园建立后还要定期检查、考核、评估，不合格的要取消办园资格，这样才有可能保证它的质量。"

其次，他建议不要把幼儿教育纳入正式教育体系。按照目前的教育体系，幼儿教育是其中的一部分，但他认为学前教育是为上学准备的一种教育，或者说是为幼儿进入正式教育体系起过渡作用的一种教育，这种教育和学校教育应该是有严格区别的。他认为，正式教育是一种有考核、有评价的教育，但幼儿教育是不能考核和评价的，否则就会加重"幼儿教育小学化"倾向。他指出，幼儿教育应该是一种以年龄为标准升级的教育，孩子到了上幼儿园的年龄就让他入园，到了上小班的年龄就上小班，到了上大班的年龄就上大班，不能按照小学一样，用掌握知识的多少来决定孩子是上小班或是大班。

最后，他认为一定要宣传一个观点，即尊重孩子的年龄特征，尊重孩子的学习规律和成长规律，不能拔苗助长、操之过急。他以孟子的话"其进锐者其退也速"为例，认为老师教得越早，学生可能忘得越快。"学习还是要按部就班，量力而行，循序渐进，这是老祖宗通过多少代人总结出来的学习规律，是不能人为改变的，否则后患无穷。"赵忠心坦言。

不过，他并不认为这些措施能彻底解决目前幼儿教育中存在的问题。他以历史为例："20世纪60年代美苏争霸时，两国都达成一个共识，即国家的发展取决于科技，科技的发展取决于教育，教育的发展又取决于早期教育。所以当时双方都开始对学前教育进行改革，都实行超前教育，就是我们现在实行的'幼儿教育小学化'。但他们做了一段时间后，又不约而同地停止了。原因是他们发现这样做短时期内会取得一定效果，但从长远看，会打乱儿童身心发展次序，使很多儿童在后来的学习和成长中出现这样或那样的问题，可以说是毁了很多人。所以不管哪国，不按规律办事将来一定会受惩罚。现在我们中国出现这种情况可能也是必然，因为大家不信，总想试试。也许等过一段时间出问题了人们才会改变，要交点学费才行。"

《教育》旬刊（北京）2009年第1期
本刊特约记者王亚男、记者张小武采访

10. 访谈：10岁男孩参加高考

主持人（新闻会客厅主持人，后简称主持人）：您好观众朋友，欢迎来到"新闻会客厅"。今年高考考场上出现了一名特殊的考生，张炘炀，年龄只有10岁，据说是目前为止考生中年龄最小的。今天，炘炀与父亲来到演播现场。

主持人：问一下炘炀父亲（以下简称父亲），这次炘炀参加高考，是孩子的主意还是大人的主意？

张炘炀：大人的主意。

父亲：我看他把高中课程都学完了，我就让他参加高考了。

主持人：带着炘炀去考场的时候，周围有没有人议论？

张炘炀：有人说好，有人说不好，说太小了，"拔苗助长"什么的。

……

父亲：他就是知识接受得快，学得也快，高中知识他三个月自己就看完了。

主持人：高中三年的知识三个月就看完了？

父亲：三年的时间把主要的数、理、化、英语学完了。

主持人：那你怎么检验他学完了？

父亲：以前高考题，我让他做了十套，数学一般能达到60多分，英语能达到90分，就是150分的题，我估计再经过一年复习就差不多了。

……

主持人：你觉得炘炀是神童吗？

张炘炀：如果有神童，我当然是。世上没有一个神童。

主持人：你知道什么是神童吗？

张炘炀：自然就是年龄比较小的"神仙"了。

主持人：神童就是比其他孩子都聪明的孩子，你是不是？

张炘炀：应该可以说是，也不见得。有的孩子有可能比我聪明，但是他表现得不出色，就是因为他没有得到正确的引导。

……

主持人：下面我们请一位教育专家，他是北京师范大学的赵忠心老师。从刚才炘炀的谈吐，包括他演播室里到处跑，您对这个怎么看？

赵忠心：他的智力确实是超群的。但从前边谈话过程中的表现看，他自我约束能力、心理承受能力，跟他的智力发展水平还是不大协调。

主持人：炘炀你承认吗？

张炘炀：承认。

赵忠心：这种情况是正常的，也符合他这个年龄特征。他现在刚刚10岁，你要求他像16、17岁的大孩子那样，能坐得住，聚精会神，这很难为他。小孩子成熟太早了也不好。

主持人：任何事情我们总惯性地去想它好的一面。不好的一面，你有没有想这方面的问题？

赵忠心：看到这个孩子我很高兴，因为他确实是出乎其类、拔乎其萃的一个。但是，面对这样的孩子，我觉得发展前途是"喜忧参半"。他的确很聪明，甚至可以说是"聪明过人，智力超群"。学习小学、中学的课程没费多大劲儿，家长也没费多大力气，轻轻松松把高中以前的课程知识基本掌握，不管他考没考上大学，他以后的发展情况究竟怎么样？现在这很难预测。

主持人：您忧的是什么？

赵忠心：因为过去那些神奇的孩子，发展前景是大不一样的。多数孩子由于智力和心理发展水平不太和谐，后来的发展不太顺利，或者是不太理想。像中国科技大学的少年班，那也都是比他大不了多少的孩子，应该说他们发展还是顺利的。但是他们最后发展的结果，跟当年办科技大学少年班的初衷，差距还是比较大的。10多岁的孩子能考上大学，能到科技大学上少年班，可以说那都是少年中的"精英"；但将来能否在某一个新型学科领域成为学科带头人，还是个未知数。据了解，科技大学30年的毕业生中，很少在科学研究上有出类拔萃的。

宏观观察——赵忠心的家庭教育观

主持人： 张先生您听赵老师的担忧，你认同吗？

父　亲： 我也是这样想的。早上学，不见得能成为科学家，我没希望他能够成为科学家。我希望他知识要全面一点，将来有个好的职业。

张炘炀： 听了他（赵忠心老师）那段话，我现在心里就有点害怕了。害怕我将来像他说的，像大多数，人们所说的那样。

主持人： 这是让爸爸去担心的事儿，你可以不去管它。

赵忠心： 事在人为，也不是必然的。

主持人： 赵老师您有没有想过，你的这种专业的分析，孩子听进去了。像您说的这种担忧，作为炘炀他该不该听到，听到好不好？

赵忠心： 听到可以。现在是一个开放的社会，不在我这儿听到，他在传媒上也会得到。听到了，可以未雨绸缪，有个心理准备，以防患于未然。

主持人： 张先生，刚才炘炀听了赵老师的分析，他说他自己心里有点害怕了，这个说法有没有让你担心？

父　亲： 不光是赵老师这么说，我平时也给他灌输这个思想，给他举电视媒体、报纸上说的一些事儿，学习原来比较好，后来学习不算太好的，也经常跟他说。我说，咱们一定不要骄傲，咱们要看到将来，不管你怎么样，父母也是认可的。现在我就说，不是要把你培养成科学家，你将来要是能当个一般的大学教授就行了。

主持人： 炘炀一直比周围的小朋友强，他会不会一直希望自己比别人强。这是不是必要的压力？

张炘炀： 是必要的压力。

父　亲： 我们并没有给他灌输这个思想，他自己就要强。

赵忠心： 刚才这个家长谈话，我很赞成他说的这一点。他没有像某些家长那样，把个别经验说成是使用于所有孩子的"绝招"，他没有说"我这个教育方法是最先进的"，没有进行自我炒作。他的这种说法很好，"最好的方法就是适合自己孩子的方法"。我很赞赏这种实事求是的态度。

主持人： 炘炀刚才说希望自己永远比周围的人强，是一个必要的压力。

张炘炀：没想过，一个人很有可能永远都比周围的人强。

主持人：我觉得一个比周围人强的人还应该有一个能力比较强，就是能够面对失败，能够面对挫折。你觉得你行吗？

张炘炀：如果没有父母哄，我根本就不能面对失败和挫折。

赵忠心：这就说明你还不太成熟。应当学会面对现实，成功了我不自满，超过了别人我不骄傲；如果我被别人赶上了，超过了，我也不气馁，我再想办法去超过他们。就是"胜不骄，败不馁"，不管遇到什么困难，勇往直前。

主持人：你行吗，炘炀？

赵忠心：慢慢锻炼。

主持人：这种比较出色的孩子，我们不说"超常"，出色的孩子，一旦失败他接受不了这种心理落差，会这样吗？

赵忠心：会有这样的。像中国科技大学他们招生了已经将近30年，过去有一个很有名的神童，我不说名字。他小时候人们叫他"神童"，他并不反感。到长大了之后，他就特别怕别人说他是"神童"，他甚至到现在都不承认自己是"神童"。因为小时候，"神童"这顶帽子对孩子压力并不太大。到长大了，压力就大了。因此，即或孩子很聪明，我也一直主张，不要轻易给他戴上一顶"神童"的帽子。戴上容易，摘下来就很难了。

主持人：炘炀，刚才赵老师说的话你听明白了吗？你觉得你明白的是什么？

张炘炀：就是不能炒作"神童"，要以平和心态对待这个问题。

赵忠心：你说得很好。我讲这个话，应该是对大学生讲的，你理解得很好，看来你完全有能力上大学。

主持人：他完全理解您说的话。赵老师，您看见没有，您开始讲话之后他坐住了，他在想事情了。

父亲：我是比较冷静的，不是别人一报道，我脑子就发涨，不是这样的。

赵忠心：家长的心态非常重要。

父亲：我们孩子不具备上北大、清华的条件。假如说炘炀差一百多分，要上那里去，他压力得多大，无形中给他施加压力了，所以说我现在就让孩子考这样的大学。

赵忠心：你这个决定我很赞成。不要急于求成。

父　亲：他在普通院校中分数差不多，出类拔萃。我选择的一般本科就可以了，他将来说再有能力，再考北大、清华，那时他也大了。

主持人：赵老师，您帮我们预测一下，像炘炀10岁的小孩，他有可能碰到什么样的问题，什么样的困难？

赵忠心：我想，中学、小学的课程，应当说相对起来比较容易。到了大学以后，可能就跟中学的知识相比在难度上有一个跨越。小学的知识、中学的知识，老师都是掰碎了给他们，到了大学，学习方法应该逐步过渡到自学，独立自主地学习。大学里有一个很普遍的说法："师傅领进门，修行在自身。"将来发展到什么水平，关键在自己。

主持人：对，主要是学习方法上有很大的一个变化。

赵忠心：将来大学生的差别就是，不是说记忆能力强不强。大学生的差异就是在理解能力强不强。我希望你能够很快适应这个变化，而且这个变化应当逐步来实现的，它有一个生活和知识积累的过程。大学的知识是比较深奥的，但是生活和知识积累却是缓慢的过程，不是像学中小学的知识那样，三年能学完八年的功课。

主持人：心理的功课不能像神童那样的。

赵忠心：对。所以，家长不要只是关注他的智力发展，生活和知识积累要多加关注，真正使他的智力和心理，智力发展水平和社会适应能力尽量地协调发展。这个思想，我想要树立，不要使他智力发展这边太冒尖了，而生活能力却很差，知识面很狭窄，这就不协调了。

父　亲：我是不能让他那样。

主持人：他现在的生活能力怎么样？

父　亲：还可以。

主持人：他在家里做一些家务吗？

父　亲：也没啥可做的，除非自己洗洗袜子。

主持人：赵老师你判断，炘炀有能力去上大学，适应大学生活吗？

赵忠心： 从刚才的情况看，我上来以后他能坐得住，给我的感觉是可以的。我建议，他将来上大学以后，为了适应大学的生活和为了以后长足的发展，一定要在学习专业知识、理论的同时，想办法要读些课外书籍，广泛地阅览，尽量丰富他的知识，扩充他的知识面。因为他在前一段学习中小学的知识进展够快的，可以说是"神速"，几年的工夫就把九年的课程学完了，而且基本掌握。那只是"突击"学习教材上的知识，在知识结构上是有缺漏的，不是很完整的。我想，到了大学之后，要查漏补缺，扩展一下知识面，弥补过去的不足。

父　亲： 肯定不能让他跳级了。

赵忠心： 家长要有这么一个思想：人才的成长是"长跑"，不是"短跑"。现在，社会上有一句话，叫做"不要让孩子输在起跑线上"，这不是一个科学理念，这是一个典型的商业广告语。人才的成长不像"短跑"，不像刘翔那样，起跑要求很高，差半秒或0.1秒就输了比赛；应该是像王军霞那样，是"长跑"，"起跑"并不是最重要的，关键在于跑的过程中要有力量的分配和积蓄，要有实力。你看，体育比赛中的长跑，最后决出胜负是靠什么？不是"起跑"，是运动员的实力。我想，对于炘炀来说，家长就是要想方设法积累他的实力，不要太冒进，要特别注意这一点。

主持人： 炘炀，赵老师说话的过程中，你好像没有刚才高兴了，是不是？

张炘炀： 那是因为我听进去了。

赵忠心： 哪句话你觉得有道理？有启发？

张炘炀： 要积累，在大学里要积累实力，不能一蹴而就，拔苗助长。

中央电视台"新闻会客厅"2005年6月22日
本台记者白岩松采访

11. 孩子的早期教育究竟应该怎么搞

现在的早教市场上鱼目混珠的东西也不少。有的人打着早教的旗号，推销自己的劣质产品，更有甚者，诱骗家长上当，以谋取不义之财，弄得许多家长无所适从。

究竟什么样的早期教育才是科学的教育？怎样避免鱼目混珠？具体到家长究竟应该怎么做？我们特请全国著名的家庭教育研究专家、北京师范大学教育科学研究所的研究员赵忠心谈了他的看法。相信广大读者特别是家长阅后会大有裨益。

下面是一位家长的来信，很有代表性。

家长困惑

我是一个5岁孩子的母亲，受过正规的高等教育，看过许多有关教育的书籍，在孩子的教育问题上，我自认为还是一个比较理性的人。当初，在决定要孩子的时候，我曾经想过，一定不要逼孩子学这学那，要给她一个快乐而糊涂的童年。

孩子出生56天，我带她去医院检查，北大医院的儿科专家给孩子检查之后对我说："这个孩子眼神很不一般，看上去像几个月的孩子，你们好好培养吧，说不定是个天才呢！"做父母的，谁不希望自己的孩子天资聪颖呢？听了专家的话，我这个做妈妈的真比买彩票中了头奖还高兴啊！在欣喜之余，一向自认为比较理性的我逐渐变得不理性起来了。我想，孩子天赋好，我们更应该好好培养。不是说，最大的犯罪就是浪费天才吗？

可是究竟应该怎样培养呢？回想起来，在孩子的抚养和教育上，我还真没少走弯路。因为没有经验，我买了许多书来按图索骥。书上说孩子出生以后要吃母乳，不能用奶瓶、喂糖水。结果，在奶水下来之前的将近3天时间里，我真的没给孩子喂一滴水，孩子饿得终日啼哭，几近脱水，书上说新生儿要练练走路,否则行走反射很快就消失了,我就真的托着软软的小东西让她"走";书上说要给孩子的大脑丰富的刺激,我就天天在她耳边讲故事、放音乐、念唐诗……现在想想自己好傻啊!孩子没被我折腾出毛病来真是万幸。

虽说曾想过要给孩子一个快乐而糊涂的童年,可是社会上宣传早期教育的声音是那么响亮,一会儿是"0岁方案"啦,一会儿是"哈佛女孩"啦,人人都在花最大的力气给孩子施行最好的"教育"。我有一位同事从孩子一出生就严格按照"0岁方案"的方法进行教育,孩子5岁就已经认识了几千个汉字,能独自读书看报了。还有个朋友的孩子还未上学就已经是个"神算子",你给他任意出题,四五位数的加减乘除张口就能报出答案。每当听到他们骄傲地述说着自己孩子的能力,我心里总感觉惶恐不安,如果真的按我以前的想法,让孩子自然成长,万一真的"输在起跑线上"怎么办?就这么一个孩子,真的输不起呀!

于是,我也随波逐流地给孩子施行"早期教育",从刚刚学说话,就教她背唐诗、认字。好在孩子真的天资聪颖,做这些事情毫不吃力,一岁多就能背下近百首唐诗宋词了。我常常自我安慰说,我并没有"逼"她,她做这些事情时很快乐,以此来安慰自己有些内疚的良心。我自己英语没学好,看了一些书上说,孩子学语言的关键期是0—3岁,如果错过这个关键期以后再学会事倍功半。于是在她不到两岁时我就给她买了一套昂贵的英语教材,包括磁带、光盘、书,一有工夫就放给她听。时间长了,孩子倒也学了一些,只是发音古怪,谁也听不懂。大概是因为模仿光盘里动画片的人物说话的缘故吧。听说学钢琴对促进大脑发育、开发智力很有好处,孩子4岁半时,我给她买了钢琴、请了老师开始学琴,每天最少一个小时的苦练。多半年下来,虽然小有成绩,但不知剥夺了她多少快乐玩耍的时间。

我也知道给学龄前的儿童施加这样的压力是不科学的。可是,面对现实,做妈妈的真的很无奈呀。如今女儿上了学前班,开始学拼音,学写字,经常有作业要做。有一次,老师让把学过的拼音一个写4行,女儿写完之后我一数,居然一口气写了14页!后来女儿再要写作业,我就告诉她别写了,以后上学还要学的。可是女儿交不出作业要被老师批评,她告诉老师说"我妈妈不让我写",弄得老师对我很有意见,说"哪儿有这样培养孩子的"。

最近一段时间媒体上有关早期教育的报道很多,一会儿说曾经轰动一时的"中国第一月嫂"是个骗子啦,一会儿又说卡尔·威特的教育一书是伪作啦,一会儿大张旗鼓地宣传某个早教专家的观点,一会儿又有人对他进行批判……真是"乱纷纷你方唱罢我登场"。我们这些做家长的本来对这个问题就一脑子困惑,如今是更加无所适从了。

早期教育到底怎样搞,才是真正的科学?作为家长我们到底应该怎么办?恳请各位家庭教育专家能给我们这些困惑的家长指点一下迷津。

河北省三河市 佳茗

早熟的果实 既不丰满也不甜美

近些年来,年轻的父母们越来越注重孩子的早期教育。应当说这是好现象。但有一个问题值得人们注意,那就是:并不是说什么样的早期教育对孩子的成长发育都是有利的。科学的适时的早期教育是有益的,不科学的任意超前的早期教育,不仅是无益的,而且还是有害的,还不如让孩子按照他们的天性自由地发展。

当前,在早期家庭教育中有一种思想倾向,就是认为"教育越超前越好"。有的省市的"家庭教育大纲"甚至把"超前性"作为家庭教育的一个教育原则提出来。有的商家也迎合某种不正常的心态推波助澜,鼓吹什么:"不要让孩子输在起跑线上!"

于是,在早期家庭教育中就出现了任意超越儿童年龄发展阶段的"超前教育","超早期"进行一些行为能力训练,"超早期"进行智力开发。比如,在孩子能力还很差的时候就进行某些"高难"动作的训练,刚出生几十天就教孩子练"迈步走路";刚刚学会说话,就教孩子背唐诗,学外语;在孩子两三岁时就教孩子认字、算算术,四五岁时就把小学的算术、语文课本拿来教孩子"攻读";有的人甚至主张把小学要解决的问题提前到3岁,比如"0岁识字,3岁扫盲",等等。这是一些典型的急功近利的

做法，我始终坚持我的这种看法，儿童从0岁到6岁之间，是身心发育相当迅速的时期。但要促使其发展，是有条件的。按照美国著名儿童心理学家格塞尔的思想，支配儿童心理发展的因素有两个：一个是"成熟"，一个是"学习"。在两者之中，他是更着重于"成熟"。

有的家长对学龄前儿童进行超前教育和训练，其愿望是指望孩子将来在进入小学以后，学习起点比别人高，能在学习的竞争中占有优势。提前进行教育和训练，可能会在一定的时间内占有一些优势。但由于这种优势完全是靠人为的力量获得的，不是自然而然地形成的，即或是有一些优势，也很可能只是一时优势，不见得能一直保持下去。

有这样一个研究很说明问题。那就是美国北卡罗来纳大学做过的一个实验：把175个孩子分成两组，一组由父母按照一般条件进行教养；另一组则从3个月开始，就提前进行早期教育。之后，每15个月测验一次。他们发现，接受超前教育比训练的孩子智商平均高出15点。然而，并不能以此得出这种早期教育的优势能一直保持下去的结论。因为有些拥有这种优势的儿童，在进入小学四年级的时候，就逐渐地丧失了这种优势；而接受父母循序渐进教养的孩子，通常都赶了上来。

上述两个实验告诉我们，任意进行超前教育和训练，不见得是一件有益的事。进行超前教育和训练的人，自认为进行超前早期教育就一定会"早出人才"，出高水平的人才。这仅仅是一种良好的愿望，是一种推测而已，实际上并没有得到证实。

苏联著名心理学家列伊捷斯说过："儿童超过自己年龄的发展，对于判断其未来发展的可能性不能提供可靠的依据；也不排除缺少早期发展，后来却发生跃进的可能性。"许多事实都已证明了这一点。

学龄前阶段是儿童身心发展的关键期，放任自流，任其自由发展，不进行必要的培养教育，那是不好的。机不可失，时不再来——家长应当抓紧及时进行培养教育和训练，但不能任意超前。太随意、太超前了，从近期的眼前的效果看，是令人振奋的。但最终的结果，不见得也同样令人满意。法国思想家、教育家卢梭曾经这样说过："大自然希望儿童在成人以前，就要像儿童的样子。如果我们打乱这个次序，就会造成一些果实早熟，它们长得既不丰满也不甜美，而且很快就会腐烂。就是说，我们将造成一些年纪轻轻的博士和老态龙钟的儿童。"

恐怕哪个家长也不愿意培养出"既不丰满也不甜美"的"早熟果实"。

任意超前的智力开发得不偿失

进行早期教育和早期智力开发，是有可能促使儿童身心早期发展。但应该特别的慎重，不能草率，不能盲目，不能"攻其一点，不及其余"，不能"单打一"，不能只进行"一半的教育"。如果在某一个方面强迫他们学习、掌握超越他们年龄阶段的东西，尤其是过早地进行专门化的训练，可能会收到一些"立竿见影"的效果。但是，那是片面的发展，往往会破坏儿童和谐发展的正常进行。

儿童作为一个完整的人，他们面临着各种各样的发展课题。人为地、"一相情愿"地加速或强化某个方面的发展进程，对心理发展水平和能力尚很有限的学龄前儿童来说，只能是以牺牲、丧失或抑制他们其他方面的发展为代价。这是得不偿失的，很不合算的。从长远看，从儿童一生的发展来看，肯定是有害的。

我们应当明白，人的各方面的素质不是孤立隔离的，而是互相联系、互相影响、互相制约、互相促进、相辅相成的。各方面的素质只有和谐发展才能获得长足发展，不和谐的发展，就是畸形发展，不可能得到充分的发展。

近来，我国的杭州大学和日本的大阪教育大学、筑波大学，联合进行的中日两国幼儿"认知能力"比较研究，对中国和日本的3岁至7岁的儿童认知能力测查结果表明：在总共18类指标中，中国儿童分辨数的概念、分类、时间、序列等能力，都比日本孩子强；而在运动、组合、容积、空间转换等方面，则日本孩子要强。

我们知道，人的左右大脑有所分工。一般来说，左大脑分管推理、语言、数字等抽象思维，右大脑则分管形体、空间、画面、想象等形象思维。左右大脑均衡发展，抽象思维与形象思维协调发展，才能使人的智力得到充分的发展。这次测查结果，充分暴露出当前中国对幼儿进行的早期

教育中存在一些误区。主要问题是：对幼儿过早地进行以数字、文字为主的所谓"早期教育"，而不注重培养幼儿的空间转换、形体感知、想象力和创造力，结果使其左脑的智力发展比右脑发展超前，从而影响了幼儿大脑的左右均衡、协调发展，具体表现为孩子的逻辑分析能力较强，而想象能力和动手能力较弱。

之所以出现这种情况，不是偶然的，是有其历史根源的。在中国，自古以来，人们对一个孩子是否聪明的评价标准，往往是看其认字的早晚，认字的数量多少，会不会数数，会不会算算术，等等。把在学龄前就能"熟背唐诗三百首"、"会加减乘除"的幼儿，看作是"神童"。许多教师和家长都认为，孩子只有学习认字读书、算算术才是"正经事"；而自从孔夫子那时就片面地认为"勤有功，戏无益"，一句"玩物丧志"的话，就把儿童最正当的行为——"游戏"、玩耍的价值完全否定。

近些年来，中国有些人迎合中国父母的这种心理，推出了许多以认字、算算术为主要内容的所谓"神童培养方案"，把这种偏向推向了极端，致使许多孩子对数字和汉字的认识，远远超过国家规定的标准，而严重忽视了对幼儿画图、动手能力的培养，使中国儿童动手能力等远远低于其他国家同龄儿童。这种状况如果不及时纠正，将有可能导致孩子今后左右脑智力的畸形。

20世纪90年代初期，据中国教育部和联合国儿童基金会对中国儿童联合调查表明，幼儿对数的概念接受多了，往往较难适应以后正规的教学程序。许多"神童"上学以后成绩并不突出，就充分说明了这一点。

儿童的发展是一个长时期的过程。人才的成长，也不是一蹴而就的。早期教育和早期智力开发是重要的，但不能任意夸大它的作用。不充分估计它的地位和作用，会使人们忽视、错过发展的良机；但任意夸大它的地位和作用，走向另外一个极端，会出现"强人所难"的训练和"掠夺性"的智力开发。

中国过去有这样一个成语："杀鸡取卵。"比喻只贪图眼前的好处而不顾甚至损害长远利益。当然，现实生活中，为了要早一点儿得到鸡蛋，不惜把鸡给杀了，这种蠢事，一般人是不会去做的。

但是，在孩子的教育上，却有不少这种急功近利的类似的现象。比如，任意进行超前教育和训练，训练孩子掌握这个年龄阶段难以做好的动作，教孩子学习掌握他们这个年龄阶段不能理解和接受的知识，这无异于"杀鸡取卵"。这是有害无益的做法，必须加以纠正。

做父母的是有责任有义务创造条件促使儿童身心的发展，但同时也有责任有义务呵护他们的童心、童趣，保留他们"固有的东西"。遵循他们成长的自然要求，让孩子在自由自在的玩耍中成长，在无忧无虑的生活中谋求自身的发展，学会生存；而不是"自作聪明"地、"一意孤行"地做"拔苗助长"一类的蠢事。

一个人成才，是一个相当长的发展过程，哪个阶段的培养教育和训练都是重要的。不能哪方面的教育和训练都抢乘"头班车"。现在，国际教育理论界达成的共识是：人从出生到65岁之间，都是发展智力的有效时机。当今世界上，人们越来越推崇"终身教育"、"终身学习"，而不是"早期教育决定论"。

一个人成才，也是受多种因素制约的，是多种因素综合作用的结果，不是某"一个"因素决定的。家长在培养教育孩子的过程中，哪一个阶段都不能忽视，哪一个方面素质的发展也都不能忽视，都不能偏废。应当持续不断地进行培养教育和训练，全面地进行培养教育和训练。

出现任意超前教育倾向的社会原因

当前，社会上出现这种急功近利的超前教育倾向，不是偶然的，它是一定客观环境的产物。

早在美苏"两霸对峙"的那个年代，就有一种说法：就是国家实力的竞争是科学技术的竞争，是教育的竞争。美苏两国为了增强竞争实力，早在30年前就"不约而同"地进行教育改革。改革的重点也都是"不约而同"地加大早期教育改革的力度。

然而，经过几十年的改革实验后，他们又是"不约而同"地总结了教训：经过实践，他们都认为按照这种"早期教育决定论"的思想进行早期教育的改革，从眼前的效果看是好的，但从长远效果看却是不好的。因为

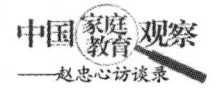

它打乱了儿童"身心发展的次序",对提高儿童的身心素质是不利的,使儿童缺乏发展的"后劲儿"。也就是说,缺少自我发展的能力。于是,先后都放弃了那种盲目的教育改革实验。

就在人家放弃了这种改革实验的时候,随着改革开放政策的实施,长期的封闭状态被打破,"早期教育决定论"的思想迅速传到了中国,它正好迎合了中国家长急切的望子成龙之心。于是,急功近利的超前教育就在中国开展起来。

我们本应当吸取外国失败的教训,但使人不可思议的是,人家通过实践已经否定了的东西,我们又要重新再做一遍。

"早期教育决定论"的思潮,之所以能在中国盛行,一方面是由于人们的子女越来越少,独生子女家庭越来越普及,家里只有这"独一无二"、"绝无仅有"的一个孩子,家庭和家长的全部期望都寄托在一个孩子身上,对孩子的期望值太高。望子成龙心切,都希望把自己的子女培养成为出类拔萃的"佼佼者",这是"早期教育决定论"得以盛行的温床。

另一方面,我们国家有些丧失学者良心的所谓"专家",在经济利益的驱动下,不负责任地宣扬、鼓吹,极力夸大早期教育和智力开发的作用,推出种种没有经过实践证实的什么早期智力开发"工程"、"方案",曲意逢迎那些望子成龙之心过切、心态不大正常的家长。这是很不应该的。而我们有些年轻父母望子成龙的急切心情,甚至达到了"饥不择食,慌不择路"的程度,很容易轻信那些很诱人,但并不科学的早期智力开发"工程"、"方案"之类的东西。

世界上一些著名的心理学家和教育学家非常重视早期教育,也都论述过早期教育的重要意义。如美国心理学家布鲁纳曾经说过,一个孩子到4岁时,其智力发展了50%。另外的30%到8岁时发育完成,其余的20%,到17岁时完成。苏联教育家马卡连柯说:"教育的基础主要是5岁以前奠定的,它占整个教育过程的90%。"意大教育家蒙台梭利说:"儿童出生后头3年的发展,在其程度和重要性上,超过儿童一生的任何阶段……"俄国著名生理学家巴甫洛夫甚至说过:"婴儿生下的第3天开始教育,就晚了两天了。"

问题是如何理解这些心理学家、教育学家的话。我以为，这些都是针对传统的忽视早期教育的现象，采取了有一定夸张成分的说法，是"矫枉过正"，不能过于"较真儿"。如果真的是"5岁以前就完成了90%的教育"，"3岁就是人的一生"的话，那么，小学、中学、大学教育岂不成为可有可无、多此一举的事了？终身教育不就更属于"画蛇添足"了？况且，他们所强调的早期教育，绝不仅仅指的是早期智力开发，更不是人们所理解的"认字"、"算算术"之类，而是身心的全面发展。就像巴甫洛夫所说出生3天以后开始进行教育就已经"晚了两天了"，可以肯定地说，他绝不是指"认字"、"算算术"之类。

急功近利的超前教育，也是现代教育过于功利化的反映。过去的古典教育，是"重义轻利"；现代教育与此恰恰相反，是"重利轻义"。这种偏向，不是现在才出现的，早在资本主义上升时期就出现了。英国伟大的哲学家、教育家罗素早在几十年前就已经有预见性地指出了现代教育的这种偏向。"重利轻义"的功利化倾向，带来的直接后果是资本主义国家普遍存在的"经济上去了，道德水平下来了"。

多少年来，人们培养教育子女，目的就是升学、就业，只要是对升学、就业有用处的，就下工夫、下本钱，尽可能提前培养训练；对升学、就业没有直接好处的，就放任不管。也就是说，只考虑培养孩子"成才"，不大注重教育孩子"做人"。不仅在外国是这样，近些年来在我们中国又何尝不是这样呢？

试想，不会"做人"，又怎么能成才呢？即或是有很高文化水平和丰富的专业知识，要是不会"做人"的话，不能融入社会群体，社会根本不接纳他，那么，他的文化水平和专业知识到哪里去发挥呢？

要实施科学的早期教育

家庭教育过于功利化的倾向，不仅反映在学龄儿童的教育上，更反映在学龄前儿童的教育上。其表现主要是在两个方面：

一个方面是只进行"一半的教育"。就是重视智育忽视德育、重视知识学习忽视能力培养、重视书本知识忽视生活知识、重视智力因素的发展

忽视非智力因素的发展、重视灌输忽视自学能力培养、重视特长培养忽视全面发展、重视营养忽视体育锻炼、重视生理健康忽视心理健康，等等。

另一个方面，就是急功近利的早期教育和超前的智力开发。以牺牲、丧失其他方面的发展为代价，对孩子进行超越他们年龄阶段的教育和训练，过早地进行专门化的训练，不能达到切实提高孩子素质的目的。这不仅对孩子的发展不利，对我们整个民族素质的提高也是不利的。

对学龄前儿童进行早期教育，还是要根据儿童的年龄特征，从儿童生理和心理发展的实际水平，循序渐进，量力而行。这样做，表面看似乎是"太慢"了。其实，教育从来就是一步一个脚印、扎扎实实地进行的。这样做，肯定是会从根本上有利于提高孩子的素质，提高孩子自我发展的能力，对孩子一生的发展是有好处的。

古人说："蒙以养正，圣功也。"早期教育是教育的起始，是圣人之功。我们中国人做事，向来特别重视"开头儿"，古人很早就有"慎始"的说法。现在，人们也常说：凡事开头做好了，就有80%成功的可能。不论做什么事，在开头儿时要特别的"慎重"。因为开头儿时要是"差之毫厘"，后来就会"谬以千里"。

对于早期教育，应当采取积极而慎重的态度，不能盲目行事。随心所欲地任意进行超前教育，有害而无益，会带来不可弥补的损失。年轻的父母们，一定要保持清醒的头脑，按照科学行事，要善于识别、坚决拒绝某些蛊惑人心的商业广告的诱惑。

《儿童教育网》2008年1月17日

12. 家庭教育如何让孩子更幸福

教育子女是家长的职责和义务。在家庭教育实践中，家长的人格是最重要的教育因素，要把子女培养成为什么样的人，家长自己首先要成为那样的人。要把子女培养成为高素质的人，家长自己首先要努力提高自己的素质。

家庭教育是在家庭日常生活当中随时随地进行的一种非正规教育，它跟学校教育有很多不同。家庭教育最常用的方式就是"遇物则诲"，意思就是在日常生活中，遇到什么事或者正在做什么事，就结合这个事对子女进行相关的教育，这是家庭教育的一个重要特点。

赵忠心教授认为，首先给孩子提供一个良好的家庭生活环境是非常重要的。家庭生活环境对孩子来说，就像是土壤与禾苗的关系，土壤肥沃禾苗才茁壮。家庭生活环境对孩子又像是物理学的"磁场"一样，孩子生活在一个特定的家庭环境里，他会不由自主地按照家庭期望的方向来发展。家庭是孩子的第一个生活环境，家庭的影响和熏陶就像是给孩子打的"底色"，往往伴随孩子的一生。因此，要想把孩子培养好，使孩子的发展符合家长的愿望和社会的需求，家长应该努力给孩子创造良好的家庭生活环境。

家庭生活环境就是人们常说的"家风"，主要有以下方面：第一，有文化氛围。家庭成员要情趣高雅，有进取心，学习气氛浓厚。当今社会是知识社会，家庭里必须要有文化氛围。第二，家庭成员的关系要协调。家庭成员之间的关系本身，对子女来说就是一种教育。现在家庭比较脆弱，不像过去传统家庭那么稳固。但是家庭对孩子来讲是非常重要的，孩子对家庭、对家长依赖性非常强。家庭关系和谐，子女就心情舒畅，身心健康。如果家庭动摇或者父母分居、离异则对孩子影响很大。所以作为家长，有义务给孩子创造和谐的家庭环境。第三，家庭生活环境还包括家长

和孩子之间的关系。过去中国实行的是封建家长制,家长对孩子来讲是管理与被管理,统治与被统治的关系;现在应该建立平等的、民主的父母子女关系。在这样的环境当中成长,会增强孩子的自尊、自主、自立、自强、自信意识,也容易接受家长的教育,教育效果会很好。

影响儿童身心发展的重要因素有三个方面。第一是遗传;第二是环境;第三是教育。对一个人的成长,这三点是缺一不可的。还有人认为是四个方面:第一是遗传;第二是环境;第三是教育;第四是自身努力。赵忠心认为,家庭对孩子的影响因素是多种多样的。比如家庭的传统,家长的素质——包括政治素质、道德素质、文化素质、心理素质等,家长的教育能力,以及家庭关系、家庭结构、家庭经济条件等等。但是影响孩子成长的最重要因素就是家长的人格。人格的影响力是巨大的,家长的人格因素,在教育因素当中头等重要。如果家长的人格不好,就不可能教育出人格好的孩子来。

古时有个人叫窦燕山,他把五个儿子都培养成了人才,好几个都当了宰相。窦燕山是富家子弟,他原来品德不好,借给人家粮食用小斗量,人家还时他就用大斗量,损人利己,品德恶劣。他到了30岁还没有儿子,非常着急。那时他父亲已经死了,有一天晚上父亲托梦对他说:"你小子心术不正,现在如还不改正,你这辈子不仅没有后代,还会短寿!"这一来可把他吓坏了,从此以后他就改邪归正,拾金不昧,助人为乐,救济穷人,专做好事不做坏事。结果没几年,生了五个儿子。窦燕山为教育孩子,努力建立良好家风,家庭成员分工明确,男耕女织,秩序井然,各负其责。孩子在这样的生活环境中健康成长。窦燕山之所以能把五个儿子培养成才,最关键的是他的人格起了作用。他变成了一个好人,孩子都自觉地以他为榜样,窦燕山后来人格向善的变化起了决定性作用。所以家庭教育当中,要想把孩子培养成什么样的人,家长自己首先就应当成为什么样的人。

赵忠心老师对家长谈了家庭教育中最应该注意的原则和准则。

第一,社会发展到今天已经进入了一个"少子时代",就是孩子越来越少。过去,人们在"多子多福"观念影响下,单纯追求孩子的数量。现在随着社会的发展,生活水平和文化素质的提高,人们逐步把追求孩子的数量转移到追求孩子的质量上。都希望少生孩子,但要提高质量。这是一个重大思想观念的变化。我们培养孩子的目的是什么?一言以蔽之,就是让孩子生活得比我们还要幸福。现在家长们都主观设计孩子的未来,让孩子发展什么特长,上到哪一级学校,从事什么职业,考虑得太具体,有点盲目。因为现在社会生活很复杂,也就是说影响孩子成长和发展的"变数"越来越多;而且越来越难以预测和控制,不是说你想怎么样,将来就会怎么样。我们有一个大体方向,家长视发展情况因势利导,让孩子通过自己努力追寻幸福。什么才是幸福呢?我理解的幸福就是既能够享受高度的物质文明,也能够享受高度的精神文明,这样的人才是幸福的人。只有金钱,不见得有真正的幸福。

第二,具体怎么培养教育孩子,选择方式方法、选择内容的时候应当有所依据,不能说脑瓜一热或者根据家长自己的经历、主观看法来选择内容、方式方法,也不要听信社会上冒牌专家的"忽悠"。要根据什么呢?首先根据社会需要,这是大方向。因为一个人是不是人才,能不能立足社会,必须接受社会生活的检验并决定弃取。家长首先要树立这么一个思想:"立足家庭,面向社会;立足现在,面向未来。"因为孩子将来是不是能成才,那是一二十年以后的事,不仅看到社会的现实,也要展望社会的未来,使孩子将来出去以后,不被社会淘汰,别落伍。所以家长应该树立这么一个观念。

第三,家长培养孩子一定要从孩子的实际出发,尊重孩子的年龄特征和个性特征,不能完全按照家长的主观愿望来进行培养教育。要按照孩子的年龄特征和实际能力,循序渐进,量力而行,不要急功近利,急于求成;拔苗助长,肯定适得其反。要按照孩子的个性特征,选择最适合的教育内容和方法,因人而异,因材施教,使孩子按照自身的特点和发展规律来发展;千万不能盲目攀比,人云亦云。循序渐进并不是消极的,而是积极的,会使孩子扎扎实实地进步,有发展的后劲;因材施教,扬长避短,适合孩子的特点,才能激发孩子的积极性。

第四,培养教育孩子不要单纯靠说教。中国的家长说教起来比较有特

长,我发现有的家长一说孩子,我说你都"超过老师"了。意思就是说教太多,实践太少。要让孩子主动地发展,就要给他创造机会,让他去实践,让他亲身去体会。我特别主张孩子以社会为课堂,以社会生活为教材,向实践学习,在实践当中总结经验、总结教训,这样会发展得扎实。这也是现代社会家庭教育的一个特征,不是完全由家长来说教,而是把孩子推向社会、推向实践,在实践当中学习,这也是家庭教育开放的一个趋势。我主张要大力提倡。

《教育文摘周报》(北京)2006 年 12 月 5 日
本报记者崇辉采访

13. 少子时代如何让儿童更幸福

8月16日15点，赵忠心教授应邀做客新华网，与网友探讨如何为儿童健康成长创造良好的家庭环境，欢迎大家提问。

家长不应急功近利

主持人： 现在，可以说中国大多数的父母非常爱孩子，非常重视对孩子的教育。但是，更多的人苦于找不到良好的方法，而且心有余而力不足，甚至有些人不懂得科学的方法，反而造成一些悲剧。请问，目前家庭教育主要存在哪些问题和误区？家长在日常教育中应该注意哪些原则和基本方法？

赵忠心： 当前中国家长越来越重视子女的教育，这是好现象。但是，现在也存在一些值得重视的家庭教育误区。比如，家长急功近利的思想很严重，只看重孩子的眼前利益，而忽视甚至放弃长远利益，效果肯定不会好。主要表现在几方面：

第一，任意实施超前教育。就是不从实际出发，任意超越孩子的年龄阶段，忽略孩子的年龄特征，让他们学习很难理解、很难接受的东西。比如一岁的孩子就学三岁孩子才该学的东西，三岁孩子学六岁才该学的东西，还没上小学，就拿小学课本知识来学习等等，操之过急，急于求成。

第二，教育内容有很大的片面性，只进行"一半的教育"。比如重视智育，忽视德育；重视知识学习，忽视能力培养；重视书本知识学习，忽视生活常识学习；重视智力因素的培养，忽视非智力因素的培养；重视灌输，忽视自学；重视特长培养，忽视全面发展；重视营养保健，忽视身体锻炼；重视身体健康，忽视心理健康等等。

第三，家庭教育有学校化的倾向。家庭教育和学校教育是两种不同的教育模式。家庭教育的特点就是在日常生活当中随时随地进行的一种很特

殊的教育。学校教育是专门的教育机构，通过上课和搞有组织的活动对学生进行教育，通过传授系统的科学知识提高学生的科学文化素质。家庭教育则是"遇物则诲"，意思就是在日常生活中碰到什么事，或者正在做什么事，就结合这个事进行相关的教育，这是家庭教育的特点。现在好多家长都像是孩子在学校上课一样实施家庭教育，这是不对的。学校教育是一种"发展状态"，家庭教育是另外一种"发展状态"，这两种教育都应该有，它们是相辅相成的，不能重叠。

如何创造良好的家庭环境

主持人： 网友"扬子饿"问道：在过去教育中孩子有许多宝贵的教材，比如说《百家姓》、《孟母三迁》……那么，目前作为父母，还有哪些途径可以获得教育孩子的方法呢？

赵忠心： 中国过去是典型的封建家族社会，重视家庭教育是中华民族的优良传统。在长期的实践过程当中，人们总结出许多很好的经验，通过一些儿童读物或者是教材积累下来。比如，古代的儿童蒙养教材"三、百、千"，即《三字经》、《百家姓》、《千字文》等，还有"孟母三迁"、"岳母刺字"、"欧母画荻"等家庭教育的故事，这些东西是很有价值的。但是要看到，受到历史和时代的局限，有些东西已经过时了，已经不适合今天了。我们古人遗留下来的一些优秀的东西当然要继承，有些不太适合今天情况的就要扬弃。家庭教育应当继承我们的优良传统，但同时也要改造过去的一些经验，因为毕竟离现在社会有一定距离。所以对过去家庭教育的一些教材、一些经验要有批判地继承。我想，今天更多地还是要学习具有时代特征的一些家庭教育和心理学的科学理论。

主持人： 网友"天地无垠"问道：您认为为儿童健康成长创造良好的家庭教育环境，其中最重要、最核心的可归纳成哪几点？

赵忠心： 家庭教育是在日常生活当中进行的，给孩子提供一个好的家庭环境是非常重要的。我一直认为，家庭生活环境对孩子就像是物理学的磁场一样，孩子生活在一个特定的家庭环境里，他会不由自主地按照家庭的期望方向来发展。所以要想把孩子培养好，使孩子的发展符合家长的愿望，符合社会的需求，家长应该努力给孩子创造良好的家庭环境。家庭环境的内容主要有以下几点：

第一，有文化氛围。家庭里边要有读书学习气氛。当今社会是知识经济社会，要建立学习型家庭，所以家庭里边要有知识的氛围。

第二，在家庭里，家庭成员的关系要协调，这主要是指的夫妻关系，大人和大人之间的关系。为什么要讲这个？因为现在的家庭比较脆弱，不像过去的传统家庭那么稳固。家庭对孩子来讲是非常重要的。孩子是未成年人，他们对家庭、对家长依赖性非常大，家庭动摇或者父母分居、离异对孩子影响很大。所以，作为家长，既然生了孩子，就有义务给孩子创造和谐的家庭环境。

第三，家庭环境还包括家长和孩子之间的关系。过去，中国实行的是封建家长制，家长和孩子的地位不平等，家长与孩子之间不民主。家长对孩子来讲是支配与被支配，统治与被统治的关系，孩子没有独立的人格，是家长的私有财产或附属品。现在，家庭里应该建立平等的民主的父母子女关系。在这样的环境当中成长，孩子更容易接受家长的教育，更有自信心，更有独立意识，教育效果会更好。

家庭教育图书炒作得越厉害你越别买

主持人： 现在很多家长都在学习与家庭教育有关的理论和方法。不少家长会选择阅读一些有关书籍，但是现在许多网民反映有关家教的书籍让人感到无所适从，无从选择。有的书籍互相矛盾：有的让孩子早识字，有的说孩子识字太早会得心理疾病。对这种状况，家长如何分辨家教书籍的真伪？又如何树立正确的家庭教育观念？

赵忠心： 因为社会上有学习家庭教育知识的强烈需要，这样就会推动家庭教育书籍的出版。近些年来，确实出了很多家庭教育的书，比如中国妇女出版社就出了很多很好的家庭教育方面的书，受到广大家长的欢迎。但是，从整个家庭教育书市来说，由于缺乏必要的监管和自律，还是很混乱的，泥沙俱下、鱼龙混杂，质量参差不齐。现在，让家长们自己来选择书确实有些困难，因为一般家长不是学教育的，缺乏分辨真伪的能力，他

们也不能事先把所有的书都看一遍。

家长要想选一本好书的话,首先得有一个平和的心态,我们读书的目的就是为了提高家长作为教育者的素质,不是学几个"绝招"来管教自己的孩子。现在好多家长心态不太端正,指望有一本书能指导如何把自己的孩子培养成神童,能推出"绝招"一下子就管住孩子。就因为家长有这种心态,有些写书的人缺乏学者的良心,不是引导家长朝着正确的路子走,而是迎合某些家长不正常的心态。你要培养神童,我就来给你一本培养神童的书;你希望早识字,我就给你来早识字的"方案";你希望有简单易行的"绝招",我给你一副"万应灵药"。我认为,这样做是不负责任的。家长要想选择一本好书首先要有平和的心态,你看书是要提高自己的素质,而不是学几个"绝招"。

其次,从书的广告词或者封面或者标题上,家长也应当注意分辨。根据我的经验,现在对家庭教育图书炒作得很厉害,不少是"忽悠"家长的。按照我的观点,炒作得越厉害的,你越别买;越平实的,你倒可以看看。因为家庭教育是有规律的,要讲科学,不能靠炒作。现在的广告对家长确实影响很大,我们要学会看图书广告,很多的广告是虚假的,有很多的"水分"。广告不是合同,广告词也不是"合同语言",往往有夸大其词的成分,家长们选哪本书不能只看广告。如果只看广告,迷信广告,十回有八回是要上当的。

再次,家长要学习这方面的知识,建议家长们参加孩子的幼儿园、小学、中学开办的家长学校。一般来讲,学校和幼儿园所传授的知识是比较可靠的,所以应当积极参加,增长这方面的知识,以提高分辨真伪、好坏的能力,避免盲目性。

最后,家长要增强自信,积极进行家庭教育实践,就是总结自己的经验或者教训,不断提高自己的教育素养,也能提高分辨能力。

家长不要把自己的愿望强加给孩子

主持人:网友"楚人快乐"提出:大多数家长注重孩子的课外学习,这样孩子基本上没有玩耍的时间,好像扼杀了孩子的天性。但不让孩子学担心孩子未来没有竞争力。所以家长很迷惑，不知道应该让孩子快乐地生活好，还是重视他的学习好？我的女儿今年十岁，曾学舞蹈，本只想让她有点舞蹈知识，锻炼身体；但老师却像培养舞蹈家那样要求孩子，孩子本来先天条件不好，失去了信心以后也就没了兴趣。现在，只要提课外的这种学习，她的逆反情绪特别严重，我不知道怎么办好。

赵忠心：现在家长普遍重视孩子的课外教育，这很好，可以促使孩子个性的发展。但是，家长对教育的理解有些偏差，往往把"教育"的内涵理解得太狭窄。一提"教育"就好像是学什么技能技巧，掌握什么本领。其实，教育的天职是促使孩子的身心健康发展，只要孩子能从中获得乐趣，情操得到熏陶，身心发展受益，参加一些课外学习或训练是很好的事。现在，家长让孩子学习画画、跳舞等，普遍的指导思想是要孩子学一门本领，一种技能。其实，这只是一个方面，并不是参加这些课外活动的全部目的。现在，家长对"教育"的内涵理解太狭窄，所以路子走得不大畅通。

提高孩子的竞争力，从根本来讲是要提高孩子的素质。我们整天讲"素质教育"，那么，究竟什么叫"素质"呢？我个人理解，素质不仅仅指学历，素质就是指人具备不具备发展的后劲。没有发展后劲的，就是素质低，有发展后劲的，素质就高。一个人的素质高低，就看他离开学校、离开老师之后，能不能进一步发挥发展自己的才能。素质低的，学校老师教了10分，他到社会上可能只发挥8分；素质高的，老师教了8分，他可能发挥12分。我们不要过多地追求技能技巧，这是对"教育"的理解太狭窄。孩子发展一些特长是可以的，但是不要强迫，不要把家长的愿望强加给孩子，看孩子自己喜欢不喜欢，让孩子自己选择愿意学的。另外，不要同时发展多方面特长，不要指望"一口吃个胖子"。如果家长同时给孩子报太多的班，让孩子疲于奔命，会给孩子造成巨大的压力，使孩子反感。

警告孩子：不好好学习就如何如何，这不是教育是威胁

主持人：有几位网友如"年年听春雷"、"老牛拉破车号爱国者"有这样的问题：现在很多家长也很困惑，也觉得不应该给孩子加这么多压力。

但是，大环境都是这样，家长也很没有办法。包括送孩子去上各种班，您觉得这算不算家庭教育的内容？还是只是一种特长教育或者是技能教育？家庭教育应该是以重视育人为主还是以育德为主？

赵忠心：市场经济社会重要的特征就是处处、时时、事事都有竞争，而且竞争相当激烈。也就是说现在的市场经济社会跟过去的计划经济条件相比，现在生存难度加大了。家长们有切身体验，过去不觉得生存难度有多大，因为端的是"铁饭碗"，吃的是"大锅饭"。最近几十年，"铁饭碗"、"大锅饭"被打破了，大家知道生存难了。有一件事给中国人民上了一课，那就是"下岗"。"物竞天择，适者生存"，优胜劣汰，家长们都比较紧张，有了危机感。紧张心态是必要的，但是现在家长有点过度紧张。市场经济竞争激烈，生存难度增大，这是一个方面；与此同时，也要看到市场经济社会给人们提供了更多的机会这个方面。只看到一面，势必会对孩子期望要求过高，对孩子施加过大的压力，不仅实际的课业压力大，心理压力更大。

有些家长在马路上走路，一看到卖冰棍的、当装卸工的、送煤的，就对孩子说，你不好好学习，将来就干这个。给孩子描述这样的一个前景：似乎是好好学习就能上"天堂"，不好好学习就要下"地狱"。这不是教育，这对孩子是一种威胁，是一种讹诈。让孩子如履薄冰，如临深渊，战战兢兢地学习，那能学得好吗？所以，对孩子教育不要只讲一面，要全面教育。像这样教育会使孩子过度紧张，读书学习跟体育比赛一样，压力过大，心理负担过重，效果反而不好。孩子们学习是要紧张一点，是要努力一点，但是不能过度，"过犹不及"，太过度会适得其反。最近几年，中国出现好多家庭悲剧，基本原因都是因为学习，比如青海的夏斐事件、金华的徐力事件等，很少有跟品德有直接关系的家庭暴力事件。所以家长的心态很重要，它甚至决定家庭教育能不能成功。所以我反复劝家长们，把心态要放平和，全面地了解社会，全面向孩子传递社会信息。

学校、家庭、社会哪道工序都不能少

主持人：家长应该认识到家庭教育的心态要放平和，但实际上也带来一些问题，如何进行家庭教育不光是家长的事情，也与整个社会大环境有关系。按照中央要求，各地也非常重视，如何给未成年人创造良好的成长环境，强调抓好学校教育、家庭教育、社会教育三个环节。关于家庭教育，中央把这个任务落实到妇联组织，目前全国妇联也围绕着"为国教子、以德育人"的主题开展了一系列活动。作为妇联这个组织来说，更好地推进家庭教育健康发展，除了举办各种各样的活动以外，当务之急还需要解决哪些方面的问题？

赵忠心：2001年，国务院办公厅和党中央办公厅曾经出过一个文件，题目叫"进一步加强中小学生思想道德教育的意见"。这个文件中第13条的第一句话就是"各级教育行政部门，有责任指导家庭教育"。今年关于未成年人道德教育问题，又改成妇联为主。我跟妇联合作了有二十多年，妇联给我的印象很好，她们很认真、很负责、很努力，也有协调各部门的优势。但是经过二十多年合作，我提出了不同看法。

2000年，我曾经给当时分管教育的李岚清副总理写过一封信，我建议家庭教育工作由教育行政部门牵头。因为家庭教育毕竟是教育，妇联不是教育机构，是个群众团体，有协调能力。事实上，真正落实家庭教育工作，还是要靠教育部门推动。教育部门没有分管家庭教育工作的积极性，全靠妇联一个部门，恐怕不成。如果教育部门不发话，家庭教育指导，家庭教育知识推广普及，不可能直接面对家长。因为推广、普及家庭教育知识主要的途径是靠学校开办家长学校。在那封信里，我讲了中国解放以前，民国年间，就是由教育部指导家庭教育，现在的台湾省至今仍旧延续民国年间的做法，世界各国都是教育部门指导家庭教育。李岚清副总理很赞成我这个观点，把这封信批给了当时的国家教育委员会主任陈至立，这个消息是当时国家教育委员会基础教育司司长李连宁同志亲口告诉我的。但到了2004年的8号文件又恢复了原状。目前，我国的家庭教育事业想要健康发展，迫切需要将立法问题提到议事日程中，最好是"自下而上"，由各省市先行探索，制定一些地方性的法规，然后往上推。

主持人：那么0到3岁学龄儿童的家庭教育应该由谁来指导？

赵忠心：0—3岁是妇联的主要任务。如果只是通过妇联推动学校开展

家庭教育指导工作，而不通过教育行政部门，肯定不成。妇联要想把中小学生的家庭教育工作抓起来，必须调动教育部门的积极性。妇联可以做一些事情，但是要想把家庭教育知识真正普及到每个家长，就得靠学校开办家长学校。据我所知，教育行政部门积极性很高的省市、地区，家庭教育指导开展得都很好。如果教育行政部门积极性不高，不参与，不介入，把家庭教育工作全都推给妇联，那当地的家庭教育指导工作都落实得不好。我呼吁教育部，要把指导家庭教育作为自己分内的事情。

我知道，教育行政部门很忙，要抓的事情很多，很杂。但是，要对孩子真正实施素质的教育，光靠学校不成，一定是学校、家庭、社会三位一体，相互配合。学校、家庭、社会对孩子来讲，就像是一个"综合加工厂"，缺少哪道工序都不可能培养出具有完整人格的人来。只要有一个文件，明确规定学校要把家庭教育指导工作作为自己分内的事，每个新学期开始做计划，期末做总结，家庭教育指导工作开展的情况也作为评价学校工作成绩的一项内容，每个学期结束时都要向教育行政部门汇报，只要做到这一点，那家庭教育工作就做起来了。只是靠妇联是做不到的，因为妇联不是行政机构，它对学校没有制约能力。但教育局说话，学校必须得听。

要理顺这个关系，我不是说妇联不再做家庭教育工作了，就是教育部门牵头，教育行政部门和各级妇联有所分工，比如中学、小学或者是幼儿园，3岁以后孩子家庭教育的指导，主要渠道是通过教育系统办家长学校进行指导；3岁以前的散居儿童，妇联通过协调社区或者妇联组织来进行指导。没有分工肯定不成。只是笼统地说"大家都来关心"，最后是互相推诿，谁也靠不住，终究落实不了。

我对自己的孩子是"无为而治"

主持人：网友"北京糖火烧"问道：您是怎么培养自己的孩子的？有没有一些有启发的故事，能不能推荐一些书籍？

赵忠心：我讲课时，有的听众就问我，请你介绍介绍你自己是怎样培养孩子的。我有两个小孩，一个男孩，一个女孩。我作为一个教育者，不

宏观观察——赵忠心的家庭教育观

是给孩子指定一个具体方向让他们走,而是在旁边"顺势点拨"。是"指点",不是规定、强制,我不能代替孩子自己去选择,去发展。现在,好多家长是按照自己的主观意志给孩子规定一条发展道路,强制或者包办孩子的发展,孩子很被动,没有积极性、主动性,这样效果肯定是不好的。我跟我孩子之间的关系都是比较平等、比较民主的。比如我孩子上学,具体上什么学,上到哪一级,基本上都是由两个孩子自己选择、决定,他们的生存环境很宽松,我从来不强行规定。

我嘱咐我的孩子要向实践学习。我认为人一生当中要读两本书,一本是"有字书",一本是"无字书","无字书"就是社会实践。我儿子上班以后,调动工作十几次,我说你老调动工作,不专心致志。我儿子不赞成我的说法。他说,爸爸,你这种观念很陈旧。我之所以要调动,是想涉猎更多的领域,以开阔眼界,增加实践机会;我能调动说明我有实力,能适应环境的变化,这样也会大大丰富我自己的见识和实践经验。儿子一开始调动还要通过我,跟我打个招呼,因为我老是阻拦他,后来他干脆就"先斩后奏",调动完之后再跟我说。久而久之,我也习以为常了,便不再干预,随他去。通过反复调动,儿子变得很成熟,我现在基本上不管他。

现在,好多做父母的,总是包办代替孩子的事,孩子自己的事不让他们做主,总是不放心,不放手。说句心里话,这样培养孩子,孩子会很无能,将来这些父母们死都不会瞑目——因为老不放手,所以也总不放心。

因为我夫人是教音乐的老师,能歌善舞,女儿有点"音乐艺术细胞",女孩子长得比较漂亮,从小喜欢跳舞。最初,是在中央芭蕾舞团少年班学习,在学舞蹈的几十个孩子中,是出类拔萃的一个,11岁被选拔到北京花样游泳队当专业运动员。她去时,女儿问我说:"爸爸你同意吗?"我说,选择什么道路,什么发展方向,由你自己做主,我不干预,不包办。我只有一个要求,就是干什么就要聚精会神、全力以赴,努力把它干好,不能心猿意马、三心二意,不能动摇,要持之以恒,坚持到底。哪怕你长大以后扫大街,也要全心全意,扫成一流的。

女儿当运动员时,在国内国际的大赛中取得了一些成绩,因为表现突出,退役以后在北京队当了两年教练。有一天,她回来告诉我说,爸爸,

我已经退职了。当教练是国家干部，端的是"铁饭碗"，这么大的事，我女儿自己做主了。我没有责怪她，我相信女儿做这样的决定自然是有她的道理。女儿通过自学考上了大学本科，又到澳大利亚学了MBA。在当运动员、学习、工作当中，完全由女儿自己做主，我的意见只是供她参考。现在，女儿在中关村一个软件公司做管理工作，做得非常好。

我这两个孩子，他们现在的工作我基本不操心。孩子从小让他自己发展，家长在旁边"点拨"，这样成长的孩子，长大以后你会很放心。现在有一句话叫"抱大的孩子"，这样的孩子，将来你是不放心的，因为他们是在家长"羽翼"之下成长的，从来没有自主过，独立过。我这两个孩子，我基本是让他们自主，自己做主进行选择，走自己的路；然后，我在旁边给予点拨，他们听就听，不能听，我允许他们按照自己的意愿做。哪怕他们选错了，我也从不责备，给他们创造一个宽松的成长环境。经验是宝贵的，教训也是非常宝贵的。我认为，我的这个教育思想很值得家长们参考。

不要太早确定孩子的兴趣方向

主持人：网友"坛子"问：我小孩3岁7个月，我想教他学棋类，以培养记忆力、推理能力、判断能力和定性，这样好不好？我现在在他面前吹拉弹唱，以引起他的兴趣，但他总是拿这些乐器当玩具。我是随他自己还是严格要求呢？

赵忠心：3岁的孩子，现在要想把他的兴趣方向确定下来，为时过早。家长处心积虑地让孩子学这学那，从这里看，有点"对牛弹琴"的意思。我想，3岁以前的孩子，有兴趣也是很肤浅的，兴趣广泛，但很不稳定，过早确定发展方向不太现实。在3岁以前对孩子进行教育，有这么几个任务。第一，保证他身体健康。这是最重要的，健康第一。第二，心理健康，培养好性格。第三，学好本土语言。对中国的孩子来讲就是学好汉语，主要是口头语言。第四，学习一些行为规范。日常生活当中常用的一些行为规范，比如说有礼貌，如何跟人打交道，学会谦让，学会守纪律等等。

宏观观察——赵忠心的家庭教育观

主持人：网友"lhb1995"提道：有一本书叫做"每天进步一点点"，里面的家长为了教育她的孩子，每个星期给孩子寄一封信，是包含母亲心语的精神粮食。请问像这种教育方式仅仅适用于不在身边的子女教育，还是同时适用于在身边子女的教育？

赵忠心：这本《每天进步一点点》是中国妇女出版社出版的，我写的序言。这本书是很好的、很有价值的一本书。这本书的作者是武汉一个大学的一名普通工人，是一个单亲家庭，她的儿子在乌克兰学习钢琴，很有成绩，多次获奖，曾经受到乌克兰总统的接见，是很有前途的一位钢琴青年。因为她的儿子在国外，妈妈在国内，妈妈虽然关心孩子的成长和教育，但是鞭长莫及。她就采取了一种办法，通过网络，每周给孩子写一封信。她写信不是简单地说教，往往是通过看了大量的材料以后，结合孩子的实际，选择一些典型人、典型事，同时也发表一些看法，一并发给孩子。这种教育方法对她的孩子教育效果非常好。因为在国外学习，家里条件又不允许他经常回来，家长要尽教育孩子的责任和义务，所以她就通过这种方式。

通过写信教育孩子是中国传统的教育方式。因为中国古代父亲做官、做事都是在异地，不带家眷，所以他们教育孩子都是通过写信或者写诗、写文章，来尽父亲的教育责任。我在1997年曾经出版过一套"中国家庭教育丛书"，其中就有一本书名为"古今名人教子家书"，专门介绍中国从古到今，名人是如何利用家书教育子弟的，大家可以看一看。书信很正规，内容都是家长深思熟虑的，对社会人生的真切体验，孩子会很重视，视为珍宝。过去不是有"烽火连三月，家书抵万金"的说法嘛，就是说十分难得。用书信的方法教育孩子，就是在一起生活的话，有时候也需要。我们口头上给孩子进行教育，说过就过去了，不能反复回味。而且有时候面对面，在气头上一些话说出来，听起来不太好，难以接受。如果用书信，把自己的意思传达给孩子，以表达家长的重视，有时候可以收到意想不到的效果。家长可以用平和的心态把自己的愿望、想法传达给孩子，这样教育和引导孩子，往往不会走偏。我建议，有些事估计一谈就"崩"的情况下，写封信也许会收到很好的效果。希望家长们能

试一试。

不能把看电视作为学习的主要途径

主持人：网友"北京糖火烧"又问：现在很多孩子都很喜欢看电视，对读书本身不感兴趣，但是电视学习又代替不了书本学习，请问如何培养孩子爱读书的习惯？

赵忠心：电视是很实用的大众传媒，传播的信息量很大，传播也快，及时。有人讲过，现在的孩子通过看电视，一个月所获得的信息量，大概相当于他爷爷那辈人一辈子获得的信息量。这不是夸大其词。但是，电视所传播的信息往往比较直观。用我的观点来讲就是比较"肤浅"。我们读书并不都是像看小人书那样很直观的东西，我们要系统掌握一些知识，光凭看电视是不能获得系统的知识、达到提高素质的目的。因为电视主要的功能是娱乐，其次有一些教育功能，不能把电视看成主要的教育手段。

电视对孩子的吸引力很大，孩子如果缺乏自制能力，看上瘾以后往往欲罢不能，弄不好会荒废学业。我们不能杜绝孩子看电视，但是也不能由着孩子的性子随便看，走两个极端都不好。对孩子看电视应该有所限制和要求，不仅要选择看电视的内容，也要限制一定时间，要分清主次。孩子上学以后，主业是学习，不能把看电视放在主要地位。另外，看电视获得的知识不能代替读书。不管现代化的传媒有多发展，都不能代替读书。传媒上有些东西是为了引起观众的兴趣，带有一定的炒作性质，因为它的主要功能不是教育，不是传授知识。有时候，电视也会传递一些错误信息或不大科学的知识。比如现在那些古装剧，好多都是"戏说"，用有趣的情节吸引观众，但不见得符合历史史实。好多人把看电视就当学历史，这是不行的，很可能被误导。因为好多是违背史实的。有些边远的地方，很闭塞，信息不发达，很多孩子就信以为真。所以，不能把看电视作为学习的主要途径，还得通过读书学习，因为书一般还是比较严肃的。

教育孩子家长人格很重要

主持人：网友"hancheng"问道：您认为影响一个儿童发展的重要因

素有哪些？您认为做家长应该怎样为儿童提供一个成长的环境？

赵忠心：我认为，从家庭教育来讲，对孩子的影响因素也是多种多样的。比如家庭的传统，家长的素质——包括政治素质、道德素质、文化素质、心理素质，家庭关系、家庭结构和规模，家长的教育观念、教育方法和手段等等。但是，影响孩子成长的最重要因素就是家长的人格。在这里，我不得不谈一谈《每天进步一点点》这本书，作者是吴章鸿。她的文化水平并不高，高中毕业，但是她的孩子现在乌克兰上本科，准备要到德国读钢琴硕士。我跟她谈过很多次，也看过她写的一些材料，她的儿子成长得很好。那么，吴章鸿靠的是什么？她一没有地位，二没有金钱，也没有过高的学历。她靠什么培养出这么一个很优秀、很有发展前途的孩子呢？主要是靠家长的人格因素，这在教育因素当中是最重要的一点，可以说是教育因素当中的精品。家长的人格不好，就不可能教育出人格好的孩子来。

古《三字经》中说："窦燕山，有义方，教五子，名具扬。"他把五个儿子都培养成了人才，有好几个当过宰相。他凭什么？窦燕山为人拾金不昧，住店时捡了钱袋子等了一整天归还失主；乡亲中因贫穷娶不起儿媳妇、聘不起闺女的，他慷慨解囊，无私资助；他家里办的私塾，免费招收交不起学费的穷苦家庭的儿童入学……他总做好事，不再做坏事。窦燕山生了五个儿子。

他具体怎么教育孩子，书上记载的并不多，只说家里规矩很严，秩序很好，男耕女织，各负其责，各得其所。在和睦的家庭生活当中，孩子就逐步成长起来了。我得出了这样一个结论：窦燕山之所以能把五个儿子培养成才，最要紧的就是他的人格起了作用。家长的人格是巨大的无形的教育力量，家庭教育中最重要的教育因素。窦燕山年轻时原来是个让人讨厌的人，后来他变成了一个人人都说好的好人，所以在五个孩子成长过程当中，窦燕山后来的人格起了决定性的作用。家庭教育当中，要想把孩子培养成什么样的人，家长自己首先就应当成为什么样的人。这是最为重要的。

对孩子教育主要是身心健康发展,为今后发展打基础

主持人:网友"蓝色人鱼"问道:请问对孩子的教育是越早越好,还是让孩子没有压力的情况下度过童年?"快乐"和"责任"哪个更重要?如果让孩子快乐,是不是意味着对孩子不负责任?

赵忠心:这还是对教育内涵的理解问题。当然教育越早越好,最好从零岁开始。但是我讲的教育跟有些家长理解的教育不太一样,一说到"教育",家长就觉得是读书、识字、背古诗、读外语等等,这些只是教育的一部分。教育要早抓,但不一定要学知识、技能。从孩子一出生就应该对他们教育。比如孩子生下来,母亲抱着,使孩子享受"肌肤之亲",父母逗孩子乐,让孩子看小动物,看有趣的图片,这是一种"情感教育",不要以为教育就是学什么具体的知识和本领。

俄国曾经有人请教过生理学家巴甫洛夫先生。有一天,一个妇人抱着自己的孩子去问他,应该什么时候开始对孩子进行教育?他问孩子多大了?那母亲说,我的孩子刚生下来三天。巴甫洛夫说,你已经晚了两天半了。巴甫洛夫讲的"教育"绝不是读书识字之类。家长一定不要把教育理解得太狭窄、太偏激。对孩子教育主要是身心健康发展,为以后的发展打一个基础,它是一个奠基工程。

对家长的忠告:培养孩子应注意四个原则

主持人:最后请您跟我们的网友讲一讲家庭教育中最应该注意哪些原则和准则,以及对家长有什么忠告?

赵忠心:第一,社会发展到今天,已经进入了一个"少子时代",就是孩子的数量越来越少。过去中国家庭的孩子很多,人们的观念就是"养儿防老"、"儿孙绕膝"、"多子多福",追求数量。现在,随着社会的发展,人们生活水平的提高,文化素质的提高,生育观念也随之发生了变化,人们逐步把追求孩子的"数量"转移到追求孩子的"质量"上。都希望孩子要少生,但是要提高质量。这是一个重大的变化,这也是一个可喜的变化。究竟我们怎么样培养孩子才能实现自己的愿望?我想,我们培养孩子首先应该有一个目的，作为家长来讲，培养孩子的目的是什么？我个人认为，我们的目的就是让孩子生活得比我们还要幸福。现在家长们考虑、设计得太过具体，让孩子们做什么，学什么，发展什么特长，上到哪一级学校，从事什么职业，这有点太盲目。因为现在社会生活和环境都很复杂，也就是说影响孩子成长和发展的变数越来越多，越来越难以预测和控制，不是说你想怎么样，将来就会怎么样。我们有一个大体的方向，就是让孩子幸福。什么才是幸福呢？我理解的幸福就是他既能够享受高度的物质文明，也能享受高度的精神文明，这样的人才是幸福的。

第二，具体怎么培养教育孩子，选择教育方式方法、选择教育内容，确定把孩子培养成什么样的人的时候，应当有所依据，不能说脑瓜一热或者根据家长自己的经历、主观看法来选择内容、方式方法和培养目标。要根据什么呢？根据社会需要。家长首先要树立这么一个思想："立足家庭，面向社会。立足现在，面向未来。"因为孩子将来能不能立足社会，有所作为，要看社会的需要，根据社会需要培养造就孩子；孩子将来是不是能成才，那是一二十年以后的事，不仅看到社会的现实，也要展望社会的未来，看社会怎么发展，要有预见，有远见，使孩子将来出去以后，别落伍，别被社会淘汰。所以，家长应该树立这么一个观念。

第三，家长培养孩子一定要从孩子的实际出发，尊重孩子的年龄特征，尊重孩子的个性特征，不能完全从家长的主观愿望来进行培养教育。就是我们常说的从实际出发，按照孩子的年龄特征、心理特征、个性特征对孩子循序渐进，因材施教，不要急功近利，不要急于求成，操之过急，要循序渐进，量力而行，使孩子按照自己的发展规律来发展。"欲速则不达"，拔苗助长，肯定适得其反。不要以为循序渐进就是慢了，循序渐进并不是消极的，而是积极的。不光是教育孩子，做任何事都要这样。充分认识和尊重孩子的个性特点，因人而异，因地制宜，扬长避短，发挥优势，而不是"扬短避长"，不要强制孩子做他们不乐意做的事，发展孩子不具备条件的特长。

第四，培养教育孩子不要单纯靠说教。中国的家长对说教比较擅长，我发现有的家长一说孩子，我说"你都超过老师了"。意思就是说教太多，

实践太少。要让孩子生动活泼主动地发展,要给他创造机会,让他去实践,让他去做事。我特别主张孩子向实践学习,在实践当中总结经验、总结教训,这样会发展得扎扎实实。这也是现代社会家庭教育开放性的一个特征,不是完全由家长来说教,而是把孩子推向社会、推向实践,以社会为课堂,以实践做依托,在实践当中学习,这也是家庭教育发展的一个趋势。

自制力十分重要,家长要学会锻炼孩子拒绝诱惑的能力

红叶路: 赵老师:我的孩子秋天上4年级,自制力非常差,宁可受批评也要在学习时开小差玩或看课外书,家长、老师都很头疼,该如何教育?谢谢!

赵忠心: 人的自制力,就是自我克制能力,就像汽车的刹车系统,只有动力系统没有制动系统,汽车就不能开到马路上去,开出去肯定要出事故。人也是这样,缺乏自制力,为所欲为是不行的。人的意志力表现在两个方面,决定达到某种目的,克服困难努力去做,这是一个方面;想做,但不允许做,不能做,须克制自己的欲望,也是一种毅力,这也是一种意志力。这种能力的培养不能只靠讲道理,还需要实际的训练。给孩子创造一些特定的情景,考验、锻炼孩子拒绝诱惑的能力。孩子如果表现出来成功拒绝诱惑,要及时予以肯定,让其体验成功的愉悦。反复这样训练,就会逐步强化自我克制能力。

家长必要的管理和限制也不能忽视。当今社会确实诱惑太多,需要具有很强的克制能力,比如上网聊天、游戏等等,很多孩子出事与这些有关,有的因为缺乏这种克制的能力而误入歧途。家长要采取有力措施,加强管理,不能放任自流。

新华网2004年8月16日直播
新华社记者李薇薇采访

14. 给家长的八条建议

当今社会，中国的家长，都指望自己的孩子成才。可绝大多数家长却缺乏教育孩子的科学知识，迫切希望得到家庭教育专家的指导。这就产生了一种社会需求。有需求就会有市场。"适应社会的需求"，一时间，五花八门的家庭教育"专家"就如"雨后春笋"般出现了。

这其中，确实有一批有良心、有社会责任感、有理论素养和丰富实践经验的家庭教育专业工作者和义务工作者，他们不为名不图利，利用多种形式，广泛开展家庭教育指导，为社会做无私的奉献。但是，也有一些"冒牌"的专家混杂其中。

有的从来没有接触过教育和心理科学的专业知识和理论，从来没有从事过任何的教育工作，从来没有从事过家庭教育理论研究，就类似那些"三无产品"；可一不留神，一些人就像歌星那样，"一夜成名"——自诩为"家庭教育专家"。有的只是因为自己的孩子上了某个名牌大学，便把自己培养教育孩子的做法，即个别教育孩子的经历，当成放之四海而皆准的普遍真理，到处推而广之，坦然接受"家庭教育理论家"的封号。极个别的人，就因为自己的一个孩子"上"了大学，甚至标榜自己发明了一种崭新的"教育理念"。这些人，经过经纪人一"忽悠"，经过文化商人一"包装"，便纷纷粉墨登场亮相，又是做报告，又是请"枪手"攒书出书，到处鼓吹、宣扬那些似是而非的所谓"家庭教育理论"，给那些求知若渴而又缺乏分辨能力的家长在思想上造成了极大的混乱。

那些冒牌的"专家"，有一个共同的特点，那就是：不是积极引导家长用正确的教育思想和科学的教育方法教育孩子，而是极力迎合某些家长不正常的心理，就像变戏法一样，你要什么，我就有什么。

比如，有的家长望子成龙心切，迫切希望孩子成为佼佼者，将来出人头地，为家长脸上增光添彩。于是，一夜之间，五花八门荒诞无稽的"神

童教育方案"便应运而生。有的招收刚刚几个月大的婴儿学大学的课程,有的招收几岁的儿童读MBA,等等。

有的家长心浮气躁,不肯动脑筋下工夫扎扎实实地培养教育孩子,而希望能有一种简单易行且效果神奇的教育"绝招",毫不费力便把孩子培养成为"出乎其类,拔乎其萃"的尖子生,轻而易举地考名牌大学。于是,一些离奇古怪的万应灵药便被开出了方子:只要家长天天把"你真棒"三个字挂在嘴边,你的孩子就会神奇般地"棒"了起来;只要家长天天挑着大拇指在孩子眼前晃来晃去,对孩子说"你能行!"孩子就会"无所不晓,无所不能","攻无不克,战无不胜,势如破竹,无坚不摧",等等,不一而足。

其实,这完全是把家庭教育简单化、庸俗化,是在误导家长,把家长对孩子的培养教育引向歧途。许多家长深受其害,孩子的教育也受到严重的损害。这不仅是在误导家长,也是在愚弄孩子,早已引起了孩子的反感。

家长必须明白,人是高等动物,人的大脑是非常复杂的。教育孩子,就是要增强孩子的体质,发展孩子的智力,转变孩子的思想,促使孩子整体素质的提升,这是一个十分复杂的过程。复杂的问题用简单的方法去解决,那是要出乱子的。孩子的身体发育、智力的发展和思想的转变是有规律的,对孩子的培养教育也是应该遵循教育规律的,企图用"绝招"培养教育孩子,会留下许多的后患。我们必须明白,每个家庭都是特殊的,每个孩子也都是特殊的,对每个孩子的培养教育也应该是特殊的。任何成功的教育经验都是有价值的,但也都是有局限性的,因为经验终究还不是规律;任何成功的家庭教育个案都有其一定的偶然性,不可生搬硬套。承担着未成年孩子教育任务的家长们,必须有做艰苦努力的思想准备,要动脑筋,多思考,老老实实地下工夫培养自己的孩子,不要指望有什么"捷径"可走。

当今社会进入了一个崭新的历史阶段。随着社会的发展,政治、经济、文化的变革,我们的家庭教育面临着许多前所未有的新情况、新问题。要使我们的家庭教育顺利进行,促使孩子的身心健康发展,我们必须思考如何应对这些新情况和新问题。为此，我向家长们提出以下八个建议，仅供参考。

建议一：首先要有一个平和的心态

所谓"心态"，就是面对客观事物和周围的环境所表现出的心理状态。心态很重要，在一定条件下甚至起决定作用。

当今社会，人们普遍心浮气躁，正在承担着未成年子女的培养教育任务的家长，生活在当今社会，也不例外。市场经济社会的竞争给家长心理上造成了很大的压力，使家长们切身体验到当今社会竞争的激烈，亲身感受到人们的生存难度在加大。

家长们都希望自己的孩子将来有一个满意的职业，有个好的出路，这本来未可厚非。但许多家长往往把社会的竞争压力人为地扩大化，在培养教育孩子的过程中，存在着严重的急功近利的思想情绪，对孩子要求过高，急于求成，操之过急，施加的压力过大，教育方式方法过于简单，甚至粗暴。这很不利于孩子的健康成长，甚至会事与愿违，以致导出严重的家庭暴力和悲剧。比如，前些年发生的青海夏斐的母亲杀子和浙江金华徐力弑母的家庭悲剧等。

家长要清楚，孩子的成长发展是有自身的规律的，要想使孩子健康成长发展，必须遵循孩子身心发展的规律，尊重孩子的年龄特征和个性特征，实施科学的适合的教育。欲速则不达。任何违背规律的行为都是要受到惩罚的。急于求成，"拔苗助长"，"杀鸡取卵"，操之过急，都是要付出代价的。

家长当然要学习一些教育孩子的科学知识，掌握教育心理和孩子身心发展的规律。但首要的是先要有一个平和的心态。要积极地培养教育孩子，坚持从实际出发，因材施教，量力而行，循序渐进，不要任意违背教育发展和孩子成长的客观规律。

建议二：要构建和谐家庭

家庭是孩子生活和成长的第一环境，是孩子成长的基石。家庭成员之

间的关系是否和谐,直接影响孩子身心的发展。常言:家和万事兴。事实充分表明,和谐的家庭对于孩子身心发展产生积极影响,不和谐的家庭则产生消极影响。有的走上违法犯罪道路的青少年,一般都是出在不和谐的家庭。为了孩子的健康成长,首先要创造一个和谐的家庭生活环境。

要构建和谐的家庭,一般说来,必须处理好以下几个关系:

一是夫妻关系。夫妻关系是家庭中最重要的人际关系,是家庭和谐与否的决定性因素。一般说来,夫妻之间没有根本利害的冲突,即或是有,只要顾全家庭的大局,善于处理和解决,最终是可以化解的。夫妻关系和睦,家庭生活和谐,子女无忧无虑,心情舒畅,就会感到幸福、安全,就能健康成长。做父母的一定要从培养教育子女这个"大局"出发,共同努力,营造有利于子女健康成长的和谐家庭。

二是婆媳关系。在城市家庭里,婆媳关系一般问题不太突出。在农村,婆媳关系不协调的现象相当普遍,且由来已久。婆媳关系是家庭中的重要的"代际关系",在家庭生活中也具有全局意义,直接影响家庭生活的质量和青少年的健康成长。要处理好婆媳关系,关键在于媳妇。做媳妇的一般要比婆婆受教育多,文化程度高,要严于律己,发扬尊老的传统,尊重、爱戴、孝敬婆母,多与婆母进行思想沟通,遇事要多宽容、忍让,努力取得婆母的理解和信任;婆母也要尊重媳妇,放下架子,放手让媳妇挑起家庭生活和生产的重担,不要干预儿子和儿媳的私生活,努力做好后勤保障工作,帮助媳妇带好孩子。

三是父母子女关系。家庭教育是通过父母与子女之间的"互动",使子女接受父母的教育。如果父母与子女之间的关系不协调,正确的教育就难以顺利实施,子女会拒绝接受,父母的教育会劳而无功。如果子女与父母之间相互对立,互不相容,父母的管教会受到抵触,或孩子会离家出走,甚至会导致家庭暴力。因此,要顺利地对子女实施教育,父母与子女要保持思想的沟通,相互理解和尊重,努力建立和谐的父母子女关系。建立和谐的父母子女关系,父母肩负着主要的责任。

建议三：要建立新型的父母子女关系

家庭教育是在父母子女之间进行的一种教育。父母和子女是一种什么样的关系，这本身就是一种教育。中国过去盛行封建家长制，且影响深远。那时候，家长是"一家之主，尊中至极"，权力极大，享有特权。这种特权且极其广泛，一人统摄全家财政大权，而家长以外的其他成员没有任何的权利，完全处于无权地位。特别是子女，不但没有政治、经济权利，甚至连独立人格都没有，处于家长的附属和被支配的地位。父母的意志，即是子女的意志，父母的话对子女来说就是法律，必须无条件地服从，不许违抗。在这种关系下，只能扼杀子女的个性，使子女没有独立人格，形成自卑畏缩、唯唯诺诺、逆来顺受、屈从于强权的奴隶性格。

现在，我国虽然从制度上早已废除了封建家长制，但意识形态有相对的独立性，封建家长制的思想意识至今仍然在许多人的头脑里残存，家长和子女事实上是不平等的，家长和子女之间仍然没有什么民主可言。家长可以说的话，子女不能说；家长可以做的事，子女不能做；子女的事，一切都要家长做主，子女自己却不能做主；家里的事，仍旧是家长独断专行，一个人说了算，子女没有发言权。家长不尊重子女的人格和个性，强迫子女完全按照家长的意志行事，以至打骂、体罚子女等现象仍然存在。

随着社会政治生活的民主化和市场经济社会的发展，需要新一代人具有民主、平等、自主、自立、自强的意识；在现代社会生活的影响下，儿童青少年也在追求这些现代意识，追求自身价值的实现和个性的充分发展。这是一股不可逆转的历史潮流。如果家长不主动调整父母子女关系，建立新型的民主平等的父母子女关系，势必会造成父母子女关系的紧张，家长也会失去教育子女的主动权。因此，必须建立以民主、平等为主要特征的新型的父母子女关系。

建议四：要更新评价孩子的标准

家长如何评价孩子，用什么标准来衡量孩子，这实际上是家庭教育的培养目标。培养目标是一个"指挥棒"，不但决定着家庭教育的方向，也决定着子女的发展方向。在中国家长的思想上，长期以来，评价孩子好不好的首要标准是"听不听话"："听话"，就是好孩子；"不听话"，则不是好孩子。

从表面上看，这是强调子女对家长的态度，实质上是要求子女养成"顺从"的性格。在家里，要听从父母长辈的话，在学校里要听老师的话，在工作单位要听领导的话，在社会上要听大家的话。像这样要求子女时时、处处、事事都听别人的，按照别人的意志行事，而不主张子女有自己的独立见解，遇事不进行独立思考，遇到问题不能独立分析、处理和解决，不能自主。唯命是从，唯唯诺诺，像这样的人一旦离开家庭、父母，怎么能够立足于社会呢？更不用说在事业上有什么作为。对于这种评价子女的标准，鲁迅先生早在几十年前就曾进行过批评。在《从孩子的照相说起》一文中，他指出："驯良之类并不是恶德。但发展开去，对一切事无不驯良，却决不是美德，也许简直倒是没出息。"

在过去以自给自足的小农经济为基础的社会里，缺乏独立意识和能力，尚可以适应当时的社会生活。因为小时候成长的环境和长大以后劳动的环境，都是在家庭里，在父母身边。在今天的社会化大生产条件下，劳动场所早已经转移到家庭以外，缺乏独立意识和能力，就很难适应。特别是在市场经济社会，新的生产方式和社会生活对人们提出了许多新的要求，要是再一味地强调子女"听话"、"顺从"，独立能力和生存能力一定很差，将来到社会上会寸步难行，很难立足社会。因此，必须根据社会发展的需要，更新旧的评价子女的标准，要求并努力培养子女具有独立意识和独立能力。

建议五：要充分利用社会生活教育孩子

教育子女是由家长负责。这既是家长的权利，也是家长的义务。对子女进行教育的内容、途径、方法和培养目标，是由家长决定。一般的父母，都是希望子女只听从家长自己的教育，接受家长自己的影响，按照家长自己的意志行事，朝着家长自己所期望的方向发展。面对复杂纷纭的社会生活和不可控制的社会环境，许多父母生怕现实社会生活中消极的因素影响孩子，干扰自己对孩子的教育工作，误导孩子发展的方向。企图隔绝孩子与社会的联系，完全利用个人或家庭的影响。这种想法是典型的封闭家庭教育意识。在古代，交通、通讯和信息不发达的封闭社会里，这种想法尚可以实现。在今天这高度开放了的社会里，这种企图只是一种幻想，不可能实现。即便是把孩子关在家里，只能关得住孩子的"身"，关不住孩子的"心"。

在当今社会，子女长大总要离开家庭，进入社会生活。我们的家庭教育是否成功，培养出来的人是好是不好，并不完全是以家长的好恶来评定，而是要经受社会生活的考验和选择。"物竞天择"、"优胜劣汰"、"适者生存"，任何人都要由社会生活检验并决定弃取。"闭门造车"，出门很难合辙。把子女关在家门内，完全按照家长的主观意识进行塑造，很难具备良好的社会适应性。

家庭是青少年儿童进入社会生活之前的"演习场"，家庭教育是孩子实现社会化的必经之路。要造就一代新人，家长必须解放思想，变封闭的家庭教育为开放的家庭教育，打开家庭的大门，放手让子女通过各种途径接触社会生活。以社会为"课堂"，以社会生活为"教材"，向社会生活学习，在社会生活中经受磨炼、增长才干，努力提高社会适应能力。

建议六：要让孩子在实践中主动接受教育

家长管理教育子女，天经地义；子女接受家长的管理教育，理所应当。但是，受到"父为子纲"传统思想观念影响的家长，往往对子女管束过严，对子女完全是注入式的教育。子女的言行举止完全由家长控制、支配，子女自己不能支配自己的言行和掌握自己的命运，没有一点自主权。整个教育过程中，子女完全处于被动状态，家长说什么，子女就听什么；让做什么，就做什么。不是家长说的，就不能听；家长没让做什么，就不能做。就连孩子自己生活上的事，全都由父母包办代替，让孩子过着"饭来张口，衣来伸手"的寄生虫式的生活。这样管教，就会把子女造就成为四体不勤的"书呆子"，没头没脑的"木头人"。不仅缺乏最基本的动手能力、劳动能力、生存能力，也会缺乏个性、自觉性、主动性和创造性，思

想封闭，头脑僵化，进入社会生活，会缩手缩脚，裹足不前。

为了提高子女适应社会生活的能力，家长应该进一步解放思想，给子女以独立自主的权利，让子女自己支配自己的言行，积极创造条件，放手让他们在实践中经受锻炼，主动接受教育。实践中会有成功失败，有经验和教训。成功的经验固然可贵，失败的教训仍然也是宝贵财富。"吃一堑，长一智"，"失败是成功之母"，都是从这个意义上说的。变被动接受教育为主动接受教育，其教育作用会深刻得多。

建议七：要全面关心孩子，促使孩子德智体美全面发展

当前，家长们很关心、重视孩子的家庭教育，这是好现象。但是，不少家庭教育带有很大的盲目性，突出的表现是：只进行"一半的教育"。

所谓"一半的教育"，就是不全面的教育，具体表现是：只重视智育，忽视德育；只重视知识学习，忽视能力培养；只重视书本知识学习，忽视生活常识的学习；只重视智力因素培养，忽视非智力因素培养；只重视特长发展，忽视全面发展；只重视知识灌输，忽视自学能力培养；只重视生理保健，忽视心理保健；只重视营养保证，忽视身体锻炼；等等。

孩子的身心素质是一个有机的整体，各有关部分是相互联系、相互影响、相互制约、相互促进的，不能人为地割裂开来。只有身心素质各个组成部分协调发展，整个素质才能持续发展。"一半的教育"就是畸形的教育，不可能促使孩子的身心协调发展，不会有发展的"后劲"。

家庭教育是儿童一生身心发展的奠基工程，是整个教育过程的起始。孩子在小时候，他们"心之未有所主"，有很强的可塑性；他们对外界的刺激具有很强的感受能力，对教育和训练的接受能力也相当强。无论是进行什么样的教育和训练，都会给他们的身心发展带来巨大的影响，留下非常深刻的烙印。正如古人所说："少成若天性，习惯如自然。"早期教育的方向是正确的，会有益于孩子终生的发展。在早期教育的方向上出现小的偏差，就会使孩子以后的发展出现巨大的偏向。正所谓"失之毫厘，谬以千里"。也会像英国教育家洛克所说的那样："我们幼小时所得的印象，哪怕是极微小，小到几乎觉察不出，都有极大极长久的影响。正如江河的源泉一样，水性很柔，一点点人力便可以把它导入歧途，使河流的方向根本改变，从根源上这么引导一下，河流就有不同的趋向，最后流到十分遥远的地方去了。"

对孩子进行早期教育，应当慎之又慎，千万不能盲目，不能搞片面性，不能以偏概全。一定要"全面抓"，"抓全面"，不能有任何的偏颇。

建议八：家长要接受子女的教育

传统的观念认为，家庭教育就是父母对子女的教育。应当承认，这是家庭里的主要教育活动，或者说是"家庭教育"的主要内容。但这并不是家庭教育的全部内容，这指的是狭义的家庭教育。广义的家庭教育，应当是家庭成员之间的相互教育。不论是父母还是子女，年长者还是年幼者，长辈人还是晚辈人，一个家庭里的所有成员，既都是教育者，也都是受教育者。这才是家庭教育的全部含义。

在日常的家庭生活中，事实上是存在子女教育父母、年幼者教育年长者、晚辈人教育长辈人这种事实的。比如，子女向父母提出批评建议，父母接受了，这是教育活动；父母不接受，那也不能否认这是子女在教育父母。子女向父母宣传新的教育思想、观念，介绍新事物，这也是教育活动。比如现在，很多中老年人的电脑知识不都是孩子们教的吗？教育者和受教育者的身份，教育者和受教育者的关系，不是取决于年龄和辈分，而应该是由实施影响和接受影响两方面构成。主动实施影响的便是教育者，被影响的便是受教育者。

其实，在我国古代就有子女教育父母的事实。《孝经》中说："父有争子，则深不陷于不义。"《孔子家语》中说："父有争子，不陷无礼。"这里说的"争子"，即是能规劝父母的儿子。"规劝"就是施加影响，就是进行教育；父母被规劝，就是受影响，就是受教育。不论父母是否接受，这都是教育活动。只是由于在我国古代社会实行的是封建家长制，家庭里尊卑长幼、上下贵贱的等级观念太强烈了，子女的规劝即或是正确的，父母也不会接受；即或是接受了，也不承认这是教育活动。

在我国古代社会，由于人们之间所传递的主要是直接经验，是亲自从

实践获得的经验，因此，那时候父母教育子女，年长者教育年幼者，长辈人教育晚辈人，是主要的家庭教育行为。因为父母、年长者、长辈人，跟子女、年幼者、晚辈人相比，无论是在年龄上还是在经历上，都占有优势，实践也丰富得多，直接经验自然掌握得也多。再加上"长幼有序"、"父为子纲"的伦理纲常的支持，因此，在古代，家庭教育中的教育者必然主要是父母、年长者和长辈人，而受教育者也必然主要是子女、年幼者和晚辈人。

而在当今社会，科学、技术、文化、知识的丰富发展，人与人之间相互传递的不仅有直接经验，也有间接经验，而且随着时间的推移，间接经验的比重越来越大。所谓"间接经验"是指别人在实践中获得的经验，一般是通过媒介保存下来，传递出去。比如，文字、书本，在过去是主要的传播媒介。掌握书本知识早的、多的，即掌握间接经验早的、多的，不见得是在年龄、经历和辈分上占优势的人。子女、年幼者或晚辈人，由于他们受教育程度和文化水平高，思想开放、灵活、敏锐，接受新事物、新思想、新观念较快，往往比他们的父母、年长者和长辈人占有书本知识，即间接经验更早一些、更多一些，所以说，在家庭生活中，子女教育父母、年幼者教育年长者、晚辈人教育长辈人的现象，会越来越多，越来越普遍。

父母接受子女教育，年长者接受年幼者教育，长辈人接受晚辈人教育，有诸多的好处：一是可以提高家长的素质；二是可以提高家长的威信；三是可以协调家长和子女的关系；四是可以增强子女的自尊心，促使子女更加严格要求自己，谨慎自己的言行，在教育家长的过程中进行自我教育。当然，要接受子女的教育，需要家长更新观念，增强民主、平等意识，放下家长的架子。

《教育》双周刊 2006 年第 8 期
本刊记者王云建采访

15. 家庭教育讲科学，不讲"神话"

您相信社会上的那些家教神话吗？

早期教育中，您会刻意培养、训练孩子某一方面的技能吗？

您会相信"教育决定论"、"环境决定论"吗？

您会把孩子的培养寄托于某个培训机构吗？

您会寻找、相信家教绝招吗？

您是更愿学习家教知识，还是更愿学习家教个案？

您觉得教育是件简单、容易的事，还是件复杂、艰难的事？

您会静下心来，致力于孩子的长远发展吗？

赵忠心老师是科班出身的家庭教育研究专家，几十年来一直致力于家庭教育理论研究和知识传播，在社会上具有广泛的影响和号召力。这些年，家庭教育市场很火，也很乱，对于家庭教育和形形色色的家庭教育现象，赵老师是怎么认识、理解的？请看这篇对他的访谈——

成人成才是由多个因素决定的

记者：赵老师，您是专门研究人才教育、培养的专家，您能给我们讲讲影响一个人成人成才的决定因素有哪些吗？

赵忠心：一个人的成人成才是由多个因素决定的：一是遗传因素，二是生活环境，三是教育，四是个人努力。这几个因素是互相影响、互相促进、互相制约，缺一不可的。具体来说：

第一，遗传因素。人从父母那里继承下来的生理、心理机制，对人的成长发展很重要，甚至起着决定性的作用。比如，你想成为一个画家就不能是色盲，如果你的先天遗传是色盲，你就很难成为一个画家。如果你的嗓音发声不好，你就很难成为一个歌唱家。遗传在一定程度上影响一个人的发展方向、发展水平。国家提倡优生，号召父母给孩子提供好的遗传，

包括婚前检查、不要近亲结婚等,就是考虑遗传对孩子的影响。

第二,生活环境。孩子生下来首先投入的是家庭的怀抱;家庭是孩子最初的也是最长久的生活环境。家庭对孩子的影响是很深刻的。孩子长期生活在家庭里,每个孩子都会打上家庭的烙印。学校里边的孩子,同在一个班级里,接受统一的教育和训练,但孩子们表现出来的性格、个性、习惯、能力却是差别很大。这里有遗传的原因,也有家庭生活环境的原因。

第三,教育。教育包括家庭教育、学校教育和社会教育。我想,这里主要指的是学校教育。学校是专门的教育机构,给孩子们提供了良好的学习条件和学习环境,由受过专门训练、具有专业知识和能力的专职教育工作者系统地给孩子们传授科学知识,传递主流的价值观念、价值取向,这对孩子们的影响是很大的。

第四,个人努力。个人努力是影响一个人最终成人成才的重要条件。如果一个人的遗传、生活环境、所受的教育都很好,但他不努力,同样不能成为一个优秀的人才。教育再好也是外因,外因很重要,但起决定作用的还是内因。学校教育、家庭教育、社会教育最重要的功能不是向孩子传授知识,最重要的是调动孩子的主观能动性。然而,有一部分家长,以为家庭教育就是给孩子传授一些知识,什么学外语,背唐诗,学算术……这些东西可以教,但教的根本目的不是传授知识,而是调动孩子的学习积极性、学习兴趣。如果一个孩子的知识学了不少,但是,学习很被动,没有人给他传授知识他就不学,这样的教育就是一种失败的教育。家庭教育的任务就是充分利用自身的一切条件来激发孩子求知的欲望,对学习的兴趣,尽量调动和发挥孩子的主观能动性。孩子有了主观能动性,知道勤奋、努力了,就有了成人成才的内在保证。

学校、家庭、社会是"综合加工厂"

记者:孩子的成人成才离不开教育,而教育又包括家庭、学校、社会三方面的教育。孩子为什么要受三方面的教育?缺一两方面的教育行不行?

赵忠心:孩子的成人成才是一个漫长的过程,需要接受方方面面的教育。归纳起来，就是要受好的家庭教育、学校教育和社会教育。三方面的教育缺一不可。对于儿童、青少年来说，这三方面的教育就像一个"综合加工厂"，缺少了哪道工序、哪个环节、哪个层面的锻造都不能成为具有完美人格的人。

有的家长特别强调家庭教育。家庭教育固然很重要，但家庭教育不是唯一的教育。有个别家长觉得学校教育存在的问题很多，就想把孩子放在家里，不让孩子上学。有的家长觉得自己缺乏教育孩子的能力，就把孩子送到学校，一切交给老师，自己不管了。还有的家长，孩子不想上学就算了，不上就不上，早进入社会早挣钱。这几种做法都是不妥当的。

如果一个人只接受家庭教育，即使家长很有文化，但家长也不可能样样精通。现代社会需要人们具有多方面的知识，多方面的素养，家长的学识、能力终究是有限的，不可能满足社会对孩子多方面的要求。应该让孩子进入学校，接受系统的学校教育。

但学校教育也不能包打天下。学校可以系统、集中地给孩子传授知识、技能，传递主流价值观、价值取向。但全靠学校教育也不行。孩子适应社会的能力、做事的能力、交往的能力、动手的能力等，还得靠家长的培养、教育和训练，靠参与社会实践锻炼。

过早让孩子进入社会，对孩子的成长也是不利的。有的家长眼光短浅，很早就让孩子挣钱了。孩子挣钱早，接受学校的系统教育少，知识和能力储备少，将来的发展会受很大的限制。孩子早早地向实践学习，在实践中学习，可以获得知识和能力，这只能培养一些匠人，比如木匠、铁匠、泥瓦匠、种庄稼的能手等，要想孩子将来有长足的发展是不太可能的。为使孩子有广阔的发展前途，必须让孩子进入学校接受现代的系统的教育。

家庭教育、学校教育和社会教育，这三方面的教育各有各的优势，但并不都是完美无缺的，也各有各的弱点。只有三者互相配合，才能扬长避短，优势互补，对儿童、青少年进行多方面的培养、塑造，才能把孩子培养成人成才。

早期教育首要的是促使孩子身心健康发展

记者： 什么样的早期教育才是科学合理的呢？

赵忠心： 现代家长都很重视早期教育，但并不是任何早期教育对孩子的成长发育都是有益的。科学的早期教育是有益的，不科学的早期教育是有害的。

在早期教育中有一种倾向，就是随意进行超前教育。于是，就出现了任意超越儿童年龄阶段的超前教育和超前智力开发，在孩子出生不久就教孩子认字、算术，让四五岁的孩子学小学的算术、语文，有人甚至主张把小学要解决的问题提前到 3 岁。

儿童的成长是以生理和心理发展为基础，是以此来支撑的，同时也是受生理和心理成熟机制制约的。人为地任意提前训练，效果不见得好，还会给儿童在生理和心理上造成负担，影响儿童对学习的兴趣，从而产生逆反心理，甚至伤害孩子。

我们应当明白，人的各方面素质不是孤立的，是互相联系、互相影响、互相制约、互相促进、相辅相成的。如果在早期教育中只注重智力开发，只进行这种"一半的教育"，搞"单打一"、"攻其一点，不及其余"。而且，强迫孩子去学习超越他们年龄阶段的东西，那么，这种片面的教育和训练，必然破坏儿童和谐发展的正常进行。儿童作为一个完整的人，面临着各种各样的发展课题，人为地加速或强化某个方面的发展进程，只能是以牺牲、丧失其他方面的发展为代价。忽视儿童全面素质的培养，一味进行超前智力开发，就会导致"掠夺性"的智力开发。中国有句成语叫"杀鸡取卵"，比喻只贪图眼前微小的好处而不顾甚至损害长远利益。现实生活中，为了要早一点得到鸡蛋，不惜把鸡给杀了，这种蠢事，人们一般不会去做。但是，在孩子的教育上，却有不少这种急功近利的现象。所以，父母有责任有义务创造条件促使孩子身心发展，也有责任有义务呵护孩子的童心、童趣，保留他们"固有的东西"，这就需要遵循孩子成长的自然规律，让孩子在自由自在的玩耍中成长，在无忧无虑的生活中获得发展。坚持科学发展观，才能培养造就出和谐发展的人。

学前孩子应该择四个方面的知识和能力

记者：学前教育，孩子应该学什么，掌握哪些方面的知识和能力呢？

赵忠心：学前教育，孩子主要应该掌握四个方面的知识和能力。首先是掌握本土语言，主要是口头语言，学会与人交流、交际、交往和沟通。家长应该与孩子多交谈，采取"走出去，请进来"的方式让孩子多接触社会，为孩子创造说话的机会，让他们在实践中学习和锻炼用语言来表达自己的思想、情感。

其次是根据孩子的年龄特征培养其基本的生活、生存等方面的能力。3岁以前的孩子主要是培养其行为思维，学什么做什么，如吃喝、坐卧、行走等，注重活动实践能力。3—6岁的孩子侧重于培养形象思维，让孩子识别一些实物，认识实物的名目和功能，为以后的发展打下坚实的基础。

再次是学习一些生活规则或称为规矩，如礼貌、礼让、团结、分享、合作、勇敢、坚强、诚实、守信、尊重他人、公私分明等良好的行为习惯和准则。只有这样，才有利于将来进入社会，为社会群体所接纳。

最后就是为上学做准备。应该让孩子多接触社会与大自然，以掌握更多的感性知识，如带孩子去郊游、逛公园等。理性知识必须以感性知识为基础，掌握的感性知识越多、越丰富，就能更好地理解和掌握所学的理性知识。书本上的知识毕竟是他人总结的间接经验，是有限的，而大量的丰富的知识还是存在于社会生活和大自然的。

记者：教育孩子为什么不能"攻其一点，不及其余"？

赵忠心：关于这个问题，确实值得探讨。如今的家庭教育的一个突出问题就是"攻其一点，不及其余"。家长只培养孩子某一方面的技能，只传授某一方面的知识，置其他方面于不管、不顾。这种做法，在短时间内，可能会有立竿见影的效果。但从孩子的长远发展来说，这对他们是很不利的。

人的素质要素、能力是多方面的，人的成长、发展是整体素质的成长、发展。要使孩子身心健康发展，就要使孩子各个方面的素质要素和能力同时发展。因为人的各个素质要素、能力之间是有内在联系的，是一个

有机的整体。只抓某一方面的发展,势必造成畸形发展。畸形发展可能在某一方面发展得很快,但不会发展得很远,也不会发展到很高的水平。接受这种特殊培养、训练的孩子,可能会在某一方面发展得很快很突出,但是,发展到一定时候就会露马脚:不是心理素质差,就是身体素质差;不是发展后劲不足,犹如强弩之末,就是发展前景有限。

家长应把眼光放长远一点,对孩子进行全面培养、教育和训练。短期内,全面发展也许见不到什么明显的成绩、效果,但发展到一定时候,孩子的优势就会慢慢凸显出来,越往后走,孩子的素质会越好,能力会越强,发展前景会更宽广。只抓某一方面的发展,可能起到立竿见影的效果,可能成为某一方面的匠人、能人,但不可能成为对社会贡献很大的栋梁。

神童与其说是培养的,不如说是被发现的

记者:前些年,社会上广泛流传人造神童的神话。这些年,人们还是相信超常训练、超常教育给孩子制造的神话。为什么家教神话会在社会上广泛存在?

赵忠心:这些年,社会上一直有人在鼓吹神童、宣扬奇迹,几岁上中学,几岁上大学,经常会听到有人在制造这方面的奇迹。20世纪比较有影响的是"0岁方案"。最近几年又出现了"日出计划"。"0岁方案"就是"0岁识字,3岁扫盲"。"日出计划"就是1岁的时候可以学大学的课程,10岁可以上大学。之所以出现这类"方案"、"计划",一定是适应社会的某种需求。社会有需求,市场就会有供给。这种现象出现的背景,就是家长存有急功近利的思想。

家长希望孩子早成才,早占有竞争优势。

家长为什么会有这样的想法呢?从家长的心理来分析,当今社会是市场经济社会,时时处处都有竞争,竞争还很激烈、很残酷。前些年出现了较大范围的国营企事业单位的职工下岗,这给习惯了端"铁饭碗"、吃"大锅饭"的中国人,上了生动而实在的一课,感觉很不适应。这几年,就业难度加大,本科毕业生、研究生就业都不容易。这种情况,给家长心理形成了很大的压力：市场经济就是优胜劣汰，物竞天择，适者生存。于是，家长们都想把孩子培养成出类拔萃的人，使孩子具有市场竞争力。但是，忙于生计的家长都有自己的工作，没有时间，也没有精力天天过问孩子的事。他们希望有那么一种人才培养机构，不用花费多少气力，就能轻而易举地把孩子培养成出类拔萃的人。这是许多家长的一种理想，实际也是一种幻想。这种幻想给某些缺乏社会责任感、利欲熏心的人做了一个提示，那就是社会需要这种东西。于是，社会上就有了五花八门的神童方案、神童计划这些东西。他们到处鼓吹，大肆渲染，吹嘘到我这儿来，我能把你的孩子培养成神童，使你的孩子迅速提高多少多少分，在班级里提高多少多少名次。给人的印象就是，这些培训班，这些"工程"、"计划"、"方案"就是制造神童的工厂，就是神童的批发站。其实，这都是骗人的，违背教育规律，违背人才成长发展规律。

记者： 这些神童"工程"、"计划"、"方案"为什么说是骗人的呢？

赵忠心： 神童是存在的。所谓"神童"，在中国也叫"奇童"，国外则叫"天才儿童"，是指那些特别聪明的孩子，他们的发展水平远远超越了一般孩子的发展水平。但是，他们是极少数，极个别的，是凤毛麟角。神童与其说是培养的，不如说是被发现的。

我不认同神童是培养出来的。我关注神童问题多年，出版过一套书，名叫"中国神童"，由中国法制出版社出版。我介绍了中国古代300多个神童。这些神童在家里都不是独生子女，都是有兄弟姐妹的。但是，家庭里的神童只有一个，同一个家庭里的其他孩子不是神童。如果神童是能培养的话，父母为什么不"捎带手儿"把所有的孩子都培养成神童？不是不为也，而是不能也。

神童不是培养出来的，神童之所以这么神奇，是另有原因的。过去流传甚广的德国乡村教师的儿子小威特，被世界公认是神童，但小威特也不是独生子女，他也有兄弟姐妹。如果神童是培养的话，他爸爸为什么不把其他的孩子也培养成神童？家里只有这么一个神童，说明这孩子一定有他特殊的生理、心理机制。

社会上叫喊的神童培养"方案"、"工程"都是骗人的。这些神童方案的制造者，我想问问他们：你们自己的孩子是神童吗？你为什么不先把自己的孩子培养成为神童呢？你们自己的孩子都不是神童，你们怎么能把别人的孩子培养成神童？这个问题是很容易就能认清的。但是，有些家长有这么一个想法："万一真的有效呢！"许多家长是花百分之百的钱去买那"万一的可能性"。这反映了家长的心态很不好：宁肯相信神话，不肯相信科学。他们指望哪个培训班能把自己的孩子培养成神童，这是很可笑的。全世界的研究儿童成长的科学家，至今得出的一个共同的结论是："早慧儿童（就是神童）至今仍旧是一个谜"。全世界的专家都没有破解的谜，我们国家却出现了好多制造神童的"专家"，这不明摆着都是卖假药的江湖骗子吗？！

记者：为防止家教神话继续坑人、骗人，家长应树立怎样的家教观呢？

赵忠心：我希望所有做父母的都要树立科学的教育理念，既要重视环境和教育的作用，创造有利于孩子成长的环境，充分发挥家庭教育的主观能动性；又不要相信"教育万能论"和"环境决定论"，无限夸大教育和环境的作用，从而完全否定遗传素质的作用。特别希望那些在"神童教育论者"的鼓动下，还在做着"神童梦"的家长，要克服浮躁心理和不切实际的幻想，破除对"神童教育"的迷信，赶快从梦中醒来。要把自己的孩子当成普通孩子，扎扎实实、一步一个脚印地培养、教育、训练。不要在急功近利的思想驱使下，硬是"赶着鸭子上架"、拔苗助长，在无意中做一些伤害孩子的蠢事。在全面培养和发展的基础上，让孩子掌握好各种基础知识和基础能力，练好基本功，尽量把基础"打宽"、"加厚"。这样培养出来的孩子虽然不能被人们冠以"神童"的美名，但会有很强的自我发展"后劲"，将来成功和成才的可能性会更大一些。

教育这个复杂的问题一定得用复杂的方法来解决

记者：当今家长都想寻求一些教育孩子的绝招，而您却非常反感绝招，教育孩子为什么不能靠绝招呢？

赵忠心：由于当今社会竞争的压力太大，家长没有那么多的时间和精力精心培养教育自己的孩子。于是，不少人希望能有一两种培养教育孩子的"绝招"，简单易行，不用动脑筋，不用花费多少气力，就可以把子女培育造就成为出类拔萃的人。

什么是绝招呢？从这个概念来说，就是"一般人想不到的一用就灵的技巧、方法"。家庭教育是没有绝招的，谁能发现一般人都想不到的一用就灵的绝招？那是不可能的。当然，在个别时候，面对特殊的孩子，也可能会有一些比较特殊的方法。这些比较特殊的方法，对某些孩子可能会有效。但对特殊孩子有效的，不等于对所有的孩子都有效。

比如，前几年在社会上风行的"赏识教育"，就被誉为家教绝招，大肆兜售。所谓"赏识教育"就是一味地向孩子竖大拇指，说"你真行"，"你真棒"，"你真了不起"，"你是世界上最好的孩子"，认为批评是否定孩子，是孩子的"杀手"。你这么一竖大拇指，孩子就能成人成才了。世上真有这么简单、神奇的事吗？如果真有，那就不会有什么家教难题了。可现实的情况是，我们家长每天都在面临家教的难题，教育总有解决不完的问题。

鼓吹"赏识教育"的人，根本就不懂得什么叫"赏识"。所谓"赏识"，就是认识到别人的才能或作品的价值而予以重视或赞扬。他们不管孩子实际表现如何，只是一味地夸大地吹捧，没有长进和优点也要夸张地赞赏，这完全背离了"赏识"的本意。

所谓的"赏识教育"，对于某些孩子可以用这种方法，比如，对一些弱智的孩子，可以用夸大了的表扬来激励这些孩子。弱智孩子，他很自卑，你想让他自信，就得可劲地鼓励他，夸大其词地表扬他。而这些弱智群体，他们往往缺乏自我评价的能力，你怎么夸他，他都不会觉得是假的。如果对正常的孩子，你也这么无限夸大地表扬他，这会引起他的反感。因为他知道，他没有你说的那么好，他能客观地进行自我评价，你的表扬是不客观、不切实际的。

所谓的"赏识教育"并不适合所有的孩子，特别不适合那些长大了的正常的孩子。幼儿园的孩子，做了一件好事，你使劲夸他，说他是"小宝贝"，"小天使"，"小劳动模范"，他会很高兴。因为你表扬他了，他还缺

乏自我评价的能力。如果一个中学生也做了同样一件好事，你也像夸小孩子一样来夸张地夸他的话，孩子会觉得你是在把他当小孩来哄，会很反感。

更为严重的是，在家里听惯了无原则的廉价的表扬的孩子，便丧失了起码的自我评价能力和抗拒挫折的能力。到了社会上，没有人像家长那样一味地表扬，行就是行，不行就是不行，孩子会无法适应。当遇到挫折时，会认为人们都故意跟他过不去，很可能一蹶不振。

所谓的"赏识教育"实际上就是哄小孩，哄弱智群体的一种具体方法。对孩子进行教育，科学的方法是有表扬，有批评，以表扬为主，以批评为辅；表扬要及时，要恰如其分，批评也要讲究分寸，要尊重孩子，不能伤了孩子的人格和自尊心。如果我们成天对孩子说，"你真行"，"你真棒"，这是把教育简单化、庸俗化。"赏识教育"不是教育所有孩子的绝招，更不是科学的教育理念。如果"赏识教育"在某一个孩子身上发生了一定的作用，那是有着很大的偶然性的，不是必然的。因为它不是规律，不具备广泛推广的价值。

前几年，报纸、电视上特别推崇家长和孩子签订"合同"，认为这是家教绝招。教育孩子教育不了了，就订个合同吧。

"合同"是有约束性的文件。但订"合同"是商业性很强的东西，把商业上的东西挪到教育上来，这在某些时候，在某件事情上，对某个孩子可能会有某些效果。但是，合同、协议是讲条件的，你要求我怎样，我要求你怎样，双方互相妥协、互相让步，最后形成协议。家长教育孩子，老师教育学生应当是无条件的。双方既非商业伙伴关系，也无平等谈判的法律基础。家长与孩子签订"合同"，对家长和孩子来说只不过是一种"游戏"，孩子就是不执行，家长也无权强制他执行。因为家长和孩子双方所订的合同，不具有法律意义，不过是一张废纸而已。

家长和孩子订合同，是把教育商业化、简单化、庸俗化。孩子本身就不成熟、不稳定，家长寄希望于不成熟、不稳定的孩子长期信守自己一时冲动订下的协议，这不是天大的笑话吗？

一些家长总想找一个最简单、最省事的方法，把教育的所有难题都解决，这是痴心妄想。教育的难题一定是很复杂的，复杂的问题一定得用复杂的方法来解决。如果复杂的问题用简单的方法解决，那是一定会出乱子、出假象的，这是确定无疑的。要把孩子培养造就成才，家长应踏下心来，准备下苦工夫，不要偷懒，不要投机取巧。因为培养教育孩子从来就没有什么"捷径"。有一分耕耘才会有一分收获。

家长不信神话，不去上钩，就没有骗子的市场

记者：如今的家长都比较重视学习，但是，由于种种原因，家长主要学的不是教育学、心理学方面的书，而是视听冲击力很强的大众传媒。大众传媒说什么，家长就信什么，学什么。在大众传媒无孔不入的今天，家长该如何认识、看待它呢？

赵忠心：今天的大众传媒和我们过去心目中的"党的喉舌"不是一码事。它只不过是提供一个传播信息的平台。大众传媒的特点是新、奇、异、快；每天不重样，每天都有一些抓人的新东西。所以，大众传媒的主导功能是传播新闻，而不是传播科学。神童计划，赏识教育，家长与孩子签订合同……这都是大众传媒经常报道、推崇、宣传的东西。很多家长把大众传媒当作党和国家的喉舌，以为报纸、杂志、电视宣传报道的就是党和国家倡导的。其实不然。大众传媒追求的是新奇、夺目，要抓人，要有收视率，要有订户，要赚钱。这就势必要猎奇，要炒作，要忽悠，要夸大其词，要耸人听闻。

有记者问我，赵老师，如今的教育有了哪些新观念、新思想？我一听就是不懂教育的人问的话。懂教育的人都知道，一种新思想、新观念，往往需要实验、研究、论证很长的时间，需要一代人，甚至几代人的努力才能形成定论，不是一拍脑门子就是一个新的教育思想或理念。基本的教育规律、教育思想在很长的历史时期是不变的，不可能时时刻刻都有新思想、新观念冒出来。如果听说哪个人一下就提出了新思想、新观念，那十有八九是假的、骗人的。在实施教育的过程中，时不时会有一些新的方法、新的措施出现，这倒是有可能。但是，基本的教育规律，基本的教育法则是不会轻易改变的。

前几年,有人说,这是知识爆炸的时代,每年的新知识呈几何基数往上翻。其实,这种说法是不正确的。正确的说法是,现代科学很繁荣,一些基本知识、基本原理的应用更加广泛了,而不是出现了好多新的知识,新的观念。

媒体上鼓吹的新思想、新观念,基本上都是"新瓶装旧药"、用新名词包装出来的东西,或是没有实践和理论依据的、经不住推敲和实践考验的"伪命题",是一些昙花一现的东西。鼓吹的人发了财,媒体发了财,出书的人发了财,上当受骗的是轻信这些东西的人。

前些年,有一本畅销书,鼓吹"四到八周就能掌握一门外语","一天能读四本书,并能掌握书的全部内容"。到如今,十年过去了,有谁"四到八周掌握了一门外语?"又有谁"一天能掌握四本书的内容?"说的全是骗人的鬼话。中国人太浮躁了,很容易上当受骗。一些缺少良知的人,推出一个耸人听闻的名目,就是为了骗钱。他们买通媒体,买通冒牌的"专家",在社会上大造声势,诱人上当受骗。等大家回过神来,他们已经不见身影了,都在背地里数着票子偷着乐呢。

记者:家长怎么才能不让自己上当受骗呢?

赵忠心:家长应当认识到,当今的社会环境要比过去复杂得多。应端正自己的心态,头脑要保持清醒冷静,不要有急功近利的思想。家长要对孩子的长远发展负责,就应该静下心来,刻苦钻研教育理论、教育规律,恰如其分地创造性地利用这些规律、理论去培养自己的孩子。不要指望有什么新奇的教育绝招出现,而应好好学习教育学、心理学、家庭教育的一些基本知识,好好消化,深刻理解,努力提高自身的素质,好好研究你的孩子,根据你的孩子的年龄特征、个性特征,运用这些科学的知识、原理来解决你面临的教育问题。

不要指望有什么绝招,也不要指望有什么神话。即使有什么神话出现也不要盲目模仿。至于社会上五花八门的培训机构,一手交钱一手就能培养超常儿童,可能吗?家长不信他们那一套,没有人上钩,自然就会销声匿迹了。

媒体强劲宣传的成功不一定就是真正的成功

记者：人才培养不是简单、容易的事。科学的教育应根据哪些条件呢？

赵忠心：首先要根据社会需要。家长培养教育孩子的最终目的是把他们输送到社会上。家长应树立这么一个思想：立足家庭，面向社会；立足现在，面向未来。因为孩子将来能不能成才，那是一二十年以后的事了。所以，家庭教育不仅要着眼社会的现实，还要展望社会的未来；家庭教育不仅要促进孩子今天的发展，也要考虑对孩子未来的、长远的发展有利。只有这样，才能使孩子将来不致落伍，不致被淘汰。

其次，家长培养孩子一定要从孩子的实际出发，尊重孩子的年龄特征，尊重孩子的个性，不能完全从家长的主观愿望来进行培养教育。这就是我们常说的从实际出发，按照孩子的年龄特征、心理特征、个性特征对孩子进行培养教育，不要急功近利，不要急于求成，要循序渐进，量力而行，使孩子按照自己的发展规律来发展。这就是我们现在常说的"以人为本"在教育上的体现。不要以为循序渐进就是慢了，循序渐进并不是消极的，而是积极的。循序渐进不仅会增添孩子的学习兴趣，还会增添孩子的学习能力和学习信心。所以，它对每一个正常孩子都是适宜的。

最后，需要强调的是，教育的本质不单单是传授知识、技能，而是提高孩子的素质。我们整天讲素质教育，什么叫素质？我个人理解，素质就是指自我发展能力的高低。通俗地说，就是看一个人有没有发展的后劲。没有发展后劲就是素质低，有发展后劲，就是素质高。跟着老师学得好，这还看不出他的素质有多高，离开学校，离开老师，他还能进一步发挥发展自己的才能，那才是真正的素质高。家庭教育也是这样，有家长督促发展得好还不算真好，没有家长监督和督促，自己发展得好，那才是真好。家庭教育的根本目的是让孩子学会自我发展。

记者：什么样的成功才算家教成功？

赵忠心：家教成不成功，这是很难说的，孩子上了名牌大学就算家教成功？这未免太简单、太武断了。我曾经跟"哈佛女孩"刘亦婷的妈妈谈

过这个问题。刘亦婷上了哈佛大学，算是比较优秀的孩子。但是，这也不全是家长的功劳。家长不能贪天功为己有。首先，没有好的学校、好的老师，她上不了好大学。家长再有文化，也不可能把高中考大学的课程都教得了。

其次，考上好大学也并不能说明什么。考上清华、北大、哈佛、牛津，这只能说，孩子在成长发展的某一阶段比较成功。成功不成功最后不是由学校的考试来检验的，而是由社会实践来检验的。社会实践是最权威的评价。上名牌大学社会成就一定很高，上不了知名的大学社会成就就一定很低，没有上大学就没有社会成就？不是的。如果是这样的话，那就没有高尔基的份，因为高尔基没有上过大学。也没有毛泽东的份，毛泽东也没有上过大学。他们的社会成就是许多高学历的人无法企及的。事实上，名牌大学的学生不见得个个成才，普通大学的学生成才的大有人在。能上什么样的大学，这并不是最终的裁决。实践才是检验一个人成功与否的根本标准。我记得，诺贝尔奖金获得者丁肇中先生在瑞士接受采访时曾经这样说过："据我所知，全世界的诺贝尔奖金获得者，绝大多数都不是出自名牌大学。"

过于狂热地宣传刘亦婷，当时我就反对。见到刘亦婷的妈妈，我说，我不太赞成你们这样过度的宣传。你们这样大肆宣传，书可能卖得多，人可能赚一大笔钱，但是，这对孩子的成长并不好。刘亦婷的名气超过了很多电影明星，这对孩子的成长没有好处，因为她并没有鼓吹的那么优秀。你们把孩子吹到天上去了，她就"落不下地"了。果不其然，如今的刘亦婷定居美国了，不回国了。她都成了全国亿万青少年学习的榜样了，恐怕是"盛名之下，其实难副"。当初吹得太神乎其神了，她都缺乏直面现实的勇气。

家长都希望自己的孩子能考上名牌大学，以为考上名牌大学就是成功了，一了百了，万事大吉。媒体也大肆渲染那些考上名牌大学的人，追捧"高考状元"，把他们看成了成功人士。其实，孩子上大学只是"万里长征走完了第一步"，离真正的成功还远得很。事实上，那些被捧上天的"高考状元"，只不过是应考能力很强，到社会上很有作为、有成就的并不多。

所以，对于那些流行的家教成功案例，我们家长一定要持冷静的态度，不要以为家教成功就那么简单，更不要盲目地全盘照搬。成年人的成功与否都难以确定，更何况还没有定型的孩子！如果孩子能够怀着一颗平常心，把目标定得长远，扎扎实实地坚持不懈地做好每件事，永不言弃，能算不成功吗？

媒体强劲宣传的"成功"不一定就是真正的成功；孩子自然、平静地长大成人，一天比一天更出色，有强势的发展后劲，那才有望达到成功。

节选自《好父母胜过好老师》
特约记者萧于采访

16. 家庭教育就是家风熏陶

家庭教育在人的成长中起着特殊的重要作用。随着中国社会的开放和发展，介绍外国家庭教育思想的书籍越来越多。很多父母也愿意借鉴国外的教子之道。但是，作为有着悠久文化传统的中国，我们的前人总结了许多宝贵的经验，这些对父母在新形势下如何教育子女有很重要的启迪。那么，如何从传统教育中汲取营养呢？为此，我们走访了我国当代家庭教育理论研究的开拓者——赵忠心教授。

每个家庭都有特定的家风，古代的家训是用来训诫全家人的

记者：我们中华民族素有重视家庭教育的优良传统，在长期的教育子孙后代的实践中，总结、积累了十分丰富的家庭教育经验。其中有一些涉及家规、家训的著作，记载了中国传统的家庭教育经验。今天，我们该怎么理解家规、家训和家风的确切含义，以及它们之间的内在关系呢？

赵教授：家庭对于未成年人来讲，就像物理学上的"磁场"。孩子在这个环境中生存和生活，耳濡目染，潜移默化，不知不觉地受到家庭的影响，孩子就会不由自主地按照家庭的期望去行动和发展。用现代教育学的观念理解，家庭教育就是一种"家风熏陶"。家庭是一个特殊的社会群体，是一代代延续下来的。在多年的生活当中，必然会形成特定的生活习惯、生活方式、价值取向等相对稳定的东西。这一切的总和，就叫"家风"。家风是可以"遗传"的。无论有文化，还是没文化，当老百姓，还是当官，每个家庭都有着各自不同的家风。不过，有文化的人能用文字表达出来，就形成了我们后人看到的"家训"、"家规"、"家诫"等。

在春秋战国时期，家庭教育的经验常常反映在一些名人学者的哲学、政治学、伦理学著作之中。比如，《管子》、《孟子》、《韩诗外传》、《韩非子》等专著中，都有一些古人家庭教育经验的描述性的记载和理论性的论述。但还没有家庭教育方面的专著。到三国时期,便出现了集中记载家庭教育经验的读本——"家训"。据《三国志·魏·邴原传》注记载:"三国杜恕著家诫。"遗憾的是,此著作已遗失。尽管如此,它的出现在家庭教育思想发展史上具有划时代的意义。它是世界上最早的家庭教育专著,充分体现我国的家庭教育具有非常悠久的历史传统。

到魏晋南北朝时期,北齐思想家颜之推在总结前人家庭教育经验的基础上,撰写了著名的《颜氏家训》一书。"古今家训,以此为祖。"该书是我国现存最早的家庭教育专著。自此以后,至民国初年,历朝历代几乎都有"家训"问世。据《中国丛书综录》所列书目记载,我国古代公开出版的"家训"总共有120多种,是我们中华民族传统文化宝库的重要组成部分。在世界上是绝无仅有的,值得我们自豪。

记者:现在有些父母听到谈论家规、家训之类的话题,容易误解为那是以前的陈规旧习,和现在的社会格格不入,您怎么看待这个问题?

赵教授:中国古代的家训,从内容上来讲,可以分为两大类:一类是家庭教育的通俗读本,主要是记载对家人进行什么内容的家庭教育,也就是祖辈人总结出来的"居家"、"处世"、"修身"的经验,不涉及教育方式方法、原则等。此类占大多数。比如,宋朝陆游的《放翁家训》、明朝吴麟征的《家诫要言》、清朝朱柏庐的《治家格言》等。另外一类是有一定的理论深度的家庭教育专著,除了记述具体的教育内容外,同时还探讨了家庭教育的重要性、教育原则、教育方式方法等带有规律性的东西。如颜之推的《颜氏家训》、宋朝司马光的《温公家范》、被称为"颜氏家训之亚"的袁采的《袁氏世范》等。这些著作已经初步形成了独立的家庭教育理论体系,像《颜氏家训》一书,甚至可以称之为中国古代的"家庭教育学"。

家庭教育具有一个鲜明的特点就是继承性。我们中国现代的家庭教育,就是从传统的家庭教育基础上延续、发展过来的。中国古代的"家训",是我们中华民族传统文化的重要载体,记载了我国源远流长的家庭教育文化传统,给我们后人展示了前人教育子女的情况和经验,内容非常丰富。从总体上看,中国古人在家庭教育当中,特别重视思想道德教育,

其中主要是进行中华民族的传统美德教育,诸如勤劳节俭、诚实守信、忠贞爱国等等。这些都是十分宝贵的精神财富,至今仍然具有现实意义,我们应当继承、发扬。当然,由于历史的局限性,有的家训中的一些内容已经过时,失去了继承、发扬的价值,我们后人应当有所取舍,不能全部照搬。

记者: 今天的父母借鉴古代有益的家庭教育经验,不仅可以发扬我国家庭教育优良传统;而且,还可以从更为广泛的视角了解中华民族的优秀文化传统,进一步增强民族自尊心和自豪感,我想这本身就是非常有意义的事情。

赵教授: 中华民族的传统文化博大精深,源远流长。家庭教育是传统文化的重要载体。过去的家风有的是用文字表现出来,诸如"家训"、文章、诗词、家书等,我的学术著作《中外家庭教育荟萃》(高等教育出版社 1989 年)、《中国家教之道》(广西科学技术出版社 1991 年)、《中国家庭教育丛书》六册(湖北教育出版社 1997 年)和《中国家庭教育五千年》(中国法制出版社 2003 年)等,介绍的就是这方面的内容。

但绝大多数家训是通过口耳相传,一代代流传下来的,没有文字记载。还有一种用"牌匾"的形式记载下来,这是很普遍的。比如,有的家庭的牌匾写着"勤俭"二字,说明是这家的持家之道。"勤"就是劳动态度,"俭"就是生活态度。曾经有这样的一个故事:爸爸领着两个儿子生活。他体会到如果要想过好日子应该"勤"和"俭"。于是,就请人写了一副牌匾,上写"勤俭"二字,挂在自家的大门上。孩子长大后,各自成家。爸爸死后,两个儿子分家,除了分财产,就连牌匾也要分。一个儿子分了个"勤"字,一个儿子分了个"俭"字。分到"勤"字的儿子只知道"勤",但不知道"节俭"。分到"俭"字的儿子只知道按"节俭"的规矩持家,却是不勤,特别的懒惰。结果,两家的日子都没过好。他们感到很困惑:我们都是按父亲的教导呀?怎么……于是他们请教当年给他们父亲书写牌匾的那个老秀才。老秀才对他们哥俩说:持家光"勤"不"俭",就是只"开源"不"节流",不行;光"俭"不"勤",就像河流,没有充足的水源,就会干涸,也不行。必须两者结合,也就是既"开源"

又"节流",这才行。以后两个儿子把匾又合到一起,按"勤俭"的家训过日子,生活就都好起来了。

记者:在中国传统封建家族社会中,家庭在社会生活中的地位和作用非常重要。家训的主要对象是未成年人吗?

赵教授:古代中国,是典型的封建家族社会,家庭在社会生活中地位十分重要。家庭不仅是生产单位,也是教育单位,对中国的绝大多数人来讲,家庭是一生中唯一接受教育的场所。中国人通过家训的形式,记录人们在家庭生活和家庭教育实践当中所总结出来的经验。过去,一般人们统称为"家训",也有其他的名称,比如"家诫"、"家教",还有叫"家法"。"法"在这里不是法律的意思而是"方法"、"规矩"的意思,表示用什么样的管理方法。"家训"是古代家庭教育读本的统称。不同的人撰写的家训,有不同的名称。有的叫"家训",也有的叫"家诫"、"家规"、"家教"、"家范"、"宗范"、"世范"等等,很多名称,不一而足。

过去,家庭教育的对象与今天有所区别。今天,人们所说的家庭教育,教育对象一般是指家庭中的未成年人,也就是儿童青少年。古代社会家庭教育这个概念的"外延"和教育的对象要比今天广泛得多,它是指除长辈以外的所有家庭成员,是训诫全家人的。只有一个人是教育者,就是家庭中辈分最高的男子,他是"一家之主"或叫"一家之长",统管全家的大权,他有权管教家庭中所有人,包括他的妻子和他的弟弟妹妹、儿女。当然,主要的教育对象还是晚辈、未成年人。因此,古代的"家训",也往往叫"训家"、"教家"、"治家"、"齐家"等。

我国传统的家庭教育思想中有许多值得借鉴的内容,盲目照搬国外的教育观念是不切合中国实际的

记者:古代的家训中,由于历史和阶级的局限,可能有些不适合今天的社会现实。您觉得有哪些到今天依然还有生命力,值得继承发扬?

赵教授:中国的家训是中国文化宝库的一个重要组成部分,国外的学者也十分重视和关注中国家庭教育文化传统的探讨,我经常接待外国留学生访学,也常有外国学者要购买我这方面的著作,我的中国家庭教育思想

史方面的著作传到了许多国家。古代家训中有些内容是过时的，有的内容还是有生命力的，至今都能适用。特别是现在我们重视未成年人的思想道德建设，很多内容国外没有，而我们古代都有宝贵的成熟的经验。

中国家训的主要内容是道德教育，过去讲"居家"、"处世"。"居家"即是家庭伦理道德，"处世"就是讲究社会公德。过去人们讲孩子的学习，叫"勉学"、"劝学"。用"劝"和"勉"的方式促使孩子学习文化。对道德教育则讲"种德"和"树德"，耕种的"种"，树立的"树"。这和"劝"和"勉"在重视程度上有明显的差别。由此可见，古代人把道德教育当成青少年成长的一种根基。

中国的家庭教育历来把道德教育作为第一课，放在第一位，把知识学习放在第二位。《宋史》中曾有这样的话："幼则束以礼让，长则教以诗书。"意思是：对年幼的孩子着重教给他伦理道德和行为规范，年龄大一些再给他传授知识。我们现在则不是这样，经常有广告说"0岁识字，3岁扫盲"。婴幼儿的父母都愿意把识字、背书放在第一位，选择幼儿园的依据就是能够识字和学外语。这完全不符合未成年人成长的规律。

其实中国传统道德教育的经验非常好，比如："富者之教子须是重道，贫者之教子须是守节。"意思是：有钱的人要教孩子讲仁义，不能为富不仁；穷人教育孩子要注重有气节，不能因为贫穷而没有尊严。这些经验都是非常有针对性的，因为不同的家庭教育重点是不一样的。我们现在的家庭教育太一般化，恰恰缺乏这种因材施教的针对性。

记者：现在有一种观点认为，经过长期封闭后，中国的社会发展就不太注重总结传统思想，把传统思想看作是"包袱"，没有生命力。甚至有人认为一切都是外国的好。现在教育界对国外思想的介绍似乎也多于对自己的传统文化的了解，您觉得是这样的吗？

赵教授：是这样的。长期以来，我们国家处于一种自我封闭状态，坐井观天，夜郎自大，自以为我们国家的一切都高于四邻，很盲目。改革开放以后，打开了国门，人们开阔了眼界，一看外国竟然是那么好，那么发达、先进。于是，又产生了民族自卑、民族虚无的思想，认为我们国家事事都不如外国，觉得没有什么可继承、发扬的东西，甚至认为传统思想都是"包袱",会拖我们的后腿。因此,不大重视总结、继承传统文化。这是一种很典型的心态。历史往往是特别的相似。当年日本"明治维新"前后,日本国民也是这种心态,从一个极端走向另外一个极端。

我们应当认真总结、大力发扬优秀的文化传统,与此同时,也不要拒绝接受外国的先进经验。这些年来,我们一直提倡"古为今用,洋为中用"。从鸦片战争开始,西方的文化就传入中国;改革开放以来,我们国家与外国的文化交流就更加广泛,西方的文化思想在中国得到了很广泛的传播。对西方的文化,我们要大胆借鉴、吸收,以丰富、充实我们自己的文化。

但是人们要有一个正确的心态,不能持有一种民族虚无主义的态度,笼统地说外国一切都比我们好,我们一切都不行,这是不符合实际的。其实,每个民族都是各有长处,也各有短处。抱着民族虚无、崇洋媚外的态度,盲目照搬外国的做法,那不是科学的态度,我是不同意的。虽然现在新的发明创造层出不穷,但是很多规律性的东西,基本原理,是永远都不会改变的。其实,现在好多发明创造,只不过是对基本规律的实际应用,很少有打破过去已经揭示并得到证明的基本规律。比如,时至今日,也没有人打破爱因斯坦的"相对论",只不过是根据某些原理搞了一些应用发明,如此而已。

我曾经和一些到国外留学的学者谈论过美国教育,也看过一些中国人写的介绍美国教育的书。虽然他们对美国的素质教育和家庭教育比一般中国人了解得多,但我认为他们的介绍都有意无意地有美化美国教育之嫌。看了他们的书后,似乎使人感觉美国的教育是"完美无缺"、"十全十美"的。这不是一种实事求是的态度,这太绝对化了。因为如果教育是完美的,它就不需要改革,也不可能向前发展。就连美国人自己都认为基础教育有不足,要向中国学习。据了解,美国几乎历任总统都不断地对教育进行改革。如果像某些人所说的那样是完美无缺、十全十美,那还改革什么?

评价一种观点和做法,要客观分析是否符合现存的政治经济文化的背景,适合才是好的,不适合就不宜照搬。而有的人总是以美国做标准,和

人家一样就是好,和人家不一样就是不好。这种态度是不科学的,不能真正做到"洋为中用"。外国好的东西,不是我们不想学,有些东西是我们学不了的。比如减轻学生负担,我们年年都在说,但总也不见成效。这不是思想观念问题,也不是老师、父母愿意增加孩子负担问题,是因为我们的国情和美国不一样。美国人口只有3亿多,却有3600多所大学;而我们有13亿人口,才只有1200所大学,远远满足不了人们日益增长的接受高等教育的需求。美国人只要想上大学就都有机会,所以美国孩子没有过重的学习负担,美国的大学实行"宽进严出"的政策。我们没有那种经济实力和教育资源,不能"宽进严出",只能"严进"。所以,高考竞争激烈,压力大,学生负担重。不是美国人比中国人更明白要注重发展孩子个性,而是他们有那个经济基础和社会环境。我们没有,很难学习人家。

培养全家人共同遵守家风是教育好孩子的关键

记者: 父母要继承中国的文化传统,教育好孩子,必须形成良好的家风。您认为可以从哪些方面入手呢?

赵教授: 父母不要总指望别人教自己几个培养教育孩子的"绝招",不要把家庭教育简单化、庸俗化。急功近利的思想要不得,一定要重视家风建设。"家风"看起来很抽象,实际也很具体。家风是全家人共同创建的,应该是全家人共同遵守。列宁的夫人克鲁普斯卡娅曾说,家庭教育实际就是教育父母。所以要想教育好孩子,首先要教育好父母。大人如果在家庭中有良好行为,逐步形成良好家风,孩子会不知不觉地按父母的愿望去规范自己的行为。有时孩子可能还不太理解,但是他能模仿。因为孩子都愿意用自己的行为取悦父母,使父母满意,这是孩子们的心理。这是一种感化,孩子做好了,父母非常高兴。可见,父母的情绪能够影响、支配孩子的行为。如何培养良好的家风呢?

第一,父母要立足家庭,面向社会。这不是口号,是行动指南。我们过去的家风比较狭窄,都是照搬老祖宗的做法,有些父母认为不能违背长辈的规矩,不然就是不孝。现在,每个家庭在继承已有家风的同时,更要了解社会对未来成员的具体要求,因为我们培养子女的最终目的是要把他们输送到社会上去。这样建立起来的家风才能既有优秀传统,又能适应社会需要,才能立足于社会。

第二,父母要加强自身修养。父母是家风的决定者,要想让孩子按照父母所期望的方向发展,父母必须先成为这样的人。这不仅是以身作则的问题,而是父母的人格决定家风的方向,也决定孩子发展的方向。父母的人格是非常重要的教育因素,不仅影响家风的建立,也直接影响子女,在家庭教育中起决定作用。

第三,是利用家庭集体教育教育和影响孩子。所有家庭成员要统一思想、行动一致,谁也不能迁就孩子。也就是说,教育孩子不能只靠某一个人,而是一个教育的整体。

总之,培养有时代特点的家风,一定要研究社会,了解社会。因为父母的教育观念、培养方式等都会受到社会的影响。父母的教育思想是社会生活在头脑中的反映。同时,父母还要提高自己的分辨、识别、筛选能力,对待社会上出现的各种教育观念,父母应该有所选择,不能笼统地把社会上宣扬的一切都搬到家庭教育中来。

比如对于道德教育,不同的人就有不同的选择。虽然社会上有许多坑蒙拐骗、伪劣假冒的现象,多数父母还是坚定不移地认为诚实是做人之本,要求孩子诚实。有的则认为诚实是迂腐,要吃亏,便教孩子学得世故、圆滑一些。同样的社会现实,反映在父母的教育思想上就不一样。因此,面对开放的社会,父母必须不断学习,提高自身的道德和文化修养,学会选择,选择主流的思想道德观念。

父母应学会思考,避免教育中的简单化和模式化

记者: 现在的父母重视家庭教育。但是,由于工作繁忙,没有时间学习更多的教育理论。他们总希望从别人那里找到一副"灵丹妙方",使自己的孩子出类拔萃。作为家庭教育方面的专家,您怎么看待这种现象?

赵教授: 这种想法很偏激,似乎只有读各种教育书才能养好孩子。农民没有时间读书,也没钱买书,难道就不能教育好孩子吗?事实上,许多博士、硕士的父母都根本不识字。我在给家长学校讲课时曾经对北京的父

母们说：你们的孩子上高档幼儿园和重点小学、中学，他们不一定能读硕士、博士。家长没有必要读那么多家庭教育的书，只要是个"明白人"就可以了。况且，目前家庭教育的书良莠不齐，鱼龙混杂，伪劣假冒的屡见不鲜。家长要慎重选择。

有的父母常常抱怨孩子的教育投资太多。在我看来，父母花的100元钱中有90元是盲目的，多余的。其实，学校正规的收费并不太多，父母花钱主要是在各种辅导班、特长班、兴趣班上。比如，有的父母过早地让孩子学外语。我对他们说：母语还没学好，学外语着什么急呀？孩子在幼儿园能学几句外语？你算一算，一句外语得值好几百块钱。而到小学、中学，花一百块钱就能学好几十句、几百句。何必那么着急呢？难道这个账，还算不过来吗？所以，家长还要研究点教育投资学。

记者：现在社会环境复杂，影响孩子成长的变数越来越多。父母很困惑，于是希望找一个最简单的办法。

赵教授：我不赞成这样把复杂问题简单化。不动脑筋，拿来就用，一学就会的办法是根本不存在的。比如有的父母和孩子签订一份"父子双向自立协议"，似乎这样一来孩子就能自立了。于是，一些媒体就大力提倡父母和孩子订合同。这完全是为了迎合父母不正常的心态。我认为这是不科学的，似乎"一纸合同"就能解决一切教育问题。而且这种合同常常是不切合实际的。

比如，最近那对父子签订的"父子合同"中提到：作为儿子要自己筹措学费，自己找工作，自己攒钱结婚，自己养孩子。这些儿子可以做到，因为这家的儿子已经成年。而父亲的责任是：养老金自备，自娱自乐，有病自理，甚至"回归"也自理。前两条，父母可以做到。我觉得就值得怀疑了：父母得了大病不让孩子管，孩子袖手旁观？这简直就是把孩子推向一个不孝的境地，伦理道德上不能接受。至于"回归自理"，这就很难做到。难道死人也能自己到派出所注销户口，自己上"八宝山"？真是"子不子，父不父"，这简直是"颠覆父慈子孝"的传统家庭伦理！自立哪能这么培养！这样培养孩子"自立"，孩子对父母是"活不养，死不葬"，以牺牲父母子女亲情、放弃赡养父母的责任为代价，这样培养的自立能接受吗？孩子不能自立是父母教育得不好，不是因为他太孝敬了而耽误了自立。这完全是一个笑话。可一些电视台还把它当成正面典型，翻来覆去地炒作，去迎合那种急功近利的心态。父母子女之间是什么关系，首先是"血缘关系"、"亲情关系"，怎么能完全变成"契约关系"？这还叫父母子女吗？与家庭伦理、家庭和谐完全相悖，是要不得的！

前一段媒体上曾广泛宣传的"为父母洗脚"问题，说这样是培养孩子孝敬父母的品德。我认为这也是一种形式主义的做法。我不反对子女给父母洗脚，父母若是需要的话，孩子可以做这样的事情。我就曾为我年近八十的母亲洗过脚。错不是错在洗脚本身，而是错在我们的道德教育"模式化"已经到了极点。子女"孝敬"父母，难道都要做同样一件事吗？做别的，比如小孩子给妈妈捶背、揉揉腰，就不算孝敬了？有的学校甚至规定没有给父母洗脚，就算孩子没完成作业。"一洗即孝，不洗不孝"，这也太绝对化、庸俗化了。有的孩子说，给妈妈洗脚时，摸着妈妈的脚才知道妈妈有多辛苦。妈妈辛苦不辛苦，孩子难道平时都看不到，只有脱了袜子摸摸脚才知道妈妈有多辛苦？这也太做作了，真可笑！

特别是中小学生的父母，一般年龄也就是三四十岁，正值青壮年，年富力强，能有几个非得要孩子给他们洗脚？就是大学生的父母也不过四五十岁，自己不能动手洗脚的那是极个别的。家长根本不需要孩子洗，叫学生回家给父母洗的是哪门子的脚啊！这不是"没事找事，多此一举"吗？记得新华社曾发了一幅照片，一位不过40岁的烫着发的年轻漂亮的母亲，伸着大腿让一个十六七岁的大儿子洗脚，说这是"孝敬"，我看着很别扭！

孝敬本来是发自子女肺腑的一种敬仰、爱戴的情感。对于未成年人来说，能做到"心中有父母，眼里有活儿"就不错了。至于孝敬的形式和方法，应当根据实际情况和父母的需要自行选择。把道德教育都当成像布置算术、语文作业一样，要求整齐化，统一行动，是教孩子"作秀"，不宜提倡。

家庭教育是一门非常复杂的学问，不能人为地把复杂的事情简单化。自己孩子出现了问题，就套用其他家庭的经验，这种方法未必就管用，弄不好还会造成"邯郸学步"的尴尬。

把个体经验当成普遍真理推而广之，是一种"炒作"，是一种误导。作为父母，重要的是学会动脑筋，掌握思路，"用教育头脑思考问题"，这样才能灵活地、创造性地运用各种方法，而不是生搬硬套。

《少年儿童研究》杂志（北京）2005年第1期
本刊记者弓立新采访

17. 母亲的背影是最好的教科书

"磁场"作用影响大

赵忠心教授认为：家庭对于子女而言，就像是物理学中的"磁场"，子女在这种环境作用下，不知不觉地接受"磁场"的支配，思想和行为会不由自主地受其左右，朝着家长所期望的方向发展。这是他感性的认识，更是他理性的总结。下面让我们看看影响赵忠心教授的是什么样的"磁场"。

赵忠心教授1941年出生于河北省蠡县赵家庄，位于冀中平原的中部，抗日战争时期是以地道战闻名的抗敌前线。著名作家曾克的《地道战》一书，便是写他们村的村民英勇抗击日本侵略者的故事。他的爷爷50多岁参加八路军，是名副其实的"老八路"；他的伯父年轻时参加八路军，曾在延安抗日军政大学工作，解放战争时被派往东北；父亲赵汉元是他们区武工队的队长，在他们家乡一带带领乡亲抗击日本侵略者，是远近闻名的风云人物。幼小的赵忠心生活在那个残酷的年代，亲眼目睹日本鬼子无恶不作的罪恶行径，他自家的房子也因掩护八路军干部曾多次被鬼子烧毁。爸爸常年在外面带领乡亲们打鬼子，所以难得同爸爸见上一面。

记得有一次，爸爸从外面回到家中。那身打扮就像电影《小兵张嘎》中的罗金保那样，身穿大褂，头戴礼帽，一副墨镜，完全是商人装束。多日不见爸爸的赵忠心，辨认出爸爸以后，便兴高采烈地跑过去一把抱住爸爸。猛地一下，头顶被爸爸腰间的"硬家伙"碰了一下——原来那是手枪。这是父亲留给赵教授一生中的唯一的一个印象。

在抗日战争时期，一家人难得团聚，但爸爸却不能在家中久留，爸爸舍家救国、英勇抗日的"红色磁场"，在赵忠心的脑海中留下了深深的印记。长大以后，他为有这样一个爸爸感到自豪，他给自己确定的行为准则是：我虽然没有机会成为父亲那样的英雄，但决不能给父祖辈人丢脸！

日本鬼子投降的前夕——1945年3月25日，不幸，爸爸因病在北京逝世，年仅27岁。这一下可苦了妈妈王焕亭了，妈妈那年26岁。一个妇道人家拉扯着4岁的赵忠心和2岁的妹妹、1岁的弟弟三个小孩子。但她十分坚强，含辛茹苦，忍辱负重，从来没叫过苦；她虽然没有文化，但从未被困难压倒；她虽然是个女人，但男人、女人的活儿，她都会干，都能干。在那种家庭条件下，作为子女中的老大，赵忠心就成了家里的壮劳力，什么农活都要干。六七岁时便学着赶大车，12岁时，就一个人拉着牛、背着犁去耕地。

1949年，8岁的赵忠心开始上小学读书了。每天放学以后，要帮妈妈干活儿。从小学到中学妈妈对他的嘱咐是：在外面千万不要惹事，有人欺负你，就躲着点儿，吃点亏没关系。但书一定要念好！在赵忠心的记忆中，妈妈吃苦耐劳，心地善良，为人正直，团结友善，受到左邻右舍的交口称赞，这便是他所接受的早期教育。

妈妈身上那股不怕困难，从不示弱的劲头所产生的"顽强磁场"，对少年时代的赵忠心，发挥了巨大的影响力。他在心里暗暗较劲儿：别看我们家的生活条件没法和别的同学家比，但我在学习上一定要超过他们，决不让妈妈失望！

"状元"引来慈母泪

从小学到大学，赵忠心的年龄比同班同学都小好几岁，但学习成绩在同学中却都是名列前茅。是什么力量推动赵忠心十几年来在学习方面一路领先呢？赵忠心教授对记者说："在这里，我也无须唱什么高调，也谈不上有多么高的思想境界。当年自己的学习动力很大，这种动力来自现实生活——只因为当时自己家中的经济条件太差、生活太困难，母亲太劳累了。我要靠自己的努力，来改变自己和家庭的命运，要让别人看得起我，要对得起我那勤劳、善良、要强、吃了那么多苦的妈妈！"

1955年赵忠心小学毕业，妈妈支持他考中学，觉得多读点书将来有出息。赵忠心的心气也很高，既然考就考个重点学校。于是，他同20多名同学一起，步行70多里路，去投考河北省重点学校——安国县一中。结果，在 20 多个同学中，虽然他年龄最小，却只有他一人考取了。得知这消息后，村里人都到家里来祝贺，妈妈却在一旁流下了眼泪，她是既高兴又发愁。高兴儿子有出息，发愁的是钱的问题。这所中学离家远，要住宿，这要大大增加家里的经济负担，除正常交学杂费外还要交住宿费、饭费。怎么办？只能靠自己多出力，多种蔬菜卖钱。上中学时，赵忠心每月回一次家，回家就帮助妈妈干活；回学校时，要带上许多玉米面贴饼子、白薯干，为的是到学校后当饭吃，省饭钱。

初中毕业时，在考哪类学校的问题上，赵忠心同妈妈的意见出现了分歧：妈妈愿意让他考个中专或技校，能早点参加工作，好挣钱养家；赵忠心也同意，他觉得作为长子，早该替母亲承担家庭生活的责任，母亲也太难了，太累了。可老师认为，他功课好，在班里虽然年龄最小，但学习很突出，肯定考得上大学，应当报考普通高中，继续深造。他又觉得老师说得有道理。学校老师就做母亲的工作，说别耽误了孩子的前程，再克服一下吧。最后，为了孩子，还是妈妈让步了："豁出去了！再多吃几年苦，你就好好读书吧！"

赵忠心不负老师和母亲的期望，顺利地考上了本校的高中。那是 1958 年，当时正处于"大跃进"的年代，学校的学制也"跃进"，除了三年制的以外，还招收了两个二年制的高中实验班。一是为了省钱，也反映了赵忠心的自信，他顺利地考上了二年制文科班。他特别珍惜这个学习机会，发愤读书，刻苦学习，学习成绩一直很突出。高中毕业参加高考时，赵忠心的本意是要报考北京大学新闻系或中文系，因为他特别喜欢读书并擅长写作，想将来当记者或作家什么的；但最终还是选择了北京师范大学的教育系。什么原因呢？很简单，就是上师范类院校除了可以申请助学金外，学校不收饭钱。

高考成绩公布了，赵忠心考得非常好。他上的是两年制高中，与三年制的高中毕业生并肩进了考场，同场竞赛。他很自信，甚至觉得十拿九稳。结果不出所料，他的成绩在本校 300 名考生中名列前茅。特别是高考中那篇题目为"在劳动当中锻炼了我"的作文，他的考分在保定地区所属的 12 个县的考生中最高，名列第一，受到了学校的表扬，也鼓舞了他的信心。

录取通知书下来了,一个贫苦的农村娃娃考上了北京的大学,就如同中了"状元"一样。面对这样的大喜事,在高兴过后,妈妈又流下了眼泪,她面对的还是非常现实的问题:这个大儿子还得供养五年!

怎么办?没有别的办法,只能"丢卒保车"。全家达成了共识,只好"保重点":弟弟不上学了,16岁就到保定进工厂当了学徒工人,自谋生路;妹妹正上高中,只好退学,回家务农,给考上大学的哥哥让路。这种做法,让赵忠心心里很难过,他坚决不同意。可全家人想得十分一致,弟弟、妹妹毫无怨言。面对全家人无私的支持,赵忠心怎能不发愤努力、刻苦读书呢!

从小到大,妈妈那辛劳坚强的"背影",就是赵忠心最好的教科书。

未曾过年先"过年"

俗话说:穷人的孩子早当家。生活在这样的家庭环境里,赵忠心从小就懂得节省。在生活上,他从不敢有过多的要求,吃饭买最便宜的,上了省重点中学还穿妈妈做的布鞋和别人送来的旧衣服。虽然有人讥笑他的寒酸,但他觉得没有什么,一点儿也不感到自卑。他想,我虽然穿的不如你们,但我的功课绝不会比你们差。

住在学校,别的同学都是每周回家一次,只有他是一个月才回家一次。因为离家太远,又坐不起公共汽车,只为的是少走路,还省鞋。赵忠心在安国中学读书五年,从来没有坐过一次公共汽车,每次回家,往返140里地,都是靠两只脚长途跋涉。因为路途太远,别的同学都有爸爸或兄长到半路上去接,去送;而他,没有人送,只有年迈的拄着拐杖的爷爷有时候站在村口来迎接。当他看到这种情况,不禁流下了热泪,哭泣着说"爷爷,我不累……"事过50多年,爷爷手扶拐杖在村口迎接他的情形,一直定格在他的眼前,时至今日他仍记忆犹新,历历在目。

小孩子都有淘气的时候。上小学时,有一次他跑到桌子上去玩耍,不小心把同学的钢笔踩坏了。在当年,没有几个学生用得起钢笔,多数都是用铅笔。闯祸了,这下可把他给吓坏了,赔不起人家呀!妈妈知道后,把他狠狠地打了一顿,并告诫他,无论什么时候做人都不能太张狂,永远要

宏观观察——赵忠心的家庭教育观

老老实实、规规矩矩。对此话，赵忠心始终记在心里。

在赵忠心的记忆中，妈妈也有开心的时候。当年，在他上大学后第一次放寒假回家时，他们这个有1000多户人家的大村子，只有他这么一个大学生，而且还是在首都北京上大学。乡亲们得知他从北京回来了，都来到他家看一看、听一听。看看这个有出息、将来准能干大事的好孩子，听听北京是什么样的。当时正值春节前夕，离过年还有一段时间，乡亲们便接踵而至，他家一时高朋满座，谈笑风生。那场面，那气氛，比真正过大年还要热闹。看到自家的人气儿这么旺，望着眼前这个有出息的大儿子，妈妈眼含热泪，发自内心地笑了。看到妈妈真正开心了，赵忠心的心中踏实了，自己总算没有辜负母亲的养育之恩和殷切期望。

此时此刻，赵忠心对"可怜天下父母心"这句话，有着最深的感受。或许这正是赵忠心教授选择家庭教育为自己的研究方向的内在因素吧。

采访临近结束时，赵忠心教授让记者转告家长朋友们，现在的孩子在物质生活方面非常优越，"应有尽有"未必是一件好事，家长要头脑清醒，不要陷入盲目。因为优越条件来得太容易了，孩子们往往就不懂得珍惜了。这也是他在家长学校讲课时，常常对家长们说的一句话。此话也是他亲身感受的总结。

赵教授从39岁起步专门做学问，出版了几十本书，在200多家刊物上发表了几千篇文章，有人以为他出身"书香门第"。其实，他地地道道是个农民的后代，祖祖辈辈都是平民百姓。当年，由于生活拮据，在上大学之前他从未买过一本课外书。但他自幼酷爱读书，从小学到大学，赵忠心读了很多的书，始终是靠到图书馆借阅，来满足自己的需求的。中学时代读了哪些书，事过五十年了，至今他都能如数家珍，记得清清楚楚。

对此他的体会是："借来的书看过之后记得牢，买书不如借书。"少年时代的感受让赵忠心教授推导出前面所说的忠告，这对于今天的家长朋友很有现实意义。

《当代家庭教育报》（北京）2005年1月
本报记者金铭采访

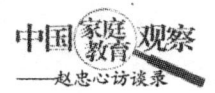

18. 家庭教育也要讲究和谐

编者按：刚刚过去的母亲节，鲜花芬芳，莺歌燕舞，为天下辛苦勤劳的母亲献上了美丽的颂歌。

父母是我们的至亲至爱。母爱是世间最圣洁的感情。全世界的母亲都深深地爱着自己的子女，为了子女的成长，她们倾其所有。子女的每一步成长，一点一滴的进步，都浸透了母亲的汗水和心血。中国的母亲有"温柔贤惠，吃苦耐劳，任劳任怨，为了家庭和孩子可以牺牲自己一切"的高贵品德。

日前，一篇《美国高中"中国妈妈"为何成了贬义词?》的文章在网上引发热议。在一些美国学生、家长眼中，"中国妈妈"爱攀比，爱包办，永远以别人为标杆，华裔家庭的孩子缺少独立性和自主性，什么事都是妈妈说了算。"中国妈妈"像只老母鸡，孩子如同小鸡，总要靠母鸡的翅膀来保护。

坦率地说，由于东西方文化差异，对母爱确有不同理解，我们不认为文中所说的"中国妈妈"能代表所有中国的母亲。我们坚持认为中国母亲是最有爱心、最有责任感的好妈妈。可是，我们不能否认，由于我国现在基本都是独生子女家庭，孩子格外受到呵护。不少母亲在为儿女无私奉献的同时，可能并不知道，过度的爱，对孩子成长成才并非有利。家庭教育是人一生教育的根基，孩子的成长关系着民族的未来。我们应该经常思考，中国式家庭教育有没有误区，应该怎样进行调整和改进？父母怎样爱孩子才能帮助他们更好成长？

5月7日上午，《人民日报》与人民网联合召开座谈会，邀请了有关专家，对中国家庭教育的问题"号脉问诊"。现将座谈会部分发言记录整理如下，以飨读者。

中国现在的家庭教育与传统家庭教育相比，发生了哪些变化？

主持人： 我们先讨论一下中国现在的家庭教育与传统家庭教育相比，发生了哪些变化？

赵忠心： 现在的家庭教育和传统家庭教育相比，首先教育的目的发生了变化。过去，生育孩子是为了家族延续"香火"，培养教育孩子是为了"光宗耀祖"、"显耀门楣"；现在，生育孩子则是为了延续自己的生命，培养教育孩子是为了使孩子生活得比我们自己还要幸福。过去的教育模式比较封闭，把家庭教育看成是家里的私事，家长主要是利用自己的经历和人生经验培养孩子；现在的社会开放了，家长都是"立足家庭，面向社会"，按照社会的需要培养孩子，并利用社会资源培养孩子。还有，家长和孩子的关系发生了很大的变化。在过去中国家庭里，父与子是人身依附的关系，孩子是家长的私有财产或"附属品"，地位不平等，关系不民主；现在，越来越多的家长注意尊重孩子的人格和合法权益，能够与子女平等对话。

"和谐"，在家庭教育中很重要。父母的适当期望会转化为子女的成就动机，如果过度了，会给孩子造成较大的压力

主持人： 我注意到，很多网友指出，"中国妈妈"在美国成为贬义词，从一定程度上体现了中美两国教育孩子方式上的差异。那么，现在中国式家庭教育和国外相比有哪些特点？存在什么误区？

赵忠心： 我认为，中国式家庭教育存在的一个重要问题是不和谐，教育内容，教育方式方法，教育模式等都表现出不和谐。我归纳为八个方面：第一，重智轻德；第二，重视知识，忽视能力；第三，重视书本知识，忽视生活常识；第四，重视特长，忽视全面发展；第五，重视智力因素的发展培养，忽视非智力因素的培养；第六，重视灌输，轻视自学；第七，重视身体健康，忽视心理健康；第八，重视营养，忽视锻炼。我们的家庭教育实际就是片面的教育，不是完整的教育，或者称为"一半的教育"。这种教育，在孩子智力发展或者是某些方面可能会收到立竿见影的

效果；但是，从长远来看，缺乏发展的后劲，因为是畸形发展。我认为，一个人有自我发展能力，素质就高；缺乏自我发展能力，素质就低。

爸爸在家庭教育中常常缺位。孩子只有在刚柔相济、张弛有度的家庭里生活才是最好的

主持人：有一个网友留言："中国爸爸难道没有教育孩子的责任吗？别用中国妈妈来当垫背的。"我也认为，老是指责"中国妈妈"不够公平，现实情况是"中国爸爸"在家庭教育中常常缺位。

赵忠心：我经常跟一些家长接触，发现一个很普遍的现象：家庭里培养教育孩子的任务，基本都落在妈妈一个人身上。当然，孩子越小，妈妈照顾得自然是越多。做妈妈的责任重大，也很辛苦，受到的抱怨还多。对做妈妈的来说，这是很冤枉的。爸爸不大参与孩子的教育，这里有多种原因。首先，中国传统的家庭成员的习惯分工是"男主外，女主内"。做爸爸的把全部时间和精力都投入事业，确实很忙，顾不上。但也有一些妈妈是"垄断"了孩子的教育，不许爸爸参与。因为在有些家庭里，妈妈不断给孩子在智力开发和文化学习上加压，而爸爸却在暗地里给孩子减负，只会带孩子玩。因此，有的妈妈不允许爸爸"掺和"孩子的教育。正常的家庭教育，父亲是不能缺席的，应当"父母搭档育子女"，共同参与。

实事求是地说，妈妈对孩子包办比较多，一般说要求也比较高，还好攀比。所谓"攀比"，就是专门跟比自己孩子强的比。当然，这和做妈妈的心态有关系，但也不能全怪妈妈，妈妈也是迫不得已。我想，这跟我们所处的社会环境有直接的关系。我们国家的教育资源，特别是高等教育资源严重不足，远远满足不了人们接受高等教育的强烈需求。因此，造成高考竞争十分激烈。所以，不能老是抱怨家长，我们要共同努力，改变目前教育发展相对经济、社会发展还比较落后的现状。

家长要端正心态，家庭教育要以孩子为本，对孩子进行和谐的教育

主持人：有一个网友留言："孩子教育问题的确是大事，我希望孩子能健康、快乐地成长，希望他能懂事，不要太任性，但是实际上做起来很难。"希望在座的专家开一些"药方",我们现在的家庭教育应该怎样进行调整和改进?

赵忠心:我觉得,首先要解决家长的心态问题。我们看到,很多普通农民家庭培养出了优秀孩子,很多都考上硕士、博士。他们的父母并没有很高深的学识,没有逼着孩子去学习,也没有那么多的时间和金钱的投入,但孩子却很有出息。这充分表明,家长的心态比学识更重要。目前,一些家长的心态比较急功近利,就是只顾眼前,忽略孩子长远发展。具体表现:一个是着急,操之过急,从孩子一出生就搞"超前教育";另一个是攀比,专门跟比自己孩子好的比,越比家长越着急,越比孩子越泄气;再一个是要求过高,超越了自己孩子的实际能力,急于求成,给孩子施加过大的压力。适当的压力是动力,过大的压力就成了阻力了。

赵忠心:我给家长提三个建议。

第一,家庭教育要坚持以孩子为本,就是说尊重孩子的年龄特征,尊重孩子的个性特征,尊重孩子的人格,尊重孩子的合法权益。家长不要按照自己的主观愿望随心所欲。

第二,对孩子进行全面的教育,促使孩子和谐发展。就是不能"单打一",不要顾此失彼,不要搞片面性的"一半的教育",以免使孩子畸形发展。

第三,要克服急功近利的思想情绪,不要操之过急,急于求成。我想,要孩子能够获得长足的发展,家长就必须要把眼光放长远。量力而行,循序渐进,这是永远不变的教育原则。

《人民日报》2009年5月15日
本报记者周朗、邓晓霞、温素威采访

19. 中国家庭教育六十年的变迁

我出生于 1941 年，1949 年入小学。像我这种情况，过去有个说法，叫做"生在旧社会，长在红旗下"。我今年 68 岁，见证了新中国六十年发展的历程。

在新中国成立六十周年纪念的日子里，《中华家教》杂志选取了五位不同年代出生的知名人士，介绍了他们在儿童时代接受了怎样的家庭教育。在这个不平凡的日子里，各行各业都在回顾各自的行业发展的历程，《中华家教》杂志策划了这样的一个专题，跟读者一起回顾六十年来，我国家庭教育的发展变迁。可以说是别出心裁，独具匠心，很有创意。一个一个的故事，像一幕幕话剧，生动形象地展示在人们面前，不由得引起人们对自己童年生活的回忆。

家庭教育在我们每个人一生的成长、发育中，具有重要的作用。"万丈高楼平地起"。特别是早期的家庭教育，给人的成长发育奠定了基础。直到我们成年，我们每个人的身上，还都带有我们所出生的那个家庭给予的影响和受到的家庭教育的痕迹，甚至将伴随我们整个一生。当我们自立于社会后，在回顾自己成长的经历时，都会情不自禁地由衷地感激我们出生的家庭，感激我们的父母，是他们养育了我们，带领我们走上了人生之路。我们要继承发扬我国家庭教育的优良传统，一代一代地传下去。

家庭教育是在家庭这个较为封闭的社会组织内实施的一种教育。家庭虽然相对封闭，但家庭生活和家庭教育从来不是与社会生活相隔绝的，家庭和社会生活息息相通。社会的政治、经济、文化的变革，会通过各种渠道传递到家庭里，影响家庭生活和家庭教育，这是不以人的意志为转移的。这五位代表人物所受到的家庭教育，都具有他们童年所处的那个年代的鲜明的时代特征。

作家梁晓声几乎与我们新中国同时诞生。解放初期，要在经历了百年战争的废墟上，建立一个新中国，百废待举，百业待兴。人民的生活是安定了，但贫穷还没有完全摆脱。尽管当时人民的物质生活十分匮乏，但对未来却充满着希望，没有放弃对孩子的培养教育。梁晓声的家庭生活虽然捉襟见肘，但家长并没有因为贫穷而放弃对他的培养教育，父母克服种种困难，可以说是竭尽全力支持他读书学习，这充分表明他的家长是有远见卓识的。"反正看书对孩子总是有些教育的，算我这两天活白做了呗！"反映当时的家长对未来的憧憬，为了孩子的前途，家长做出了无私的奉献。

杨利伟出生在20世纪60年代初期。全国人民在党的领导下，克服种种前进道路上的困难，经过十年的艰苦奋斗，社会主义社会建设取得了令世人瞩目的成就。进入60年代，由于天灾人祸，经济发展遇到了前所未有的困难。但伟大的中国人民没有被暂时的困难所吓倒，自力更生、奋发图强的革命英雄主义精神一直激励着亿万中国人民。这种精神，人们自觉不自觉地体现在家庭教育当中。谁都没有想到中国第一位走上浩瀚宇宙太空的英雄杨利伟小时候竟然胆子很小，是有远见的父亲有针对性地进行了培养和训练，造就了他的勇敢大无畏的精神。"这孩子的性格不改变，怕是长大后不能成事。"杨利伟父母的见解，很值得今天的父母们深思。外祖父、外祖母给杨利伟讲述的飞天的神话故事，激发了他飞上天空对宇宙进行探秘的向往。如何对孩子进行启蒙教育，这影响孩子以后发展的方向。

出生于1973年的邓亚萍，从事乒乓球体育专业，按照专家的说法是"个子矮，胳膊短，没培养前途"。就是这样的身体条件，她驰骋在世界乒坛，横扫各路乒乓球精英，创造了乒乓球运动史上许多奇迹。回顾她的成长经历，是她出生的家庭影响和特殊的家庭教育，起了决定性的作用。中国古代有这样一个成语："克绍箕裘。"此语出自《学记》："良冶之子，必学为裘；良弓之子，必学为箕。"这是说，善于冶铸的人，其后代见父亲冶炼碎金熔铸，往往根据其道理补缀兽皮为皮袍；善于制造弓的人，其后代见父亲弯竹为弓，便往往根据其道理弯柳枝为簸箕。这是指后代能很好地继承父祖辈的事业。父母的职业优势和特殊技能，往往是家长培养特殊人才的优质教育资源。邓亚萍的父亲不仅具有乒乓球的专业技能，更有正确的教育思想。培养人才要重视"条件"，但不能陷入"唯条件论"，只

要充分发挥人的主观能动性。"先天不足后天补",一语道破了成功的诀窍。邓亚萍的成长道路并不是一帆风顺。难得的是她遇到挫折,首先是父亲没有灰心丧气,这给予邓亚萍以极大的鼓舞。直到成年,她仍由衷地说:"父母之爱,依然是我明日的阳光!"

　　进入20世纪80年代,我国出现了大批的独生子女。他们现在已经走向社会,被称为"80后"。独生子女的教育,对向来是多子女的中国家长来说,就像是"老革命遇到了新问题"。家里只有一个孩子,"独一无二"、"不可多得",十分宝贵,那可真是"捧在手里怕掉了,含在嘴里怕化了",倍加呵护。其结果使一些独生子女失去了"腾飞"的能力,成为"啃老族"的一员。然而,面对市场经济社会,很多家长头脑清醒,很有见地,他们立足家庭,面向社会,按照社会的需要塑造自己的孩子。李想的父母为了把他培养成为能自立于社会、能有所作为的人才,从小就给他创造了非常宽松的生活环境,有意识地培养他的自主意识和能力,使他增强了自信心,这为他走上独立创业的成功之路奠定了基础。

　　进入90年代后,为了适应社会发展的需要,国家大力推行素质教育,要把年青一代培养造就成为高素质的建设人才。这是百年大计,需要学校教育、社会教育和家庭教育共同参与。家庭作为孩子最初的生活场所,家长作为孩子的首任教师,责无旁贷,义不容辞。杨懿的脱颖而出,首先得益于他的家庭,引导他走上发明创造之路的是他的父亲。与众多家长不同的是,杨懿的父亲没有急功近利,只是把精力放在培养孩子应付升学的能力上,有意无意地限制孩子的发展;而是眼光放得很长远,创造宽松的环境和适宜的条件,广泛发展孩子的兴趣,培养独立思考的能力,增强自我发展能力,也就是让孩子有发展的"后劲"。从杨懿成长发展的轨迹我们可以发现,孩子的创造力不是家长或教师"教"的,人的创造力不是靠"灌输"获得的,而是在学习和实践过程中自我发展起来的。家长的责任就是创造适宜的环境和条件,加以因势利导。

　　社会进入了21世纪。21世纪所出生的孩子正处儿童期,这是孩子成长的关键期。社会的发展,对这一代人提出更高的要求,他们在未来将面临更新更严峻的挑战,作为孩子的首任教师——广大家长道远而任重。与此同时，社会的发展也给这一代提供了越来越优越的发展环境和条件，家长们应该树立信心，充分挖掘利用。我们要把孩子培养成为高素质的人才，一方面应该不断地总结成功的家庭教育经验，发扬光大；同时，也要不断了解、研究家庭教育面临的新情况和新问题，把继承发扬优良的家庭教育传统和家庭教育创新结合起来，为实现家庭教育科学化、现代化，为振兴我国新时期的家庭教育而共同努力。

《中华家教》杂志 2009 年第 10 期
本刊记者张银萍采访

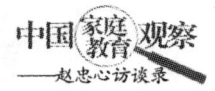

20. 我国家庭教育的发展趋势与对策
——全国教育科学规划教育部重点课题
"新时期家庭教育的特点、理念、方法研究"

孩子的健康成长关系着千家万户的幸福，更关系着中华民族的未来和希望。一个孩子从出生到步入社会，家庭是孩子重要的生活空间。家庭是培养和教育孩子的重要园地。家庭教育是学校教育的重要延伸和必要补充，具有不可替代的特殊作用。

应该如何加强和改进我国家庭教育工作呢？我国家庭教育有哪些发展趋势与对策？带着这些问题，专门请教了北京师范大学赵忠心教授。

赵忠心教授兼任中国教育学会家庭教育专业委员会理事长，是著名的家庭教育专家。

我们的谈话从当前家庭教育的变化和特点谈起。

总课题组办公室问（后简称"问"）：赵教授，在经济社会快速发展的今天，我国家庭及家庭教育都发生了哪些变化？

赵忠心答（后简称"答"）：家庭不仅是生活单位，也是文化载体。家庭教育的一个重要历史使命就是传递社会文化。因此，家庭和家庭教育的发展变化，应当看成是一种文化的"遗传变异"。随着社会的改革开放和市场经济的发展，家庭和家庭教育从表层文化，到中层文化、深层文化都发生了一系列的变化。

问：请您先谈谈当前我国家庭的变化？

答：我国家庭的变化表现在八个方面：

1. 家庭经济状况普遍得到改善，逐步由清贫到富足，给家庭教育提供了越来越优越的物质基础。

2. 联合家庭越来越少，核心家庭越来越普遍。家庭结构由复杂到简单，家庭规模相应地缩小，家庭的内聚力（凝聚力）增强。

3. 家庭模式由单一到多样化。如完全家庭、单亲家庭、再建家庭、留守家庭、空巢家庭、跨国家庭、丁克家庭、单身家庭等，使家庭教育变得个性化、多样化、复杂化。

4. 家庭本质关系重新组合，由"父子核心"到"夫妻核心"，夫妻关系成为家庭稳定程度的决定性因素。

5. 家庭成员之间关系逐步由尊卑贵贱趋于平等平权，由专制走向民主，子女不再是家长的附属品，享有合法权益。

6. 婚姻关系越来越脆弱，经不起风吹草动，离婚率居高不下，家庭的稳定性越来越差，孩子的家庭生存环境趋于恶化。

7. 家庭的功能发生变化，有的弱化（如生产、生育功能），有的强化（如教育、亲情功能），有的从家庭转移到社会（如保护、娱乐功能）。

8. 家庭生活与社会生活的联系逐步密切，家庭的封闭状态逐步被打破。

上述这些变化，直接或间接地影响了家庭教育的实施和效果。

问：在家庭诸多变化的背景下，家庭教育又出现哪些变化？

答：我国家庭教育的变化表现为八个方面：

1. 生育子女的目的由满足家长的物质需求（养儿防老）到主要满足精神需求（精神慰藉）转化。但遗憾的是，"养儿啃老"的现象出现了。

2. 子女数量观和质量观发生变化。由过去的多子多福、多多益善转变为"少而精"，一个足矣。极端的还不要孩子，丁克家庭越来越多。

3. 家庭教育受到空前重视，舍得投入，教育模式由"粗放式"转变为"集约式"。即由"浅耕粗作，广种薄收"到"精耕细作，精雕细刻"。

4. 家庭抚养、教育、保护社会化的成分越来越多。减轻了父母养育的负担，但使父母子女亲情渐渐淡化。

5. 家庭教育方式方法由专制、野蛮逐步走向民主、文明，子女的合法权益得到保证，家长的权威受到挑战。

6. 家庭教育由封闭走向开放。表现是：由单向管束到双向互动，由单纯说教到实践锻炼，由与社会隔绝到以社会为课堂。

7. 家族的教育传统对子女教育的制约和影响逐步减弱，代之以现代的

公共的家庭教育理念。

8. 子女的兴趣爱好、发展方向、职业选择,由家长做主转变为由子女自主选择,"克绍箕裘"的现象大为减少,子女的个性得到解放和发展,等等。

问:家庭教育的关键是提高家长的素质。当前我国年青一代家长面临什么样的问题呢?

答:我国家庭及家庭教育这些发展变化,使广大家长们面临着许多的前所未有的困惑,主要表现在以下八点:

1. 家长的教育意识普遍增强,但生活压力大,心有余而力不足。

2. 家长望子成龙心切,期望值很高,但教子成才无方,有眼高手低之感。

3. 面对令人眼花缭乱的教育信息,缺乏分辨、筛选和取舍的能力,无所措手足。

4. 有能力并舍得进行教育投资,但不知道该投向哪里?举棋不定,感到迷茫。

5. 影响子女成长的不良社会因素日益增多且复杂化,家长难以预测和控制。心神不定,担惊受怕。

6. 儿童健康发展需要减轻学习负担,但升学竞争日趋激烈,孩子的压力有增无减,家长进退维谷,左右为难。

7. 社会急剧变革中家庭里的"代沟"尤为突出,且日益加深。如何架起两代人之间沟通的桥梁,困扰着许多家长。

8. 市场经济的发展冲垮了传统道德观念的堤坝,但新观念体系还没有建立起来。对孩子进行道德品质教育,不知道如何把握,感到迷惘。

比如:诚实守信是不是就等于迂腐,诚实守信教育是不是过时了?孩子之间发生矛盾冲突要不要忍让,忍让是不是没出息?竞争是不是当今社会唯一的行为准则?要不要合作、互助、协作、谦让?团结、友爱、谦虚、和气、善良、怜悯还是不是美德?要不要提倡勇敢、冒险?生活水平提高了,还要不要提倡艰苦朴素?"向老师反映情况"跟"打小报告"是不是一个概念?劳动手段越来越现代化,艰苦奋斗、吃苦耐劳的品质要不要培养？集体主义还要不要提倡？等等如此一系列的问题，困扰着许多家长，都需要予以解答。

问：当前我国家庭教育有哪些新情况和新问题更值得我们去关注呢？

答：家庭生活与社会生活是息息相通的。社会的种种变革，通过各种途径和渠道传递到家庭生活中，渗透到家长头脑里，直接对家庭教育产生影响，使家长面临许多前所未有的新情况和新问题。

首先是家长心态问题。

心态跟人的成长经历和素养有很大的关系。现在中小学生和幼儿的家长身上有两个令人瞩目的标签：一个是"80后"，另一个是"独一代"。他们出生在特殊年代，具有特殊的身份，是一个很特殊的社会群体，身上带有鲜明的时代印记。

他们出生在盛世，受教育年限多，思想解放，对新思想新事物非常敏感。但都是"被呵护"中长大的，自我中心意识突出，没有经历过磨炼，心理年龄与实际年龄不相符；对己对人没有承担过责任，社会责任意识差。最近年轻人出现的"孩奴"和"父母皆祸害"的思想，虽然不是思想的主流，但这种思想倾向，值得关注。

一转眼的工夫角色转变，做了父母，而且面临的教育对象还是"独二代"，这对他们是一个严峻的挑战和考验。

问：您注意到了当代年轻的家长的重要特点。请您详细谈谈他们普遍的心态特点。

答：这代父母普遍的心态就是"急功近利"，"心浮气躁"。何谓"急功近利"？就是急于取得成效，只贪求眼前利益，忽视或牺牲长远利益；何谓"心浮气躁"？就是不踏实，遇事不动脑筋思考，头脑一热就草率做出决定。

具体表现是：

一是"着急"：事事都要提前行动，操之过急，急于求成：要孩子提前识字、读书、学算术、学外语；过早给孩子定向，掌握专门的技能技巧，千方百计提前入学。盲目实施超前教育，有如"杀鸡取卵"，进行"掠夺性"的智力开发。越来越多的孕妇为孩子早入学提前剖腹产，着急

程度登峰造极，无以附加。

二是"攀比"：虚荣心太强，喜好攀比，不跟同等情况的孩子比，专门跟比自己孩子强的比。看到别的孩子比自己的孩子强心理就不平衡，心急火燎；看到自己的孩子比别的孩子强，心理才平衡；不正视自己孩子的实际，看不到自己孩子的进步和变化。

三是"盲从"：不动脑筋思考，缺乏主见，"傻子过年看邻居"，随大流，赶时髦，从众心理严重；贪图省力，盲目追求简单、易行、高效的所谓教育的"捷径""绝招"；缺乏分辨能力，常常被张悟本式的伪"专家"所"忽悠"，上当受骗。

四是"片面"：好追逐捷径，"偷工减料"，"单打一"，只进行"一半的教育"，家庭教育片面性非常严重，如：重智轻德、重知识轻能力、重书本知识轻生活常识、重特长培养轻全面发展等等，造成孩子发展畸形，缺乏发展的后劲。

问：您对当代年青一代家长的家教"心态"分析得很深刻。此外还有什么特点？

答：第二是父母与子女的感情越来越疏离。

许多事实表明，现在的子女与父母之间不像过去那样亲近、密切，越来越疏远、生分，父母的感染力越来越小，家庭教育独特的优势日渐削弱。

主要原因是父母在抚养教育中对子女在感情上投入日渐减少。家庭养育本来是非常私人化的行为，但许多本来该由父母亲力亲为的事，却交给了别人，转嫁到社会的成分越来越多。比如：

乳儿期、婴儿期的孩子由父母亲自带的越来越少，交给保姆、老人带的越来越多。孩子管阿姨叫"妈妈"，管妈妈叫"阿姨"的屡见不鲜，跟父母生分甚至不认父母的，大有人在。

让孩子吃母乳的越来越少，而改喝牛奶，还得是外国的。孩子闻到妈妈气味的机会越来越少。过去说"有奶便是娘"，现在有奶的不见得都是娘。

不给孩子用尿布，懒得侍候孩子，普遍改用尿不湿。倒是省事了，但与孩子的皮肤接触大为减少。将来孩子不听话，再说"一把屎一把尿地……"就理不直、气不壮了。

过去是"慈母手中线，游子身上衣"，现在是"慈母手中钱，孩子身上衣"，亲手给孩子制作衣服的妈妈越来越鲜见。身上衣服虽然价钱昂贵，档次很高，但不见得贴身。

送两三岁的孩子入整托、小学生住寄宿学校、中学生到外国留学的越来越多。孩子认为父母不喜欢自己。作家王朔小时候就觉得自己不是爸妈生的，而是"政府生的"，长大后仍旧耿耿于怀。要提防将来你老了孩子也把你送敬老院，也是一个星期接你一次。

家庭教育不亲自做，花钱雇佣家庭辅导教师或寄托在别人家，让外人代行教育职责的越来越多，成为纯粹的只管"衣食"的父母。

因出国留学或异地就业与孩子两地分居的越来越多，只是相片上看得见，伸手摸不着，父母在孩子心中只是一个虚幻的"概念"。

离婚率与日俱增，置子女合法权益于不顾，残缺家庭越来越多，父母这个"保护伞"越来越靠不住，孩子不相信人间还有"真情"。

极个别人甚至都懒得亲自生孩子，什么借腹生子、试管婴儿越来越多，自然分娩的越来越少，剖腹产的则呈几何级数翻番。

孩子变得冷漠，与父母若即若离，形同陌路。这不能责怪孩子，父母应反躬自问。

问：缺乏父母子女的亲情沟通与交流确是当前家庭教育中的一个重要问题。此外还有什么问题？

答：第三是社会信息化的影响问题。

社会信息化是一个异常迅速的变迁过程。一位法国经济学家估算，今天每三年发生的变化，相当于旧石器时期三千年的变化。

传递信息渠道增多，传播手段现代化，信息传递速度快，信息量大增，社会和家庭信息化的程度迅速提高，儿童青少年随时随地都可以获得信息。现在的孩子在一年内获得的信息，几乎相当于爷爷那辈人一生获得的信息量。扩展了眼界，增长了知识，开阔了心胸。但也至少带来了两个问题。

一是当信息泛滥时，难免泥沙俱下，鱼龙混杂，夹杂着一些不良信息。孩子们对信息感受的能力很强，而"筛选"能力却很差，形成了巨大的反差，往往积极的和消极的信息兼收并蓄，难免受到不良思想和生活方式的影响。违法犯罪青少年中的绝大多数都是被不良信息所俘虏的。

二是社会信息化的高度发展，子女可以自由地自主地获得社会信息，这就打破了长期以来成年人"垄断信息"的局面，子女不再像过去那样对家长奉若神明、言听计从，家长在子女面前的威望受到了前所未有的挑战。

问：您很早就提出对孩子的"闲暇教育"问题。请您详细谈谈。

答：闲暇是指工作、学习之外完全由自己支配的状态；而孩子恰恰缺乏自主支配闲暇时间的能力。如何安排和利用闲暇时间，对于孩子的安全和发展具有重要的作用。

"闲暇"这个概念是从农业学借鉴来的。最早研究闲暇问题的是两千多年前古希腊的亚里士多德；马克思在《资本论》中把休闲时间的多少看成是衡量社会发展水平的最客观的标准。20世纪初美国杜威指出：闲暇教育是"最为严肃的教育任务"。

自20世纪90年代实行双休日制度以来，加上寒暑假、节日长假，中小学生每年的闲暇时间长达170多天，接近一半。学校放假，家长上班，孩子处于失控状态。但孩子的头脑不会处于真空状态，积极的思想不去占领，消极的思想就会趁虚而入。

1995年我国刚刚实行双休日的时候，在一个青少年思想道德研讨会上，我就提出要加强中小学生的闲暇教育，教孩子们学会休闲。一位教育部门的领导说我的主张太消极了。

我当即向他提出了两个问题：

第一个问题是请他调查："违法犯罪青少年是在什么时候开始学坏的？"其实不用调查，肯定是在休闲时间。我国近十年来，违法犯罪青少年增长了十倍。其中，86.6%是因为在闲暇时间结交品质恶劣的朋友，96%的种种坏习惯是在闲暇时间养成的。休闲教育迫在眉睫。

第二个问题是："中小学生的兴趣爱好、特长发展和适应社会生活的能力是什么时候获得的？"毫无疑问，也是在休闲时间获得的。从事有益的休闲活动，可以满足兴趣爱好，发展特长，进行社会交往和社会实践，培养能力，增长知识，开阔眼界，能获得许多在课堂上学不到的东西。

中小学生在学校读书是"发展"，从事有益的闲暇活动是另外一种"发展"。两种"发展"相辅相成，相得益彰。可以促使孩子和谐发展。爱因斯坦说过："人的差异就在于如何利用业余时间。"闲暇教育至关重要，不容忽略。

而家庭是青少年闲暇生活的第一场所，家长则是进行闲暇教育的第一责任人。对孩子进行闲暇教育，是当今家庭教育的一个重要任务。

问：单亲家庭的子女教育问题是人们关注的一个重要问题。请您谈谈家庭不稳定的影响问题。

答：近些年来，夫妻离异处于迅速增长的趋势。1979年，中国的离婚率为4%；2009年上升到30%，三十年增长近十倍。北京的势头更猛，去年的离婚率达39%，三分之一还要多，在全国遥遥领先。

"80后"夫妇基本上都是独生子女，自我中心意识太强，社会责任和家庭责任意识淡薄，缺少忍让性、宽容度。婚姻基础脆弱，稍有风吹草动就会解体。过去离婚是"忍无可忍"，今天可潇洒多了，说离就离。有"两多"现象值得关注：一是因一些鸡毛蒜皮的生活琐事引发离婚的越来越多；二是"闪婚闪离"的越来越多，最短的婚姻存续时间，只有二十五分钟。

中国多数离异夫妻的婚姻年龄，简称"婚龄"，是六七年，正所谓"七年之痒"。正是孩子上小学的时候，尚不能独立生存，心理的承受能力差。"城门失火，殃及池鱼。"父母离异是家庭的重大变故，对孩子的伤害程度仅次于亲人死亡。

"天要下雨，娘要嫁人"，势不可当。要完全避免对孩子的伤害，不太可能。但减少伤害，还是有所作为的。

夫妻离异是文明社会的产物，那么，离异行为应当是文明的，而不是野蛮的。中国"打离婚"、"闹离婚"的很多，又打又闹，跟享受文明社会赋予的权利很不般配，不仅使当事人身心疲惫、焦头烂额，也给孩子心灵

的伤口上又撒上了一把盐。

夫妻要以平和的心态结束"失败的婚姻",争取"成功地离婚",双方共同努力,最大限度地减少对孩子的伤害。

问:面对我国家庭教育出现的新情况和新问题,全国广大家长们应如何面对呢?

答:为了应对随着社会发展不断出现的新情况和新问题,改善家庭教育,家长必须处理好以下几个关系:

1. 抚养和教育的关系,简称"养""教"关系。

家庭教育是一种生活教育。"养"和"教"都是重要的,要"养教并重",顾此失彼,重此轻彼,都是有害的。应当"养教合一"。没有单纯的"抚养",养中必然有教,养的方式方法和过程一定渗透着某种教育思想;"教"也不是孤立的,教育往往寓于抚养之中,体现在抚养的全过程。在"抚养"过程中要增强教育意识,使孩子不知不觉就受到教育;教育寓于抚养之中,孩子从情感上也易接受教育。"养"与"教"要兼顾,相互渗透。因为家庭教育本来就是寓教育于日常生活之中。"养"和"教"可以有分工,有所侧重,但不能分家。所有家长都要一身而二任。

2. 家长教育子女和子女自我教育的关系。

许多家长对孩子的管理、保护、培养教育过度,几乎是"包办"孩子的成长。特别是做妈妈的,被称为"教育妈妈"的越来越多。这不是褒义词。

许多家长是该管的管,不该管的也管;该保护的保护,不需保护的也保护;该教的教,不该教的也教。比如婴幼儿阶段翻身、站立、走路、吃饭等,这都是本能,本能都是无师自通,不教就可以学会。但很多家长都一一去教。结果,压制了孩子的求知欲望,学习的主动性、自觉性、积极性越来越差,一切都等待家长教,家长不教,孩子就不学,变得消极、被动。长此以往,会使孩子越来越退化。必须明白,不是教育得越多越好,什么事情都是过犹不及。要给孩子留有自学的空间,创造条件让子女进行自我教育。

3. 对子女的今天负责和对一生负责的关系。

在社会上，年轻人的学历越来越高。但"高分低能"，"高学历低成就"的现象屡见不鲜。究其原因，与从小受到的家庭教育有直接的关系。许多家长只顾眼前的考试分数，在班里的名次，上什么学校，而忽视孩子德智体全面发展；把孩子的学习严格地限制在考试的内容上，局限在课本上，课本以外的知识不能接触，把孩子培养成为应付考试的机器，知识面很狭窄，缺乏自我发展能力。一旦离开家长、老师走上社会，便会无所措手足，无所作为。最近一项调查表明，全国历年的高考状元，走上社会后在事业上做出突出成绩的基本没有。家长要把眼光放长远，立足今天，面向未来，以科学发展观为统帅，树立"今天的教育不仅要有利孩子今天的发展，更要有利孩子明天和后天的发展"这样一个科学的教育理念，把对子女的今天负责和一生负责统一起来，兼顾眼前发展和长远发展。

4. 家庭教育和学校教育、社会教育的关系。

家庭教育要与学校教育密切配合，但不是学校的"承包机构"。现在，家庭教育扬短避长，教育重点"错位"，家庭教育成为学校教育的翻版，家庭成了"第二课堂"，家长则成为学校老师的"助教"，"学校化"的倾向相当严重，使孩子越来越反感。家庭教育成为学校教育的附庸或补充，处于边缘地位，不再是独立的教育形态，家庭教育的职能作用越来越削弱。

家庭教育要立足家庭，面向社会，密切联系社会实际，充分利用优质社会教育资源，按照社会需要培养教育孩子。面对越来越复杂的社会环境，家长既不能回避，也不能把孩子往社会上一推了之，要有目的有意识地、选择引进社会教育资源为子女教育所用。

问：在今后一段时间内，加强和改善我国家庭教育工作具体应该采取哪些对策？

答：加强和改善我国家庭教育工作，要切实做好以下四个方面的工作：

第一，既要与学校教育密切配合，也要坚持家庭教育的独立性。

现在，家庭教育重点"错位"的现象非常普遍。家庭成了"第二课堂"，家长成为老师的"助教"，家庭教育成为学校教育的翻版，家庭教育

"学校化"的倾向相当严重。家庭教育不再是独立的教育形态,成为学校教育的附庸,处于边缘地位,家庭教育的职能作用越来越削弱。

要摆正家庭教育的位置,家庭教育要保持独立性。家庭教育要与学校教育配合,但不是学校的"承包机构",要承担社会赋予的使命,充分发挥家庭教育的职能作用。

第二,家庭教育指导要坚持以公益性为主,不能一股脑推给市场。

青少年儿童教育关系到千家万户的切身利益,也是关系到国家的前途和民族未来的大事。国家坚持教育的公益性和普惠性,坚持义务教育的强制性、免费性和普及性。根据这个精神,家庭教育作为国民教育体系的重要组成部分,指导工作也应该坚持以公益性为主。市场化的家庭教育指导可以作为补充,但不能往市场上一推了之。

第三,要充分发挥教育部门指导家庭教育的主导作用。

学校是专门的教育机构,学校教育在国民教育体系中居于主导地位,发挥主导作用。根据国际上的惯例,家庭教育指导应该是政府行为,学校指导家庭教育是发挥主导作用的重要体现,是学校分内的事,义不容辞。学校是专门的教育机构,教育资源丰厚,完全有能力承担这个责任。

第四,家庭教育指导要坚持"古为今用,洋为中用"的方针。

长期封闭时,人们往往"坐井观天,夜郎自大";突然开放,往往走向另外一个极端,数典忘祖,"言必称希腊",崇洋媚外,民族虚无。

全盘否定中国传统的家庭教育文化是不对的,但全盘照搬也是一种偏颇。因为历史文化传统毕竟是当时社会产物,不可能没有历史的局限性,应当批判地继承。

外国先进的家庭教育文化,要虚心学习,大胆借鉴。但要认真咀嚼、消化,不能生吞活剥。囫囵吞枣,食而不化,会消化不良。中外文化背景存在很大的差异,生搬硬套,会"水土不服"。要根据中国的国情和需要,有所选择、取舍,并努力使之本土化,融入中国的家庭教育文化。

问:您对我们课题组进行的家庭教育研究有何建议?

答:要推动我国家庭教育工作,没有理论指导,实践将是盲目的,所以必须切实加强家庭教育理论研究。其中,要特别关注家庭教育的发展变化。

家庭教育是历史的范畴，不是静止不变的，而是随着社会的进步而发展变化，并且带有所处的那个历史阶段的时代的特征。

研究家庭和家庭教育发展和演变的进程，可以有助于认识家庭和家庭教育发展的趋势，展望未来的发展前景，预测层出不穷的新情况和新问题，以便提出相应的对策。

总课题组办公室采访
（2011年7月5日）

正本清源

——赵忠心答疑家庭教育问题

1. 漫谈给孩子起名儿

我们每一个人,都无一例外地有自己特定的名字,亦即"称谓",如"张三"、"李四"、"王麻子"等。不知道人们进一步想过没有:人为什么要有一个特定的"名字"呢?其实这很简单:取名字的目的,就是在平时生活和社会交往中,以表示自己与他人的"区分"。如此而已,就这么简单。

所谓"名字",其实就是人的代号。尽管起名的目的和作用如此简单,但人要是没有名字,那在日常生活和社会交往中,将会遇到许多麻烦。在中国,各民族人民起名字的传统方式虽然各有不同,但向来都是很有讲究的。

中国人的名字,多为"姓"与"名"连称,"名"多为一字或两个字。有子女从"父"姓的,也有子女从"母"姓的;但中国人一般是从"父"姓,因为中国传统的家庭是典型的封建家长制,以"父子为中心"。所以,子女从"父"姓就这么一直延续下来,成为传统。

中国人的名字,有"乳名"、"学名"、"别名"、"字"、"号"之分,亦有"雅称"、"昵称"、"贱称"之别。所谓"乳名",或称"小名"或"奶名",即童年时期的名字,一般在孩子出生三个月时,选择吉日举行命名仪式。"学名",俗称"大名",是指人的正式名称,相对"乳名"而言,更为重要,往往使用终生。在过去一般都由家长、族长或有学识的人正式命名,也有在孩子入学时,请先生取名的。"别名",即正式名字以外的称号。"字",通常与"名"相附,以字释名,即根据人名中的字义,另取的别名叫"字",如岳飞,名"飞",字"鹏举"。"号",多在官宦名流、文人学士中流行,原指名和字以外另起的别号,后来也泛指名以外另起的字。

给孩子起名的依据各不相同。比如,宋朝爱国名将岳飞名"飞",

字"鹏举"。据说，岳飞刚刚生下来的时候，恰巧有一只大鹏鸟从岳家屋顶上飞过，父母就给他起了一个单名叫"飞"，字"鹏举"，意为"鹏程万里，远举高飞"，有远大志向，在事业上大有作为的意思，以此寄托父母的希望。而宋朝苏轼自幼聪慧过人，读书过目不忘。父亲苏洵担心他锋芒太露，不刻苦耐劳，就以"轼"——"车前用作扶手的横木"做象征来警戒他，要他加强自我约束，可不要像车前那根横木那样外露而不加掩饰。

鲁迅先生给儿子取"海婴"的名字，就是为了纪念出生地，因为儿子生在上海，没有其他的意思。鲁迅说："孩子出生在上海，是个婴儿，就叫他海婴。这名字读起来颇悦耳，字也通俗，但却绝不会雷同。译成外国名字也简便，而且古时候的男人也有用'婴'字的。"如我国古代"韩诗学"的开创者、西汉的韩婴。

有的家庭给孩子起名却很随意，没有什么讲究。比如河北一带的"撞街"的风俗：婴儿出生三天，由本家有声望的老人抱着上街，在街上首先遇到谁，就请谁为小孩子起名。如遇不到人，那就遇到什么事物就用什么做孩子的名字。我的老家就是河北，我虽然很喜欢我的一双儿女，但起名字还是延续了河北的传统，两个孩子的名字，都是由我当时供职的北京师范大学附属中学看传达室的李师傅给起的。儿子叫凯旋的"凯"，女儿叫文质彬彬的"彬"，从小到大，一直使用。

另外，给孩子取名，还讲究"男女有别"。一般给男孩取名，多是带有阳刚之气，如"志"、"强"、"刚"、"健"、"勇"、"猛"、"壮"等等；而女孩的名字，则一般带有柔情的味道，如"花"、"草"、"莲"、"芳"、"芬"、"菲"、"玲"、"玉"、"美"、"丽"等等。按照性别起名字，有它特有的好处，比如，从名字上一看一听，就能辨别出人的性别，而且对人也是一种暗示，使男性更刚强，使女性更温柔。但是，近来有些变化，给孩子起"中性"名字的越来越多。个中原因，也许是家长希望孩子能有男人的刚强，也同时具备女人的温柔，兼而有之，人格更为完备。

不过，现在家长给孩子取名字，有两点倾向值得注意：

一是名字不通俗，字太生僻，不好认，不好读，不好写，特立独行，刻意追求与众不同。这样的名字在流行数字信息化的时代，会带来许多意想不到的麻烦。有个妈妈说她请别人给孩子改了名字，其中有一个字极其生僻，没几个人认得，虽然保证不会有重名，但在更改户口上的名字时却遇到了麻烦，因为我国户口早已是微机化管理，这个字根本就打不出来。而且孩子在以后入学、办理身份证或其他业务时都会遇到类似的麻烦。虽然法律规定公民享有姓名权，改个名字也是个人的事儿，但任何个人的成长过程都必须接受社会的管理。所以，即使改名，也不能不考虑自己和社会的便利性。

二是有的家长请人解读孩子名字的含义，预测孩子的命运，并不断地给孩子更改名字。这实在没有必要。孩子的名字本来一般都是家长亲自给起的，其中的含义家长最清楚不过。何需请别人解读名字的含义？说白了，无非是为了讨个"吉言"而已，实属迷信。有的家长为了图吉利给孩子选了生僻的字，标新立异，追求与众不同。结果，"名字"就给孩子造成了诸多的不便和麻烦，你说是吉利还是不吉利？

人的"名字"说到底，只不过是一个代号而已。关系一个人一生成败的因素、变数很多很多，如身体、智力、品格发展状况、家庭环境、家庭经济条件、家庭教育、受教育程度，以及所处的社会环境、历史时代等等，决不是一个"名字"所能决定的。

给孩子起一个好听的名字，只能表达或寄托家长的期望，实际上对孩子起不了什么作用。起名为"发财"、"进宝"的，不都是大款，也有受穷的；起"若愚"、"效愚"名字的人，并不是都愚笨，聪明的、有成就的比比皆是。

据《扬子晚报》报道说，世界上的父亲都希望给子女起一个好听的名字。然而，20世纪50年代，纽约市的一位父亲罗伯特·拉尼，竟将他的两个儿子一个取名叫做"成功者·拉尼"，一个取名叫"失败者·拉尼"。但罗伯特做梦也没想到的是，40多年后，现年46岁的儿子失败者·拉尼处处"成功"，他考上了名牌大学，毕业后，参军成为一名高级军官，如今成为一个受人尊敬的纽约大侦探。而现年49岁的成功者·拉尼的人生却处处"失败"，成了一名拥有31项犯罪记录的罪犯。如今，他住在纽约贫民区的一个流浪者收容所中。

对孩子的起名,家长还是要理智对待,不要在无关紧要的"名字"上多费心思。要孩子能成才,还是要在培养教育上切切实实地多下些工夫。

《学前教育》杂志(北京)2005年第4期
本刊记者李一凡采访

2. 京城家庭照顾儿童太过度

2004年9月9日至10日，北京妇女发展儿童成长论坛成功举行。会上，有关专家明确指出，对孩子的"过度照顾"已经成为一个社会问题，需要引起家庭、学校、社会的共同关注。

中国教育学会家庭教育专业委员会理事长、北师大教育科学研究所研究员赵忠心在接受本报记者采访时明确表示，家长对小孩子进行照顾是必要的。因为小孩子不具备生活自理和自我保护能力，生存和生活条件都需要家长提供，生命安全也需要家长保护，在生活上照顾小孩子这是家长应尽的责任和义务。但随着孩子年龄的增长，生活自理和自我保护能力的提高，家长要逐步由"两只手"照顾，改为只用"一只手"照顾。所谓用"一只手"照顾孩子，这是陈鹤琴先生提出来的，就是不要包办代替，凡是孩子能自己做的，就要由孩子自己做。培养孩子自我照顾和自我保护的能力，这是早期家庭教育最为重要的任务。赵教授呼吁家长在对孩子必要照顾的同时，一定要把握好分寸，尽量不要把"两只手"全都用上，留有孩子"自己的事情自己做，自己照顾自己"的余地，让孩子在实践中自己成长，自我发展，这是符合孩子身心发展规律的。

专家认为，中国社会进入"少子时代"，孩子数量大大减少。常言说："物以稀为贵。"孩子少更值钱，家长视为珍宝；孩子少了，家长也有时间和精力无微不至地照顾。这是过度照顾现象存在的一个重要的背景。

赵教授分析认为，现在中国社会处于"少子时代"。一方面，很多人面临社会竞争的压力，不愿意多要孩子，甚至不打算要孩子。另一方面，我国推行计划生育政策，号召一对夫妇只生一胎，使得一个家庭中孩子的数量降到了最低限度。孩子越来越少，跟我国人民的文化素质提高也有直接的关系，"传宗接代"的思想少了，人们有了理想和追求，也不愿意把大好的青春时光都耗费在侍弄孩子上，希望腾出时间和精力放在充实自

己、发展事业上。与此同时,这种"少子"的现状对于有的家长来说,心理上并不能满足。这种心理使家长总是担心孩子的身体、安全、学习等方面出现问题,从而表现为对孩子的倍加呵护、过度照顾,甚至溺爱。

过度照顾的现象主要表现为,在年龄、生理和心理上已经达到一定程度的孩子,对自己有能力独立完成的事情,仍然由家长包办代替,使孩子过着"饭来张口,衣来伸手"的生活。孩子已经具备了一定的自我保护能力,家长还是抱在怀里不放,不让孩子脱离家长的呵护。此外,隔辈抚养也是家庭对孩子过度照顾的另一个原因。赵教授告诉记者:隔辈抚养中,老人往往对孩子会产生一种不知道怎么去爱的情绪,简单来说就是"爱不够"。老年人有时候比较容易感情用事,难以自我克制;更多的情况是出于帮助子女看管孩子,认为只要不出问题就可,而不是在教育培养上多下工夫。基于这种思想,也就难免对孩子过度照顾,养而不教,甚至溺爱。

另外,学校对学生也出现磨炼度不够的情况,这是一种很不正常的现象。在学校中,老师面对一个班几十个孩子,对学生的教育和管理方式与家长当然不同,不可能像家长那样过度照顾;但是,现在学校对学生的严格和磨炼度似乎大打折扣。赵教授表示,现在学校很怕学生在学校里出事,一旦出事家长不依不饶,这类事屡见不鲜。又是告状,又是赔偿,有的还大打出手,伤害教师、领导,学校难于应付。因此,现在许多学校为避免发生事故,缩手缩脚,谨慎过度,体育课的强度、难度大大减少,不再是以增强学生体质为目的,而是以减少学生受伤为原则;学校现在很少组织校内、校外的集体活动,有的甚至连春游、秋游都取消了。这是一种很不正常的现象。

专家分析,过度照顾会给孩子的生存能力、心理人格、自学能力和责任感培养这四个方面造成不利影响,严重影响孩子的健康成长。

"保护未成年人是家长的责任,未成年人也确实需要家长的保护。但是,保护过度就会对孩子的成长带来一系列的不利影响。有人说中国的孩子是'被抱大的一代',这虽有夸张的成分,但不是无中生有,而是事出有因。这样的孩子将来会有什么出息?能有什么作为?我很担心孩子们的发展前途。"赵教授流露出了对这种过度照顾的担忧。"过度照顾,从主观愿望上来说是好的，但客观上往往事与愿违，会起很大的副作用。"赵教授分析了过度照顾的四大弊端。

首先，它限制了孩子的手脚，让孩子不能够自己成长，自我发展。过度照顾使得孩子有脑不会动脑思考问题，有手不会动手做事情，该学会的知识没有学会，该具备的能力没有具备。但是，随着年龄的增长，这些孩子总是要离开家庭，独立生存和生活。"家庭的一个重要功能就是作为孩子进入社会生活之前的一个'演习场'，家长应该是孩子进入社会的引路人。过度照顾没有起到这个作用，实际上增加了孩子进入社会生活的坡度，加大了难度。没有经历锻炼和磨砺，社会适应能力差，他们会很难融入社会群体，走上独立生活的道路。"

其次，过度照顾还造成对孩子的溺爱，助长了孩子一种特殊化的思想。赵教授告诉记者，小孩子非常敏感，不管多小的孩子，都能感觉到自己在家庭生活中的地位。过度照顾使孩子在家庭中享受着一种"特等公民"的待遇，他们只有权利而没有义务，存在决定意识。长期生活在这种特殊化的环境中，孩子很容易产生一种莫名其妙的自傲思想。"一般情况，受到过度照顾的孩子脾气都比较大，事事都不满意。家长的溺爱会使孩子在心理、性格上形成扭曲，摆不正自己与相关人员之间的关系，不能够正确地认识和评价自己，培养出了自命不凡、傲视一切、藐视一切、盛气凌人的性格。这样的孩子将来如何进入社会，如何与人相处？

再次，过度照顾在很大程度上剥夺了孩子自学的过程。赵教授强调说，"自学"就是自主学习，是主动而非被动学习，这非常重要。孩子长大以后，生活环境比较复杂，面临种种社会需要，必须具备的能力很多。家长和学校尽管在教育上起着很大的作用，但"师傅领进门，修行在自身"。在人的一生中，绝大部分的知识和能力都是要靠自己去学习。"过度照顾无疑是将孩子的手脚束缚起来，把头脑桎梏起来，剥夺了他们自己探索、学习的机会和过程，没有培养出孩子自学的习惯和能力，将来有一天，孩子离开了家庭、学校，离开了家长、老师，他们很可能手足无措，一筹莫展。这是最为有害的。"

最后，他认为，孩子长期受到家长的过度照顾，一切责任都是家长替孩子承担；而孩子对家庭，对家人，却不承担任何的责任和义务。长此以往，孩子就会习惯于一切让家长对自己负责任，而自己却对别人没有任何责任，就会变得越来越自私，这不利于责任心的培养。孩子对自己都不负责任，以后怎么对社会负责任？中国有句古话："一屋不扫，何以扫天下？"如果一个人连一点家庭义务感和责任感都没有，那怎么能谈得上有社会义务感和责任感呢？根本无从谈起。

中国有个成语叫做"过犹不及"。对孩子照顾也不例外。

家长应该反思教育观念。专家呼吁，家庭、学校、社会要让孩子自己成长，给孩子创造实践的机会，培养他们的生活自理能力、自我保护能力。生活自理能力、自我保护能力绝不是先天的，必须靠后天习得。

家长的教育观念应该有所反省，究竟怎样做才是爱孩子？溺爱就是害。赵教授说，他认为家长应该有让孩子吃点苦的心理准备，人的一生难免会遇到很多的困难，甚至是磨难，孩子不可能在家长的保护下生活一辈子。"我主张，家长早放手，让孩子去实践，允许他们在学习的过程中出现一定的错误，让他们学会体验生活、学会面对现实、学会承担各种困难。"

有观点认为，过度照顾是出于安全的需要和迫于学习紧张的压力。赵教授表明了自己相反的看法。他认为，尽管社会生活比较复杂，但是，过度照顾并不是一个积极的教育方法，而是一个消极的教育方法。他提出，教孩子具备自我保护意识和能力，是最好的保护。应该加强孩子对自我保护意识的培养教育，通过实践锻炼，增强自我保护的能力，克服对他人的依赖，这才是人身安全问题最终的解决途径，家长应该在这方面下工夫。

针对升学压力引起过度照顾的问题，赵教授则表示，"升学的压力可以理解；但是这与孩子自我照顾并不矛盾。"他认为，家长愿意让孩子集中精力学习是很对的，但是不能把孩子一切都承包下来，什么都不让他们做。"学习再紧张也紧张不到什么都做不了的程度。现在很多的家务劳动都已经社会化了，本来就没有多少家务事，如果孩子学习不好，绝对不是由于家务劳动过多所致。担心孩子生活自理和参加适当的家务劳动会影响学习，这叫'杞人忧天'！"

让孩子自己成长，就是要创造条件给孩子实践的机会，培养他们的生活自理能力，培养他们的自我保护能力。未成年人需要家庭、学校、社会的保护，但是一定要掌握分寸和尺度，不能过度。过度了，就会走向反面。

赵教授认为，至于这个"度"如何把握，他表示，要从孩子的实际情况出发，孩子小时候，可以多照顾一些，年龄大了就逐步减少照顾；孩子能力强就少照顾，能力不够就多照顾一些。照顾要从多到少、从少到不照顾。但是一定要注意一个问题，照顾他不是代替他们，不单纯是照顾，照顾的过程就是教的过程，是培养的过程，也是孩子学习的过程。就是说，在照顾的过程中逐步教孩子学会生活自理和自我保护，这才是有益的照顾。

家长必须明白，现在照顾的最终目的是为了将来的"不照顾"，要使其尽早摆脱家长这根"拐棍"，摆脱家庭这个"保护伞"。他说："否则，培养出来的孩子，家长永远都不会放心。"

《北京科技报》2004 年 9 月 15 日

3. 任性的孩子其实很痛苦

说"任性的孩子最痛苦"。不可能！很多家长听了肯定会跳起来：什么都依着他们，顺着他们，不让他们受任何的委屈，他们自由自在，无忧无虑，应该是最快乐的。怎么，还会有痛苦？

著名家庭教育专家、北京师范大学研究员赵忠心却言之凿凿："任性的孩子最痛苦。"

赵忠心研究员在接受本报记者采访时说，家长往往以为，孩子的任何要求都是"天然合理的"，对孩子要有求必应，满足他们所有的要求。认为只有这样做才是真正的爱孩子，会使孩子获得"幸福"，否则就会给孩子带来磨难和痛苦。然而，就是家长们的这种"好心"，培养了孩子的任性，给孩子"制造"了痛苦。

所谓"任性"，就是放任自己的性子，一切都让孩子随心所欲，为所欲为，不加约束和限制。不管正确与否，不管可行不可行，只要是孩子想做的事，非做不可，家长就让他们做。

然而，家长应该明白，孩子周围的一切，不都是为满足他们的种种需要和要求而存在的，周围的人也不能完全听从他们的"支配"和"调遣"，他们不可能随心所欲，为所欲为。因此，任性的孩子在日常生活中会经常碰钉子，遭挫折，受打击。他们处处受阻，事事都不顺心，觉得好像人人都是"有意"跟他们过不去，感到非常痛苦，简直是"忍无可忍"。这对他们的身心都会产生不良的影响。而他们又不能主动地自觉地对自己的心理状态进行调整，总是与周围的人和事处于一种"对峙"、"较劲"状态，时间长了，就很可能酿成心理的疾病，如忧郁、偏执、狂躁，甚至出现反社会行为等不良现象。

法国著名的教育家卢梭在他的《爱弥儿》一书中，曾对已为父母的人这样说过："你知道不知道用什么办法准能使你的孩子得到痛苦吗？这个方法就是：百依百顺。"

他举例说："起初，他想得到你手中的手杖，转眼间他又想要你的手表，接着，他又想要空中的飞鸟，想要天上闪烁的星星！他看见什么就要什么，除非你是上帝，否则你怎么能满足他的欲望呢？"

这位100多年前的教育家又举例说："有的孩子竟想叫人一下子把房子推倒，竟要人把钟楼上的风标拿下来给他们，竟要人拦住正在行进中的军队，好让他们多听一会儿行军的鼓声……他们偏要那些不可能得到的东西，从而处处遇到抵触、障碍、困难和痛苦。成天啼哭，成天不服管教，成天发脾气，他们的日子就是在哭泣和牢骚中度过的。像这样的人是很幸福的吗？"

卢梭指出："因为有种种满足他欲望的便利条件，所以他的欲望将无止境地增加。结果，使你迟早有一天不能不因为无能为力而表示拒绝。但是，由于他平素没有受到过你的拒绝，突然碰了这个钉子，将比得不到他所希望的东西还感到痛苦。"

一项对全国22个省市的调查显示，我国儿童青少年行为问题的发生率为12.97%，在人际关系、情绪稳定和学习适应方面的问题尤为突出。大学生有心理障碍者占16%至25.4%。而导致心理不健康的重要因素之一，就是家长对孩子的放任自流，过分呵护。前段时间，媒体报道的大学生马晓明因被劝退学就杀死父亲和奶奶，清华大学学生"伤熊"等这些看来不可思议的犯罪事件，却时时发生在正在接受高等教育的大学生身上，确实令人深省。

面对任性的孩子，有些家长该制止不制止，一味迁就孩子的任性，都是怕孩子受苦；然而，这样做事实上不会给孩子一点点幸福。家长要真正爱孩子的话，就要讲求科学的教育方法，从小严格要求、严格训练孩子。对孩子的要求，该满足就满足；不该满足的，就要拒绝。让孩子早一点体验"拒绝"要比晚体验好。不能不分青红皂白，不管合理与否，可行与否，事事迁就。不要让他们养成任性的毛病，免得让孩子"任性一时，痛苦终生"。

《新京报》（北京）2004年11月5日

4. 压岁钱是不是变味了

大年初一是孩子们收获最多的一天，长辈们要派发压岁钱了。日前，天天副刊论坛发起了"别让压岁钱变了味儿"的讨论，众多网友谈了他们对压岁钱的看法。

赵忠心教授的看法很直截了当：

"过春节长辈给小孩子压岁钱，这本来是我国一个普通的传统习俗。现在给压岁钱这个'钱'字，已经有点变味儿了。过去，长辈给压岁钱给的钱数其实很少，主要是象征性的给予晚辈一个平安的祝福，不是真给孩子多少金钱财富；现在不同了，给压岁钱已经有'财富'的意思了，可以交学费、买书买文具，过去的压岁钱绝不是这个意思，只是保护孩子平安的意思。我很反感现在这种已经变了味的压岁钱，主张改变这种状况。要是只给十块八块的，作为零花钱，那当然直接归孩子所有。现在都是给上百上千，孩子根本无能力掌管和支配，这样，这钱必定要属于家长不属于孩子，给孩子这么多钱一点好处也没有。"

赵教授认为，现实中很多给压岁钱的情况，实际是长辈之间互相交换，"今年你给我孩子二百，我也给你孩子二百；明年我给你孩子三百，你也给我孩子三百，这种互相交换有点庸俗。"他列举了由此产生的孩子攀比金钱、以金钱衡量感情和关系甚至成为腐败的缺口等副作用之后，表示，"希望家长兄弟姐妹之间能达成协议，不互相给，只给自己家的孩子。而且要给也是只给少量，还原压岁钱的本意。"

有关儿童心理学的研究显示，学龄前孩子对钱的观念还不够明确。直到了七岁，孩子才对"钱"开始有朦胧不清的理解。因此，对于孩子手头的压岁钱，最好只由孩子支配少量，而且家长要引导孩子形成合理消费的好习惯。

赵忠心教授还说，现在，有人主张要对小孩子进行"理财教育"，说现在过年孩子们收到的压岁钱多了，可以对孩子进行什么"理财教育"。对于未成年人而言，有法律依据的提法是进行"消费教育"，教孩子有计划地花钱，教孩子不要乱花钱。而"理财教育"的对象应该是成年人，所谓对孩子"理财教育"是一种追时髦的说法，是把孩子的教育内容成人化的表现，没有理论和实践的根据。因为理财不光是花钱的问题，还包括了投资，拿钱去赚钱。这不是低龄孩子该关注的，孩子也没有能力关注。现在，虽说是市场经济社会，但不是人人都从事金融工作。诱导孩子过早地关注金钱，对金钱发生兴趣，不见得是什么好事，很可能有很大的副作用，赵教授告诫家长："最好别让孩子过早地关注金钱。"

《新京报》（北京）2007年2月21日

5. 家庭德育要早抓

"未成年人思想道德建设,已经到了非抓不可的时候。中央在此时召开会议,全面部署未成年人的思想道德建设工作,真是太及时了!"

在赵忠心家里,记者刚一落座,这位老教授就不禁发出了感慨。

赵忠心说,家庭教育在未成年人思想道德建设中具有特殊的作用。从某种意义上说,家庭是未成年人思想道德的启蒙学校。家庭教育是"人之初"的教育,家长是孩子的首任教师。然而在现实生活中,许多家长都忽视了对子女"德"的教育,"重智轻德"成为家庭教育存在的普遍问题。比如家长在与教师沟通时,总是问自己的孩子学习怎样,很少有家长关心孩子的品德表现怎样。尤其近些年,由于"重智轻德",导致对未成年人的评价标准和导向产生了严重的偏差。回顾这几年频频出现的家庭暴力事件,无论母亲杀死儿子,儿子杀死父、母,其矛盾起因,大都由孩子学习成绩不好、被家长责怪而起,而极少有家庭矛盾是因孩子的品德引起。两相对照,也可见未成年人道德教育的被忽视。

如何贯彻落实中央的精神?赵忠心认为:当前,要切实把家庭德育摆在家庭教育的首位。具体操作中有几点应当引起重视:

一是家庭德育要早抓,人在小时候受到的教育会影响一生,我国古代家训中就有:"幼则束以礼仪,长则教以诗书",就是说孩子小时候先进行品德教育,教他们如何做人,大一点再教他读书学知识。孔子也说过:"少成若天性,习惯成自然。"讲的也是养成教育的作用。

二是道德教育要结合实践。唐太宗教育太子是"遇物则诲",即做什么事,便结合实际进行相应的教育。如吃饭时教育太子不要浪费,懂得粮食来之不易;骑马时让太子知道马匹应有劳有逸,注意休养生息等。"我们过去空口说教太多,孩子虽然听在耳朵里,未必入脑入心。要多让孩子去做,比如上邮局寄个信件什么的,他一出去,自然会想到要对人守规矩、有礼貌，做得好，就会受人夸奖，强化孩子的守规矩意识和礼貌意识非常重要。"

"家庭教育中最重要的一点是：家长要以身作则。'其身正，不令而行；其身不正，虽令不从。'家长与孩子朝夕相处，家庭教育具有得天独厚的天然的优势。家庭中所有成年人都要给孩子树立好榜样，营造一个良好的生活环境。"赵忠心形容说，家庭对未成年人来说，好比是物理学上的一个"磁场"，孩子生活在其中，会不由自主地接受影响和熏陶，不由自主地向家长希望的方向发展。

赵忠心特别提到，当前有些学校的做法过于形式，比如让全班孩子都给家长洗脚。他说，中小学生的家长都是中青年，根本用不着孩子帮着洗脚。"孝道教育我赞成，这是我们中华民族的优秀文化传统，应该继承。但让学生帮家长做事，应该是做那些家长需要、孩子自觉、力所能及、又能坚持下去的事，使孩子'心里有父母，眼里有活儿'。否则就会过于形式，教孩子学会'作秀'，达不到预期的效果。"

《中国教育报》2004年5月15日
本报记者符德新采访

6. 幼儿家庭教育中存在的问题及其策略

各位家长：

  我们今天利用这个时间来共同探讨一下学龄前儿童的家庭教育问题，家庭教育对孩子影响是非常大的。有一个现象值得大家思考：幼儿园里老师对孩子的教育和训练都是一样的，但是每一个孩子的表现都是千差万别。这是为什么呢？我认为，根本原因就在于孩子们都分别来自于不同的家庭，接受了不同的家庭教育和家庭生活的熏陶。

  前些年，我曾在北京师大附中当过书记，主要抓教师和学生的思想教育工作。作为学校的领导，我一般只是接触"两头"学生的家长，最好的学生和最差的学生的家长。给我印象最深的就是：如果是好学生的话，一接触家长就知道有素养，至少是个明白人；要是跟最差的学生家长一接触，就感觉到不同，像是"秀才遇见兵，有理说不清"。难怪孩子这么差，跟家长有很直接的关系。

  从那个时候起，我就思考一个问题，怎样才能使孩子健康成长。我们幼儿园和学校教育孩子肯定是按国家的要求来教育孩子，那家长怎么办？孩子跟家长关系最密切，感情最亲近，接触最多，家长对孩子影响很大，那么就需要指导家庭教育，给家长传授一些教育孩子的知识。做家长工作不是额外负担，我们要把教育家长也看成是一种教育资源，要充分开发出来，加以利用。

  近些年来，家庭教育引起了广大家长的重视，现在一般家庭都很重视，很下工夫。尤其是家长们看到了中国的社会市场经济越来越发展，社会竞争越来越激烈、残酷。面临这样的形势，家长是很急切地需要学习家庭教育科学知识。怎么样才能把孩子培养教育好？一个措施是给孩子选一个好幼儿园、好学校，另一个措施就是搞好家庭教育，帮助孩子健康成长。这是目前家长所想的一件事情。

在过去，人们也重视孩子的教育，但是重视的程度绝不如现在这样强烈，跟现在完全不一样。每个家长都希望将来孩子比自己生活得好，可是孩子将来面临的现实社会，跟过去大不一样。所以，这就使家长不得不绞尽脑汁一定想办法来把孩子培养成才。独生子女家长的心态尤为急切，就是一种"背水一战"的心态，只许成功，不许失败。过去，家里孩子多，有一个孩子没成才，还问题不大；现在，家庭只有一个孩子，这一个孩子就是"百分之百"，要是不成功的话，就等于"全军覆没"，不允许失败。因此，逐渐地，大家觉得现在孩子的教育是大得不得了的事情，家长越来越重视孩子的家庭教育。

重视归重视，但是由于我们现在当前的情况比较复杂，有些家长缺乏这方面的知识准备。学龄前的家庭教育究竟有哪些问题，我们要认真研究。

一 不要盲目地进行超前教育

超前教育不等于科学的早期教育，它是超过孩子的年龄阶段，超越孩子的认识水平和能力的。本来有些东西应该是七岁学的，让三四岁的孩子学，这种现象是很普遍的。应该承认现在的孩子比过去的孩子要聪明得多，这是事实。现在社会发展了，生活环境也跟过去生活环境不一样，确实显得很聪明。但是，大家必须坚定地相信这一条，不管孩子多么聪明，孩子的心理特征的发展还是按照他的年龄的阶段一步一步地往前发展，不会跳跃着发展。他的理解能力是一步一步地提高的，不会猛的一下子超过好几个年龄阶段。我们做什么事情都应该按顺序，什么时候该做什么就做什么，不该做什么就别超前，超前了肯定是事与愿违，会是"欲速而不达"。

学龄前的孩子我们对他们进行教育，首先要明确学龄前这一段是为上学做准备的。那么，究竟做哪些准备呢？

第一是让孩子有一个好的身体。好的身体必须靠锻炼、良好的习惯、文化素养这三方面来形成，光有丰富的营养不成。营养很丰富，孩子吃得很多，不锻炼，要是都成了"小胖墩儿"，那可就麻烦了。

第二是丰富孩子的感性知识,为上学以后学习理性知识打基础。也就是说在学龄前阶段要带孩子走出家门,到社会上,到大自然中,尽量多地让孩子掌握生活常识,以丰富孩子的感性认识。

第三是学好口头民族语言,或叫"本土语言",学会明白地说话,准确地表达。

第四要培养孩子良好的生活习惯和行为规范。如学习生活自理能力,知道尊重人,有礼貌,守秩序有规矩,谦让团结,勇敢坚强,等等。

二要克服片面性,讲究辩证法

大家很重视孩子的教育,但由于脑子里面缺乏辩证性的思想,好走极端,很片面。有时候问题只想到一方面,没有想到另一方面,尤其是没有想到被隐藏的那一面。

第一,先说说竞争和谦让的问题。

我们培养孩子竞争意识,竞争能力,在当今社会这是很重要的。大家知道市场经济是很残酷、很无情的,市场是不同情弱者的。在市场这个范围里面,不同情弱者,谁不行,谁倒闭,谁受穷。但是,在伦理道德范畴里面还是要讲同情的,比如:对残疾人、老年人、小孩子等这些弱势群体,大家还是应该无偿地无私地帮助他们,在这个领域里面还是要同情弱者的。有的家长就说我们必须得想办法加强孩子的竞争意识。我不反对培养孩子的竞争意识,但培养孩子的竞争意识,不能以有益的东西为代价。有的家长说孩子在一起经常打打闹闹的,孩子脸上被别人划破了,家长就说孩子窝囊,对孩子说:"他打你,你不能打他吗?打不过用脚踹,踹不过拿牙咬。人不犯我,我不犯人;人若犯我,我必犯人!"有的家长问我:"人的竞争能力、竞争意识是不是通过这个来培养?"我说:"不赞成。"

大家要明白竞争意识、竞争能力来自源于什么?不是来源于厉害、凶狠,而是来源于自身的实力,自身的素质。我们现在一讲竞争、一讲市场经济,就好像竞争就成了当今社会一个绝对的普遍的原则或者是唯一的"游戏规则",在哪里都讲竞争。大家一定要分清楚,在有的领域里面需要竞争,竞争是无情的,是不同情弱者的。而在有的生活范围里面,是必须要讲究谦让的。比如：每天早上大家上公共汽车，这就不能讲究竞争，应该讲究谦让、礼让、有秩序。现在因为没人管，有的人缺乏道德，不知道尊老爱幼，扶助弱者，乘公共汽车都是以竞争为规则，上车一看都是身强力壮的年轻人坐着，老年人、小孩子、孕妇全站着，竞争的结果是这个样子。

再比如家里过日子，也不应该讲竞争，你花二千五买一件皮大衣，我就得花五千买一件皮大衣，看谁舍得花钱。要是这么"竞争"，非得败家不成。在家庭生活中，吃喝穿戴必须得讲究相互谦让，丈夫让着妻子，妻子让着丈夫，大人让着孩子，都应该这么让着。如果要是都跟狼似的这么抢着花钱，家庭生活不会幸福的。

大家不要以为搞市场经济处处、事事都搞竞争。有的需要竞争，有的就不需要竞争，我们要有竞争意识，也要有谦让意识。靠打架，靠胳膊肘硬，你打我，我打你，不会培养孩子的竞争意识，只会培养孩子的粗野无理。如果我们的孩子长大了都是这样的话，会给大人惹祸的。小孩子之间打架，你打我，我打你，还可以，如果长大了小学到中学成为一种习惯了，你打我，我打你，打不过了你拿砖头，我拿刀子，孩子收不住了，那就麻烦了。我们不能把孩子培养成单一的一种性格，光会竞争不会谦让不行，竞争是必要的，谦让也是必要的。需要竞争时竞争，需要谦让时谦让。就是在市场经济里面，在搞经商过程当中，有的时候也需要忍让，"小不忍则乱大谋"。不能一味地强调进攻、竞争，把孩子培养成一个头脑简单的武夫，只会一味地进攻，不知道退守，这样是不成的。

第二，谈谈创造力的培养问题。

有的家长很注重培养孩子的创造力，这很好。要培养孩子的创造力，就首先要培养孩子的探索精神。有的孩子把玩具拆了，有人写文章说"孩子拆了东西你不要批评他，应该鼓励他，如果你一批评他就打击了他的探索精神"。难道孩子见啥拆啥，这就是探索精神吗？科学家牛顿都是拆东西拆出来的吗？我很不赞成这个观点，这是很片面的，好像孩子一拆东西就是探索。不要认为孩子的任何行为都是天然合理。孩子探索我赞成，可是孩子拆了东西以后，还要能够装起来，这才好。不能孩子拆完了东

西，就扔在一边不管了。如果这样，孩子就是把家里所有的东西都拆完了，也成不了科学家，只能成为"败家子"。家长要想培养孩子这方面的能力，最好找一些破的旧的东西，由家长指导孩子拆装组合，这样才能有所收获，学到东西。就是让他随便的拆去，见什么就拆什么，能拆出探索精神来，那才怪呢！我们不要把这些想得很简单，如果要想让孩子拆装，最好是用废弃的东西，不要买新的东西让他拆，不能为了培养孩子的探索精神，就要牺牲孩子的道德品质，最好是两方面都不要牺牲。

第三，谈谈培养孩子抗挫折能力问题。

现在，家长都很重视培养孩子的抗挫折能力。有人说：人家外国小孩子摔倒了从来不扶，让孩子自己爬起来，培养孩子的抗挫折能力。正好，前些日子我家来了一个哈佛大学的进修女博士，我就问她：有人说在你们美国，小孩子摔倒了，不管摔成什么样，从来不扶，都是让孩子自己爬起来。是这样吗？这个女博士听了以后哈哈大笑，说哪有那么回事呀！有的时候不扶，有的时候你必须得扶。如果孩子穿的衣服很厚，摔得不太重，毫发未伤，在那撒娇不起来，当然要鼓励他，让他自己起来；如果孩子一两岁跑得很快，突然摔倒，摔得很重，脸都摔破了，流血了，难道你也不扶吗？那是不可思议的，我们美国人不是这样的。这个美国人又说：我们美国人是讲究竞争，但也并不是都是无情的，特别对孩子，大家都是非常有感情的，因为孩子是弱者。

我们大家想一想，孩子摔倒了不要什么情况都扶，也不要什么情况都不扶，我们不能把"不扶"当成一个"绝招"，一个不变的规范。如果孩子摔倒了总不扶他，可能对他承受挫折的能力有一定的作用；但是大家有没有想过，孩子总是这样摔倒了没人管，没有扶，是不是孩子有可能形成这么一个想法：大人对孩子没感情，觉得父母是冷酷无情的"冷血动物"。那么孩子长大之后，他也是见到弱者也不帮助、扶助。有一个幼儿园做过这样一个实验，老师假装突然摔倒了，孩子们都说自己爬起来，没有一个孩子去扶助老师。结果就是这样。如果我们社会人人都没有了"扶危济困"的精神，那是很可怕的。我们不能强调一面，忘了另一面，不能搞片面性，一定要具体问题具体分析。

三 教育孩子具体方式方法上面要讲究策略，讲究灵活性

有的报纸文章上这样说：家长在教育孩子的时候，不能"一个唱红脸，一个唱白脸"，也就是一个太厉害，一个太温柔，不行。应该是两人要厉害都厉害，教育孩子家人应该是一致的。我认为这是很片面的，我不赞成。

在我们生活当中，经常说到"政策"。所谓"政策"是国家或政党为实现一定历史时期的路线而制定的行动准则。大家都知道，政策是原则性的，不能随便变动的。但是，"策略"是具体的行动方式方法，是可以灵活的。对小孩子，我的主张是可以一个唱红脸，一个唱白脸的。这样做，并不跟"教育一致性"的"政策"是对立的。我讲的是一种教育"策略"。比如说：孩子要睡觉了，躺在被窝里非要吃巧克力，爸爸说不行，如果妈妈也说不行，态度跟爸爸一样硬，孩子就会觉得大人这么厉害，这么无情啊，很难接受。我想这个问题要处理好，爸爸可以厉害一点，只讲原则要求；妈妈的态度应该有些缓和，给孩子讲一些道理，告诉孩子为什么不能吃。这样，不仅爸爸坚持原则，妈妈也坚持了原则，态度虽然不一样，但是目标一致，最终做到了"不能吃"。一致就是"政策"，黑脸白脸这是个"策略"，政策是不能动摇的，策略是可以灵活运用的，策略是为政策服务的。

教育孩子要表扬为主，批评为辅，这是大家都知道的。自古以来，我们教育孩子都是这样一个原则。但是，现在有的人就发展到了一个极端，只许表扬不许批评，一提批评就是打击孩子，伤害孩子，这观点就是违背了辩证法。小孩子当然需要表扬，需要鼓励，不但是小孩子需要，大人也需要。但是不能光表扬，也还要有批评。因为孩子做的事情不都是对的，不是天生的就会做，不要以为我们一批评孩子就是打击孩子，伤害孩子。我不这么看。该表扬就表扬，该批评就批评，批评也是促使孩子进步的一种手段，不能否定。我们对于有些孩子要多表扬，甚至越多越好。对什么样的人呢？对于弱势群体，如聋人、哑人、残疾人、弱智的孩子、年龄很小的孩子，就应该多表扬，甚至要夸张地表扬他。但是你不能对所有的孩子都这样。光表扬不批

评,这是对正常的孩子的一种娇惯。对于学龄前的小孩子我也主张可以夸张表扬,比如,小孩子听幼儿园老师的话,回家后帮助大人做事,比如给妈妈递了一双拖鞋,我们可以夸张表扬孩子,他会很高兴;但是,随着孩子年龄的增长,孩子做了好事你可不能老"夸张"了。比如说一个中学生也给妈妈拿了一双拖鞋,你也"夸张地表扬",孩子就可能很反感,他会认为家长总是把他看成是"小孩子",是在"哄"他。

对于一般的孩子,该表扬则表扬,该批评则批评,但是批评要讲究方式方法。当然如果你教育的艺术性很强的话,你很有教育意识,甚至可以把我们常人所认为应该批评的内容变成表扬的内容,比如一个孩子做了十道算术题,他只做对了一道,有的家长说:"嘿,十道题就做对了一道,你怎么这么笨,简直是榆木疙瘩!"这是一种态度。但有的家长转换一个角度说:"嘿,我这儿子真不错,这么难的题,你竟还做出一道。"这两种说法孩子会有什么不同的感受呢?

我举一个例子,有一个孩子上小学写作业,算术写得乱,语文也写得乱,两个老师对孩子写作业乱的态度不一样,效果也不一样。算术老师看见孩子作业写得很乱,他很生气地指责说:"怎么这么乱,跟蚂蚁爬的似的!"老师在孩子作业本上写了一个批语说:"某某同学,你的作业写得太乱,你必须给我重写一遍!!!"后面点了三个惊叹号。这孩子一看老师的评语,觉得这个老师真够厉害的,没办法只好重写了一遍,写得比第一次没好多少。语文老师看到孩子的作业,也给孩子写一个评语。他是这么写的:"某某同学,你的作业写得太乱,你必须再重写一遍。我知道你是不愿意重写的,可我为什么还要你重写一遍呢?因为我相信你第二遍肯定比第一遍写得要好得多。"这个孩子看了这个老师的评语,是另外一种感觉:老师知道我能写好。孩子很高兴,写得特别好,比第一次写的好多了。孩子给语文老师重写的作业特别好,而给算术老师重写的作业却是一般。这就可以看出,同样一件事,你怎么说,怎么让孩子做,它的作用和效果是不一样的,这就是教育艺术。语文老师说得很有艺术,本来是该批评的事情,他用了一个激励的方法,这效果就大不一样了。

所以,我们要想做到这样,一个是家长要有教育的技巧,教育的艺术。再就是，特别重要的一条就是家长要善于克制自己，不宜感情冲动。我们在教育孩子时，要克服片面性，要全面，要讲辩证法，要勤思考，多动脑筋，讲究艺术性，要三思而后行，不可简单行事。也只有这样才能教育好孩子。

根据2000年12月2日家长学校讲座整理

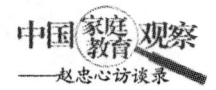

7. 孩子"有病" 父母"吃药"

特邀嘉宾：赵忠心（北京师范大学教授、中国家庭教育学会副会长）

家庭 CEO（首席执行官）也不是一步练成的，在这过程中会遇到很多棘手的技术难题。在此，我们特别邀请赵忠心教授针对一些家长关注最多的部分问题予以解答，帮助找到根源和解决的方法。

为何我的孩子，总是闷闷不乐？

我家的孩子也算是听话的，我不让他上网，他也不会像有些孩子一样偷偷去网吧。但他总是闷闷不乐、六神无主的样子。他的同学家都住得离我家较远，周末一般都不来往。现在的小学作业并不多，他一做完作业就只是看电视，看多了我怕影响他的视力，就建议他做点别的，让他看看书什么的，可是他总是不知该干什么好。到了星期一早上，他更是很无奈的样子，他说："我最讨厌星期一。"我怎么才能让他快乐起来呢？

（湖南　傅梅）

专家支招：

从这位家长的话语中可以看到，这个孩子很听话，家长很满意；孩子不乱跑，家长很放心。但许多家长跟傅梅一样，只知道不允许孩子这样做、那样做，满足于孩子没有违背家长的意愿；但他们就是不知道应该鼓励孩子做些什么，主张孩子干些什么，使孩子精神振奋起来。这就是孩子不快乐问题的关键。作为家庭 CEO，你在心中对孩子的大的目标和小的具体行为都要有一定的规划。帮助孩子列个计划是一个很好的方法。你可以和孩子一起探讨时间的安排，尽量符合你们共同的心愿，孩子和家长都能接受。计划的内容，最好是孩子提出，首先是孩子喜欢的，列好后严格按计划执行。当然，在实行中视情况的变化有所调整，也是允许的。为提高孩子按部就班的兴趣，你可以让孩子做完一件事再做另外一件事，并配合一些适当的奖励给予鼓励。这样试一试，也许能培养一些好的习惯。

需要提醒的是，计划中还要注意引导和培养孩子的兴趣，比如安排在周末去公园、郊外、海边、山野等，多多贴近自然，接触社会；鼓励孩子多和同学交往，在交往中获得乐趣，培养开朗、豁达的心境。让孩子在游山玩水中放飞心灵，在与人交往中得到沟通。

孩子学习总不好，有什么诀窍吗？

我和妻子的工作一直都很忙，孩子大多数时间都是她爷爷奶奶照顾。后来孩子上学了，学习上我们没有时间管，爷爷奶奶又管不了，孩子成绩总在班上倒数。后来我为她请了家教，但没有什么效果。我一看到孩子写作文那么痛苦的样子我就来气。我真希望谁能给我一个提高孩子学习的诀窍。

（北京 陈平）

专家支招：

作为家庭 CEO，应该把孩子的教育作为自己一生最大的事业，而不是放在工作等后面的次要位置。把孩子推给爷爷奶奶，我是不赞成的，你们不能"一推六二五"，要想方设法挤出时间和精力，与孩子沟通，关心孩子的学习问题。工作忙，不是放弃孩子管理和教育的理由。孩子小时候，没有打好学习的基础，对他以后的发展是很不利的。小学的学习成绩差一点儿还问题不大，到了中学还是这个样子，恐怕就很难改变了。爱他所"爱"，是帮助孩子最好的诀窍。我建议陈平家长尽快与孩子的老师沟通，并讨论怎样量体裁衣地布置一些适合你孩子学习风格的作业。在目前这种情况下，你最好在孩子上课前和孩子一起预习，帮她提前列出她难以理解的问题。家长让孩子对学习真正感兴趣是提高孩子学习最有效的方法。

另外，每天抽出时间和孩子一起阅读，这样不但可以加深你们的父女感情，还可以让你们有更多的共同语言。鼓励孩子每天写日记，把遇到的事如实记录下来，或触景生情，有什么感想，也可以写下来。这样，你的教育理念也可以借此源源不断地输入孩子的心灵。而且,长期阅读对你孩子的写作方面也大有裨益。学习写作文没有什么"诀窍",一个是多看,一个是多想,一个是多写,坚持一段时间,会对作文的提高有好处的。

我的付出为什么没有回报?

我花了很多钱为孩子报了许多的培训班,也花了我许多的时间和精力陪她、接送她上下课,可她没有一样出类拔萃的。3岁的时候我就给她报了书法班;4岁的时候我又给她报了钢琴班;5岁的时候我给她报了舞蹈班;上二年级的时候,我又给她增加了奥数和英语培训班。可是,这孩子根本不领我的情,一点儿也不懂父母的一片苦心。到头来她和别的普通孩子没有什么两样。我该怎么做才能让她优秀起来?

(江苏 龚政)

专家支招:

真是"可怜天下父母心"。教育孩子要有个好心态。龚政朋友,听了你所说的培训班,我真有点同情你的孩子,你的教育也太功利了。让孩子参加培训班,是为了培养孩子的兴趣,让孩子从中获得乐趣,陶冶情操,发展个性,提高文化素养,并不为了"出类拔萃,出人头地",培养成为专业人才。家长对孩子的期望值高这是可以理解的,但作为家庭CEO,你应当遵循实事求是的原则,从孩子的实际出发,适当地选择一些孩子喜欢的项目进行培训,而不是按照家长的主观愿望,或是在一种"补偿"思想的支配下,让孩子为家长自己争个什么荣耀。急功近利,操之过急,效果肯定是不会好的。孩子学习压力过大,当然会存在心理障碍,这反而影响了孩子的自信。

每个孩子都有其特性,你可以根据你孩子的兴趣分期报一到两个培训班。随时观察,如果孩子根本没有兴趣,就要另做打算;一旦发现她最有潜力的特长,就定下来加以着重培养,不能事事强求,希望孩子样样精通,那是不实际的。

你还可以有意识地陪孩子一起多看励志电视节目,人物传记之类的书，给她树立清晰的榜样形象。这对她树立远大理想会有效果。不见得非要逼着孩子学习一些技能。孩子有一些特长，可能在将来升学、就业时会有一些优势，但真正的优势还在于整体的实力。我看，家长还是多在促使孩子全面、协调发展上下工夫，着眼于提高孩子的整体实力。

孩子不听话怎么办？

儿子小时候还是挺乖的一个孩子，自从上四年级以后就不太听大人的话，总跟我顶嘴。他做了错事不但不承认，还屡教不改。上次我说他几句，他竟大声对我叫道："你想要一个完美的儿子，你找别人去吧！"我当时都被他气晕了，好几天没理他。

（河南　胡长林）

专家支招：

让孩子做个有荣誉感的人，家庭 CEO 应该要懂得一些儿童心理学。现在的孩子自我意识强烈，是不像过去的孩子那么顺从、听话，这是新时代的孩子的一个显著特征。很多孩子对大人不那么俯首帖耳、言听计从了，或多或少地有一些逆反的心理。胡长林朋友，如果我没猜错的话，你平时在生活中，一定很少夸奖和鼓励孩子，而是经常抓住孩子的缺点不放。这其中的原因，恐怕是家长对孩子太求全责备，要求过高、过苛。对孩子要求过高、过苛，脱离孩子的实际，当然会遭到孩子的抵制。另外，在教育方式方法上也要加以改进。

其实，如果总盯着孩子的缺点，那就强化了坏的品质。而放大优点，"此长彼削"，缺点则会越来越少。孩子做了一件错事时，我们除了就事论事地指出问题所在外，应学会从一件事情里找到孩子做得好的方面或积极因素加以肯定、表扬，孩子总是喜欢听表扬的话，那是对他莫大的鼓励。不光是孩子，大人也是喜欢听表扬的，谁都有荣誉感。要有意识地培养他的荣誉感，让他觉得自己是个有荣誉的人，从而小心维护自己的荣誉，而决不愿意被人扣一顶"不听话"的帽子。

家长跟孩子不要真生气，孩子毕竟是孩子，说话往往不大注意方式方

法。如果遇到孩子"顶嘴",家长最好克制自己的感情冲动,暂时采取回避态度,不要立刻回击。在孩子也在气头上的时候,你说什么他也不会听从的。等孩子情绪稳定下来,双方都冷静了,再给孩子讲道理,就能听得进去了。另外,家长也要冷静思考,孩子"顶嘴",方式方法不对,但"顶嘴"的内容,不见得都不对,不见得一点儿合理的成分也没有。如果就是由于孩子对家长态度不大好,就全盘否定,也会冤枉孩子的。比如,这个孩子说的家长"求全责备",批评的是对的,这就是合理的成分,不能否定。

《家有儿女网》专家咨询台 2006 年 8 月

8. 家长不要对孩子求全责备

"我女儿5岁了，她特别爱漂亮。只要一穿上她自认为漂亮的衣裙就舍不得脱下来，还喜欢在别人面前炫耀以获得一句'你真好看'的夸赞。我真担心她从小就这么爱慕虚荣，将来上学后很难专心学习。"

"我的孩子在学习、文体、品行方面的表现都令我非常满意，也不娇气。但他有一个坏习惯就是做事动作慢。我给他讲名人珍惜时间的故事，又讲当今市场经济条件下快节奏对生活工作的必要性，可他竟无动于衷。我又换一副面孔对他进行批评和训斥，但也不管用。我真是拿他没办法。"

"我的孩子在班级里成绩属中上水平，她很爱看课外书，常让我买书或去图书馆借书给她看。我担心看课外书影响学业，就没有答应她的要求。现在我们母女关系紧张。孩子怎么就这么不体谅父母的一番苦心呢？"

"我儿子今年15岁了，从5岁起他先后学过钢琴、绘画、唱歌、滑冰、电脑等，每次都是他自己嚷着要学，却什么都没学精，没有恒心，只图一时新鲜。这样的个性将来怎么能干大事呢？"

……

在记者接到的有关家庭教育咨询的来信或来电中，最多的就是以上所列举的家长对孩子各种各样的担忧。家长的担忧为什么那么多？是因为现在的孩子越来越难管教了吗？

为此，记者请教了北京师范大学教授赵忠心，请他就这个问题谈了自己的看法。

赵忠心教授说，家长对孩子的担忧，反映了家长重视孩子的成长和教育，这是值得肯定的。但从另一方面来看，家长的许多担忧是完全不必要的，那是家长在"望子成龙"心态指引下对孩子求全责备的一种表现。"人无完人，金无足赤。"对孩子过分挑剔，苛求十全十美，那是不客观的，也是不现实的，难以为孩子所接受。

赵忠心教授对以上列举的4位家长所担忧的问题作了具体分析：

第一位家长担心5岁的女儿太爱漂亮怕影响将来的学业。虽可理解，但未免太偏激了点。首先，5岁的小女孩爱漂亮，是孩子自我意识发展的一种表现。"爱美之心，人皆有之。"爱美本来就是无可指责的，更何况小女孩天性中的表现欲，如果能得到正确引导，很可能对她今后的发展大有帮助。而且爱漂亮和爱学习并不一定是矛盾的，怎么能在一个孩子5岁时就断定她的未来呢？当然，家长要注意，不要总是刻意打扮她，也不要让孩子跟别的孩子攀比，以免助长孩子爱慕虚荣的心理。

第二位家长说的孩子的坏习惯。其实，从另一方面看，说明这个孩子的心理素质是非常好的，做事有自己的一定之规，不易受外界影响。虽然做事动作不快，但有节奏，有自己的行为模式，又能处理好自己的学习和生活。既然家长对孩子的学习、文体、品行都很满意，为什么要对此担忧并且干预呢？要培养孩子做事快的习惯，不是没完没了地催促，也不是训斥，而是要加以引导，先培养孩子做事有秩序。有了秩序，自然做事就会快了。也许孩子动作慢，就是因为家长的催促和训斥，孩子故意这样做。

至于第三位家长认为孩子爱读课外书会影响学业。家长将这一好习惯看作是学习的阻碍，实在是不应该的。孩子喜欢看课外书，这是个好习惯，能丰富知识，开阔眼界，扩大知识面，克服课堂学习知识的局限，家长应当支持，给孩子创造条件满足孩子的要求。多看课外书，知识面广，视野开阔，会有发展的后劲，对以后的发展很有好处。家长不理解孩子，限制孩子看课外书，是缺乏远见的表现，反映家长太急功近利。

第四位家长反映的情况，说明孩子的兴趣爱好比较广泛，但兴趣还不稳定，这是正常的现象。最好是顺其自然地耐心等待，不要有太多的清规戒律，更何况做一个什么都懂的杂家也未尝不可。兴趣广泛是一种很好的品质，特别是在孩子小时候，兴趣广泛，这很正常，可以做多种尝试和体验，有利于发展孩子的个性。这样的孩子将来可能更有多种发展的选择性。我想，孩子兴趣广泛，什么都要学一点，不见得样样精通。发展孩子的兴趣，不是都是为了培养什么特长，将来做什么专家，主要是释放孩子的个性。

赵忠心教授分析指出，家长们诸如此类的担忧，都属于对孩子求全责备的性质，其实质是为了满足家长的虚荣心，希望孩子尽快成才，出人头地，给自己增添光彩。反映一些家长的教育思想太功利、太实用。正因如此，家长们才会将孩子某一方面的不足（有的还并非不足）与他们今后的成长联系起来，容不得孩子有一点缺陷。

家长对孩子求全责备，孩子是无法做到的，会使孩子感到无所适从。家长应该克服这种不切实际的想法。

那么，怎样才能消除家长这种求全责备的心理呢？赵忠心教授提出了以下四个注意事项：

一、启发自觉性。在不同年龄阶段，孩子的奋斗目标应该由他自己提出来，家长只要给予启发和引导就行了。至于孩子的学习、课外兴趣及伙伴交往等，家长应做到少干涉、多鼓励和诱导。

二、促进领悟性。通过与孩子沟通交流，对其进行点拨、引导，启发孩子主动思考，促进其领悟人生哲理，使其个性心理逐步成熟起来。家长不要包办代替。

三、培养坚韧性。虽然父母不必对孩子求全责备，但孩子自觉选择和决定做的事情，父母应提醒并鼓励其坚持不懈。孩子坚韧的意志力要从小培养。

四、肯定独特性。家长要充分肯定孩子与众不同的特征，鼓励他发挥自己的独特性以建立自信心和自尊心，而不是随大流，要克服人云亦云的从众心理。

赵忠心教授最后指出，人的一生都在不断地追求自我完善，正在成长中的孩子更是不完美，这是正常现象。孩子都需要一个塑造自我的漫长过程，这是他们成长的权利。做家长的要容忍、接纳孩子的不完美，不完美是成长的催化剂，会使孩子在将来有极大的发展余地。

《家教导报》（长沙）2002 年 7 月 12 日
本报记者吴兰波采访

9. 孩子过早认字对发育不利

家住天津市河西区的赵女士经常为她不到3岁的儿子感到骄傲:两岁后其儿子就在家人的指导下开始识字,陆续认识好几百个字,赵女士在亲戚朋友面前感到特有面子。可是最近一段时间,赵女士却感觉儿子再也不像以前那样喜欢"认字"了,而且一教他认字,他就不停地挤眼,双手乱动,坐立不安。

其实在幼儿"识字"年龄日益提前的当下,过度超前教育的种种消极影响日益凸显出来。最近天津一项问卷调查结果显示,2至4岁儿童各种行为问题检出率为31%,其中34%的儿童不积极参与集体活动,孤独、畏缩、害羞;38%的儿童具有攻击行为,表现为虐待欺侮别人,在家不听话、任性、打架或威胁他人;29%的儿童存在忧郁行为,在幼儿园或在家过度恐惧、焦虑、不活跃、有自卑感。5至6岁儿童行为问题检出率为37.3%,其中24%的儿童为多动、精神涣散、学习效果差。为什么如此之多的儿童丧失了本应天真、活泼的天性?原来全是过度超前教育惹的祸,而像赵女士这样提前教孩子识字的行为正是种种超前教育中错误行为的代表。

孩子只会念字音,意义并不大,靠强制学习形成的优势会逐渐消失

提及提前认字结出的种种恶果,中国教育学会家庭教育专业委员会理事长、北师大教育科学研究所研究员赵忠心教授显得忧心忡忡。他说:"通常情况下,孩子认字应该在六七岁的时候,这样比较符合孩子的年龄特征和认识水平。孩子不同的个性决定,有的孩子认字兴趣出现的早一些,有的孩子识字兴趣出现的晚些,都是正常的。现在的家长对'认字'的概念理解有误区,其实认字并不仅仅是指能'辨认出',会读就可以。真正的'认字'应该做到辨认字形,念出字音,懂得含义,在说、写中会使用。家长理解的孩子认字，实际上是类似'鹦鹉学舌'，并不懂得其中的含义，其实这根本不是真正意义上的认字。"

赵忠心教授表示：汉字只会念用处不大，那不是科学意义上的认字，家长的希望是孩子能早日掌握这种工具，可以早日念书。可很小的孩子即使认了字，也达不到读书理解文章意思的目的。与智力开发也没有直接关系。三岁以前教认字，没有什么实际的意义。

那么，那些识字早的幼儿出现了一些"早慧"的特征是否说明家长对孩子的智力开发起到了效果呢？赵忠心教授持绝对的否定态度，他指出："早认字导致现在的孩子精神早熟，说大人话，这完全是对大人的一种简单模仿，实际上儿童过早失去童真是可悲的。家长却很高兴，觉得自己的孩子比别人的孩子成熟，这完全是虚荣心在作怪。"

赵忠心教授举了一个例子，在美国曾经做过这样一个试验，把幼儿5岁应该学的内容提前到3岁，当时效果好像很明显，可是上小学没有几年，这种优势就丧失了。这说明有些家长认为孩子早学习比同龄孩子学得多，将来在竞争中会更有竞争力是没有科学依据的。

他提示家长："如果急功近利，不按教育规律办事，拔苗助长，在一定时候可能会比别的孩子更有优势，但这种优势是虚假的，是泡沫优势，随着年龄的增长会逐渐消失。"

强迫孩子认字会带来心理伤害，孩子上学之后的长远发展将因此受到消极影响。

那么强迫孩子在两三岁就开始认字，会不会产生消极影响呢？赵忠心教授认为：首先，对没有达到相应认识水平的孩子采用填鸭式的教育方法，强行灌输，孩子不能学也不愿意学。学习能力不足，理解字意常常片面，对知识往往一知半解，继而形成了一种错误的观念——"我懂了"，到真正上学时不认真听讲。其实，孩子小时候的"识字"，只是作为符号能辨认了，并不懂得许多字的含义，是死记硬背、囫囵吞枣、一知半解，不是完整的真正的含义。早期学到的东西造成先入为主的印象，排斥后来学到的东西。最后发展到拒绝学习，结果早先学到了东西反倒干扰了正常的学习。

其次,从学习心理上来说,幼儿识字并非自愿,靠家长强制,对于学这种抽象符号,孩子不爱学,强制学习带来的痛苦的心理体验会给孩子造成心理上的阴影。在学习上不仅要有苦的心理体验,还要有愉快的心理体验,这样孩子才能永葆学习欲望。仅仅为了让孩子多学几个字,而让孩子丧失学习欲望,这可是最得不偿失的,靠感兴趣愉快的体验来激发孩子的学习愿望才是重要的。从天津的调查来看,有攻击性肯定和强迫学习有关系,一个孩子从小就被强权支配,自我感觉自卑,常被压服。最后会造成长久以来的压抑情绪的总爆发。此外,强迫孩子过早识字往往和家长过高的期望值直接相关,而过高的期望值和情感投入又因为方法不对而收效甚微,很多家长不能承受这样的落差,心理也产生了一定的扭曲。

那我们又应该倡导什么样的学前教育观念,才能既有效开发幼儿的潜能又保证孩子健康成长呢?

赵忠心教授提出,首先应该训练孩子掌握好母语的口语,孩子只有具备了较好的表达能力才能获得与人沟通交流的能力。看书上的字绝没有说话使用词汇的机会多,重复的机会多;而孩子对字词含义的理解,不是靠成年人给他们做解释,主要是在多次的使用和重复中渐渐理解。应先学好口语,再学认字。其次,应让孩子掌握大量的感性知识,尤其是接触大量的生活常识。感性知识越丰富,将来理性概括的能力就越强。家长还可以有意识地搞些思维训练,多利用日常生活中的教育机会,培养孩子的比较、归纳、演绎等能力。比如什么叫"雨具"?下雨时可以启发孩子,哪些东西可以用来避雨?吃饭时问孩子蔬菜有多少种类型?有哪些颜色?等等。

帮助孩子学好母语,并在游戏中开发其思维能力,才是幼儿早期教育最该重视的问题。

赵忠心教授强调说,早期教育出现一点偏差,将会影响孩子的一生。不要随便给幼小的孩子加重学习的砝码,更不要随意提高要求和难度,也不要盲目相信一些社会教育机构的商业炒作。出于商业利益的驱动,这些机构往往迎合家长的急功近利的心态,做出一些不可能实现的承诺,例如某教育机构"××小时认识三千字"的宣传是根本不能相信的。

赵教授表示,对于孩子提早识字的问题也要避免绝对化,如果孩子有兴趣,可以因势利导,但千万不要下固定的指标,比如每天必须认识多少汉字,几岁必须识多少字。家长之间切记不要盲目攀比,拔苗助长。学龄前阶段识字早晚,识字多少,都是正常的,不要苛求。否则,对孩子的长远发展有百害而无一利。

《北京科技报》2004 年 5 月 20 日
本报记者董毅然采访

10. 不要让孩子过早学奥数

目前,全国中小学"奥数班"越来越受家长关注,并且日趋低龄化和功利化,严重影响了孩子正常的学习和发展。为此,北京、广东、河北、浙江、江苏等地纷纷出台有关规定或采取相关措施,禁止举办"奥数班"并叫停"奥赛"。

然而就在"叫停"还未见到显著成效之时,有些幼儿园竟也办起了"奥数班",吸引了众多家长趋之若鹜。

在此,家庭教育专家赵忠心教授提醒大家。

各地教育行政部门下令严禁中小学举办"奥数班"和"奥赛"的时候,在少数城市"奥数班"却转而登堂入室走进了幼儿园。"奥数旋风"已经刮走了一些中小学生的童真,看来,学前儿童也将"在劫难逃"。

在国外,也有数学奥林匹克竞赛,但一般只是在中学生中进行;而且也只是少数学生参加。还没有听说专门为学前幼儿开办的"奥数启蒙园"。据说,在幼儿园进行"奥数"教学,目的是做好"幼小衔接,引导孩子动手学数学,轻轻松松走进数学王国"。乍一听,似乎很有道理,其实这种说法不过是一个幌子,是对不懂数学教学的家长的欺骗。

幼儿园并不属于义务教育范畴,学前儿童也还没有真正学过数学,就一跃进行"奥数"培训,违背了儿童心理发展的规律,超越了儿童的心理发展水平,是典型的揠苗助长。迫使儿童学习根本不能理解和掌握的数学知识,犹如让刚刚学会坐的孩子去站立,让刚刚学会爬的孩子去奔跑,打乱了儿童心理发展的次序,结果只能导致儿童"厌其苦""畏其学",丧失学习数学的积极性,甚至伤害孩子的身体与心理。

数学的学习是从小学正式开始的,幼儿园进行的数学常识的学习,是结合日常生活随机进行的,理解生活中简单的数学关系,能用简单的分类、比较、推理等手段探索事物,培养学习数学的兴趣,为进入小学之后正式学习数学打基础。学前幼儿的思维，最初是直觉行动思维，中期发展到具体形象思维，到幼儿晚期才具有抽象思维的萌芽。幼儿的知识学习也应该是由浅入深、由易到难、由具体到抽象。而"奥数"的内容，一般都是十分抽象、难以理解的，幼儿只能死记硬背、囫囵吞枣，结果使得幼儿在小学正式学数学的时候却自以为掌握了数学知识，从而降低了学习数学的兴趣和积极性，最终导致"一知半解""只知其一，不知其二"，实在得不偿失。世界著名华人数学家丘成桐也曾表示，真正好的数学家对于数学以外的其他学科都有很全面的兴趣和了解，单纯的"奥数"训练培养不出大数学家，他们总是习惯于解决别人出的问题，而不是自己发现问题，缺乏较强的创新能力。

家长们给孩子报名学"奥数"，是希望孩子能够获得超前教育和训练，希望孩子将来进入小学以后，学习起点比别人高，能在学习的竞争中占据优势。提前进行一些数学教学和训练，可能会在一定的时间内占有优势，但由于这种优势完全是靠人为的力量获得的，不是自然而然形成的，即或是有一些优势，但也很可能只是一时优势，不见得能保持下去。

有这样一个研究很能说明问题。美国北卡罗来纳大学做过一个实验，把175个孩子分成两组，一组由父母按照一般条件进行教养；另一组则从3个月开始就提前进行早期教育。之后，每15个月测验一次，发现接受超前教育和训练的孩子智商平均高出15点。然而，并不能以此得出这种早期教育的优势能一直保持下去，因为有些孩子在进入小学四年级的时候，就逐渐丧失了这种优势；而接受父母循序渐进教养的孩子，后来却通常都赶了上来。

这个实验告诉我们，任意进行超前教育和训练，不见得是一件有益的事。进行超前教育和训练的人，自认为进行超前早期教育就一定会"早出人才"，这仅仅是一种美好的愿望，是一种推测而已，实际上并没有得到证实。

苏联著名心理学家烈伊捷斯说过："儿童超过自己年龄的发展，对于判断其未来发展的可能性不能提供可靠的依据；也不排除缺少早期发展，后来却发生跃进的可能性。"许多事实都已证明了这一点。

学前阶段是儿童身心发展的关键期，如果放任自流，任其自由发展，不进行必要的培养教育，是不好的。机不可失，时不再来，应当抓紧时机及时进行培养教育。但也不能任意超前，太随意、太超前了，从近期的效果看，可能很好，但最终的结果却不见得令人满意。

法国思想家、教育家卢梭说过："大自然希望儿童在成人以前，就要像儿童的样子。如果我们打乱这个次序，就会造成一些果实早熟，他们长得既不丰满也不甜美，而且很快就会腐烂。就是说，我们将造成一些年纪轻轻的博士和老态龙钟的儿童。"

恐怕哪个家长也不愿意培养出"既不丰满也不甜美"的"早熟果实"吧。奉劝那些望子成龙心切的家长头脑要冷静，不要被那些不负责任的宣传所蛊惑，不要让孩子过早地背上生活的"十字架"。

《太平洋女性网》2009 年 7 月 13 日

11. 成功育儿 要做"明白"家长

学英语不必着急

"随着家长们越来越注重孩子的早期教育，早期教育的误区也越来越突出。"赵忠心教授告诉记者，许多家长认为，早期教育开始得越早越好，孩子出生不久就教他认字、算算术，尤其重视英语的学习，大多数学龄前儿童就开始接触英语。

学龄前儿童学英语，赵忠心教授并不提倡。他说："有很多家长一早把孩子送进双语幼儿园，甚至希望孩子一开口就能先说英语，这是非常不科学的。"赵忠心教授告诉记者，学习一门外语，是要理解一种文化，而不是机械地记忆文字、符号。对于学龄前的儿童，博大精深的中国文化还没有理解，本土语言还没有掌握，又有什么能力去掌握一门外语呢？其结果很可能是汉语学不好，外语也学不好，"两锅夹生饭"。

据北京《娱乐信息报》报道，把"老师"叫"老希"，"葡萄干"说成"帕塌干"……3岁半的上海男孩童童说出的话，别人怎么也听不懂。日前，童童妈妈带孩子到上海市心理咨询中心咨询，才知道孩子的"病因"是外语学习过早、过多所致。

童童父亲的美式英语讲得非常好，母亲也能操一口流利的日语。童童刚出生，父母就想出一个自认为很"高明"的招数：从孩子学语言开始，由爸爸对他讲英语，妈妈讲日语，爷爷奶奶与孩子讲汉语，"三管齐下"对孩子进行语言培训。

刚开始，童童的确掌握了不少外语词汇，给客人表演时，孩子一口气能说出三种语言。客人听了大为惊讶，赞叹不已，称赞家长教子有方；孩子和家长则是洋洋得意，心里美滋滋的。

但时间一长，却出了问题：那孩子经常会把英语、日语和汉语混在一

起说，结果什么语都不对，都说不好；讲汉语时，也拖长发音，发出一个外语的腔调。到后来，童童讲的话意，除了父母能"猜"得出来以外，别人就都听不懂了。面对这种情况，童童的父母都急了。于是，便进一步加大"培养教育力度"，频频纠正童童的话语。

没想到，被纠正得多了，屡屡遭到否定，童童索性不开口讲话了，给你来了个"徐庶进曹营——一言不发"；而且，一看到生人就躲，似乎"避之不及"，有什么要求，宁可给家人用手比画，也不愿意开口说话，那真叫"金口难开"。

赵忠心教授说："孩子的生理和心理发展有一定的规律，理解能力有限，家长应该按照年龄阶段，教给孩子相应的、能够理解和接受的知识。循序渐进、量力而行才能收到相应的效果，过早地强调记忆，强调一种抽象的符号，会适得其反。"

赵忠心教授提醒各位家长，早期教育应采取慎重的态度，千万不能盲目，小学阶段再开始学习英语也为时不晚。早期教育不可急功近利。

赵忠心教授感慨地说："学龄前的儿童，就要上各种的学习班和特长班，背上了沉重的包袱，没有了快乐的童年。许多家长都希望把自己的孩子培养成天才，对孩子寄予了他们根本不能承受的希望，这都是家长的虚荣心在作怪。人的成长过程是漫长的马拉松，而并非50米的短跑，这种过度刺激和过度的教育，对孩子的终身发展肯定是不利的。"

面对商业炒作、面对"神童"的诱惑，赵忠心教授告诫家长，不按孩子发展的自然规律，随心所欲地给孩子增加学习负担，后患无穷。家长应做头脑清醒、心态平和的"明白"家长，不要急功近利，不要轻信什么万能的"绝招"和捷径。最好的早期教育是让孩子过得愉快，获得快乐，享受童年。宽松的发展空间和适当的引导，就能让孩子的天性得到最好的发挥。

家长的育儿秘笈

早期教育阶段的任务有哪些呢？赵忠心教授给各位家长提出了以下一些建议：

一、早期教育的最主要任务是保证孩子的身体健康。健康第一的观念，是首先需要明确和树立的，要坚持始终，不可动摇。

二、教孩子掌握口头母语，能够准确表达。学认汉字也不必操之过急，可以在日常生活中随时随地学认，不能追求数量。至于学外语更不要着急，先学好汉语再说，孩子还没有足够的理解能力，学到的也只是皮毛。两种语言同时学，会搅在一起，互相干扰，哪种语言也学不好。

三、要培养孩子适应环境的能力和与人相处的能力。带孩子走出家门，到社会和自然界，接触别的孩子，接触家庭以外的事物，学会适应不断变化的环境，学会与人相处。

四、要培养孩子良好的生活习惯，比如按时睡觉起床，生活有秩序，讲究卫生，知道尊重人，懂礼貌，尊重社会公德，遵守纪律，知道谦让，能与人共处等。家长首先要以身作则，给孩子做出样子；同时，加以循循善诱。

五、注重培养孩子的感知能力和分析问题的能力。智力发展的核心是思考，而不是机械地识字、背诵。生活中随时随地都有开发智力的机会，比如，带孩子到公园看到动物，回家再看画报上的动物，引导孩子识别动物的特征，培养孩子"再认"的能力；给孩子讲故事，让孩子复述，培养记忆能力；等等，家长要学会发现并充分利用日常生活中的一切机会。

《郑州日报》2008年5月15日
本报记者李杨采访

12. 育儿要平和心态，别太功利
——赵忠心教授的育儿观

观点一：不赞成把0—6岁统称为"学前教育"

0—6岁这个时期不仅仅是为孩子上学做准备，更重要的是为孩子一生发展打基础，是孩子一生的成长基础。什么是"学前教育"？难道孩子出生就是为了上学？这样就太功利了。如果把0—6岁统称为"学前教育"，容易诱导家长只为孩子入学进行培养训练，内容会受到很大的局限，只为孩子眼前的发展负责，为孩子的"现在"负责；而不是为孩子的"将来"负责，为孩子的一生的发展负责。五六岁的教育称"学前教育"还差不多。

观点二：幼儿教育，"体育第一"

学龄前阶段一定要把体育放在第一位，教育的顺序应该是体、德、智。"体"是"德"和"智"的载体。如果身体不好，其他的都谈不上。0—6岁是孩子长身体的时候，在这个时期是成长发展最快的，身高、体重成倍地往上翻。如果不予以高度重视，错过了大好时机，将后悔终生。所以，一定要把身体的保健放在第一位。

但实际上许多家长把智育放在了第一位，这肯定对孩子的长远发展没好处。现在，许多家长把孩子的读书、习字等放在第一位，实际上就是一种功利目标——上小学。孩子两三岁就认识好多字，其实并没有理解，是"囫囵吞枣"，只是"一知半解"，没有多大用处。因为从唯物的认识论方面讲，感性认识是理性认识的基础和前提，首先就是要让孩子掌握感性认识，认识客观事物，丰富感性知识。不要以为只有书本上的知识才是知识，生活中的知识也是，而且更为丰富。

这个时期的确是要学习，但不只是学习、掌握书本知识，更重要的是学习生活常识，认识事物的名目和用途，掌握丰富的感性知识，为以后学习理性知识打基础。缺乏感性知识的积累，学习理性知识只能是死记硬背、食而不化。

观点三：学前教育很混乱

目前，我国的学前教育发展状况很混乱。民办幼儿园的出现，应当说适应了社会发展的需要，补充了幼儿教育机构不足。但缺乏必要的准入制度，又缺乏有力的监管。比如"双语幼儿园"，说实话，我是不大赞成的。学龄前的孩子很重要的就是掌握本民族语言，就是"本土语言"、"母语"，这是最重要的。掌握了本土语言才能交流、交往，才能学习，才能适应生存环境，才能更好地学习和掌握外语。本土语言还没掌握好呢，就急着学外语，"双管齐下"，同时进行，这个很不科学。像我国的台湾省就已经明令取消"双语幼儿园"，以加强本土语言文化教育。

我有一些留洋的教育学博士朋友，他们在外国学习时听课一点儿问题也没有。但翻译一些外国文章之后，还要让我看，帮助整理修改。因为他们虽然翻译的是汉语，但是使用的却是外国语法。就是因为他们本土语言没有掌握好，先天不足。孩子学外国东西之前先要把本土的东西学好。本土语言学不好，外语也学不好，本土语言是基础。所以，我一直主张要"留洋"，先"留土"。

观点四："过度教育"的家长是愚蠢的保姆

像睡觉翻身、吃饭、走路等能力，都是人的本能。本能是自学而能，是不需要家长教的，家长一教反倒会使孩子学习能力退化。家长要从小给孩子自己留有锻炼、学习的机会，让孩子体验过程。这很重要。一旦孩子自己学会一种本领，就会琢磨着学下一种本领，这会让孩子觉得很有成就感，增强其自信心。家长应该学会循循善诱，在一旁"诱导"、"点拨"，发挥孩子的主观能动性，使孩子养成自觉性、主动性等优良的习惯。"过度教育"的家长，就像是"愚蠢的保姆"，一切都要教。那样，越教得多，孩子就会变得越蠢，使孩子一些本能渐渐退化，磨灭孩子的自觉性、主动

性、创造性和探索精神。使孩子从小就养成依赖的惰性，缺乏进取精神，家长不教，我就不学，就被动地等着家长教，那就麻烦了。

家长要克服浮躁情绪，以平和的心态对待和教育孩子，帮助孩子探索学习的"门道"，养成良好的学习习惯，优化学习的方法。

《大河健康报》（郑州）2008年5月4日

13. 不要把早期教育变超前教育

记者：有人把早期教育说得神乎其神，甚至挂出了"神童教育"的牌子，他们的口号是"不能让孩子输在起跑线上"。你怎样看待这些现象？怎样评价早期教育在孩子成长过程中的作用？

赵忠心：注重孩子的早期教育并没有错。值得注意的是，并非所有的早期教育对孩子的成长都是有利的。确切地说，科学、适时的早期教育是有益的；不科学、任意超前的早期教育不仅无益，而且还是有害的。科学、良好的早期教育，在人的成长过程中具有一定的积极作用，但也不能片面化、绝对化。

有人说"早期教育没做好，孩子这辈子就完了"，还有人认为"不能让孩子输在起跑线上"等等，这些观点都太绝对化了。人的成长是一个漫长的过程，这个过程包括了许多个不同的发展阶段，我们不能说哪一个阶段是最重要的，哪一个阶段是不重要的，应该因人而异。"不能让孩子输在起跑线上"的说法显然是站不住脚的。比如，长跑起跑时慢了一两步、两三步是没有关系的，关键是要有实力，还要学会保存实力，最后的一两百米能够很好地冲刺，开始落在最后也有可能得第一。如果按照"不能让孩子输在起跑线上"的说法，在长跑一开始就要加速猛跑，把力气都使绝了，怎么能够坚持到最后？孩子的成长和教育也是这样，孩子成长的路很长，孩子的教育也是一个循序渐进、细水长流的过程。古人说："小水常流，故能穿石。"把人的成长过程看成是一蹴而就的事情，那是一个认识上的误区，是"早期教育决定论"思想的反映。

记者：有不少家长都把早期教育理解为"超前教育"，请你谈谈两者有什么区别？

赵忠心："超前教育"是将教育时间大大提前，比如让孩子在 3 岁以前掌握 3—6 岁孩子的知识，3—6 岁孩子学习小学的课程，小学时学中学

的课程,中学时学大学的课程等。这种教育对个别人可能适应,而对绝大多数人来说是行不通的。

当前,在早期家庭教育中确实存在"越超前越好"的倾向。有的省市"家庭教育大纲"甚至把"超前性"作为家庭教育的一个教育原则提出来,有的商家也跟着推波助澜。于是,在早期家庭教育中出现了许多超越儿童年龄发展阶段的超前教育。比如,刚刚会说话就教孩子学习背唐诗、学英语;两三岁的孩子就开始攻读小学的算术、语文课本;有人甚至主张"0岁识字,3岁扫盲"等等。

我认为,0—6岁是儿童身心发展相当迅速的时期,但要促使其发展是有条件的。按照美国著名儿童学家格塞尔的思想,支配儿童心理发展的因素有两个,一个是"成熟",一个是"学习",两者之中他更看重"成熟"。

早期教育是一种非正规教育,不是以传授知识为主的,不能跟学校教育(即正规教育)相比。幼儿教育(包括幼儿园教育)也是一种非正规教育,不能把教育过早地正规化。

任何事物的发展都是有一定的规律的。我们只能认识规律,不能改变规律。做任何的事情,符合规律则行得通;违背规律,就行不通,就要受到惩罚。古人说:"欲速则不达。""其进锐者,其退亦速。"我们不能违背儿童生理和心理的发展规律,对孩子的教育要坚持循序渐进、量力而行的原则。

记者:除了一些家长急功近利、将早期教育变成了"超前教育"外,你认为目前在早期教育方面还存在哪些误区?

赵忠心:概括起来说,主要有以下三大误区:

一、严重的过度教育。所谓"过度",就是超过了一定的限度。教育跟不上,当然效果不好;但如果超过了一定的限度,效果同样是不好的。这就是"过犹不及"的道理,这就是教育的辩证法。目前,一种普遍的现象是学龄前儿童除了上幼儿园之外,还要上各种学习班和特长班。可以说,现在的孩子从一出生就背上了沉重的学习包袱,承受着难以承受的负担。这对孩子的发展是很不利的。其实,最好的早期教育是让孩子过得轻松、愉快，生活得快乐。因此，一定要让孩子有剩余的时间和精力，不要把孩子的时间都填满，把孩子的精力都使绝，要让他们充分展示爱玩的天性，使他们身心健康，这是最为重要的。不能把学龄前儿童的时间安排得和上学的孩子一样（特别是0—3岁的孩子），要让孩子充分享受童年的快乐时光。

二、复杂的知识教育。有人认为，早期教育的任务就是让孩子早识字、多识字、早学算术、早学外语等等，这是不正确的。这反映一些家长的思想太过功利化。教育不光是要受教育者学习知识和技能，最重要的是使孩子身心健康、和谐地发展。我认为，识字、算术确实是一个人发展的基础，但人的发展基础应该是全面的，不应该局限于识字和算术。如果过于强调某一个方面，比如强化识字、学算术等，必定是以牺牲其他方面为代价的。

三、早期教育还存在其他一些误区，就是教育内容的片面性。比如重智轻德，重视特长发展忽视全面发展，重视知识忽视能力，重视身体健康忽视心理健康，重视营养保健忽视体育锻炼等。教育内容片面，势必会使孩子的发展出现"畸形"发展的状态。全面发展才会协调发展，协调发展才会长足发展。

记者：既然早期教育不提倡大量、机械地灌输知识，那么，早期教育的主要任务是什么？

赵忠心：在学龄前阶段，最主要的是要让孩子掌握生活常识，这是直接经验。上学之后读书，书中讲的就是间接经验。用唯物认识论的观点来看，要想深刻理解和牢固掌握间接经验，首先应该掌握大量的直接经验，这样才能更好地理解别人的间接经验。生活常识就是感性知识，感性知识越丰富，将来学书本上的理性知识时才能有更好的理解力。所以，过早地让孩子读书或识字，灌输一些抽象的知识，而不是先丰富孩子的感性认识，实际上是违背认识论的，也是行不通的。

《家庭导报》（长沙）2008年6月6日
郑州教育电视台记者常艳春采访

14. 学前儿童该学些啥

据了解，很多家长在孩子三四岁时就开始教他们唐诗宋词、数学、钢琴等，有的甚至还教电脑之类的知识。一位姓吴的女士很自豪地告诉记者，她的孩子今年6岁，钢琴练得很好，过两年准备让他参加演出，她还说儿子是从3岁左右就开始学钢琴的。据悉，这样的家长还有很多。

而一些幼儿园特别是私立幼儿园和特色幼儿园更是以孩子在他们园里能学多少东西作为自己吸引家长的优势，这正好迎合了部分家长望子成龙、望女成凤的心理，恰好各取所需，"两全其美"。记者以家长的身份电话采访了一些幼儿园，较多的幼儿园都讲他们园开设了什么"特色班"、"双语教学"之类的话。特色教育、知识教育、识字教育已成了幼儿园竞争的一种有效途径。

学前孩子究竟该学什么？日前记者就此问题采访了北京师范大学教科所专门研究家庭教育的赵忠心教授。

赵教授告诉记者，学前教育孩子主要应该掌握四个方面的知识。

首先是掌握民族本土语言，学会与人交流、交往和沟通。家长应该与孩子多交谈，从孩子小时候就跟他说话，听不懂也要说，说多了就懂了。让孩子多接触社会，采取"走出去请进来"的方式多与别的孩子和家长交流，为孩子创造说话的机会，让他们在实践中学习和锻炼用语言来表达自己思想、情感等方面的能力。

其次是根据孩子的年龄特征培养其基本的生活、生存等方面的能力。3岁以前的孩子主要是培养行为能力，学什么做什么，如吃喝、坐卧、行走等，注重在活动中发展实践能力。3—6岁的孩子侧重于让孩子识别一些实物的名目、功能、用途，以促使孩子做事的能力。

再次学前教育是为上学作准备的，应该让孩子多接触社会与大自然，以掌握更多的感性知识，如带孩子去郊游、逛公园等。学校教育主要是让孩子学习理性知识。掌握理性知识必须以感性知识为基础,掌握的感性知识越多、越丰富,就越能更好地理解和掌握所学的理性知识。书本上的知识毕竟是他人总结的间接经验,是有限的,而大量的丰富的知识还是存在于社会生活当中。既要孩子向书本学习,更要向实践学习。

最后是学习一些生活规则或行为规矩,如礼让、团结、有秩序、守纪律,尊重他人,公私分明等文明礼貌性的行为。

赵教授还提醒,学前教育必须遵从学前儿童身心发展的特殊规律,掌握教育学心理学等学科的规律,从学前儿童身心发展的实际出发,采取有效的措施,促成其发展,避免步入幼儿教育"小学化"甚至"成人化"、"家庭教育学校化"、"片面化"等误区。否则,虽然在个别方面,在短期内能够取得立竿见影的效果,但这是以牺牲孩子全面发展为代价的,得不偿失,势必会影响孩子其他方面的发展,有时甚至会影响孩子的一生。

《生活时报》(北京)2007年1月6日
本报记者陈振如、苑英丽采访

15. 上幼儿园，选日托还是全托

我不赞成孩子"全托"

据报道，最近天津出现了招收0岁孩子的"全托"托儿所，从孩子一出生就交由托儿所抚养教育。有人说，从孩子一出生就"全托"，可以解除父母的负担，能"解放生产力"，还有利于从小培养孩子的独立意识和独立生活的能力。

猛一听，这种说法似乎很有道理。我却未敢苟同。

孩子降临人世，首先投入父母的怀抱，第一眼看到的是父母，最先得到的人间最珍贵的亲情来自父母。孩子是父母爱情的结晶，母亲怀孕十个月，"准父母"怀着激动、欣喜的心情把孩子迎来。父母子女亲情是与生俱来的，是天然生成的。初生的孩子，对父母十分依恋，强烈需求与父母保持亲情，这对孩子健康成长发育十分有利。

孩子小时候与父母时刻保持亲密接触，不仅有安全感，情绪放松，心情舒畅，无拘无束，无忧无虑，感到温馨幸福；而且，也使孩子拥有正常的感情生活，培养健康的情感。

特别值得注意的是，孩子与父母骨血相连，父母子女亲情以血缘为基础，极为特殊，其他任何人之间的感情都不能与之同日而语，相提并论。父母亲情是孩子精神食粮中的"精品"、"极品"，其他任何人的感情都不能替代。即或是"全托"托儿所的老师、阿姨就像"妈妈"一样，但毕竟也仅仅是"像"，不可能完全代替父母亲情。

孩子一出生就入"全托"，长时间完全脱离父母，就等于强制"割断"与父母的亲情，对尚对父母极为依恋的小孩子，是一件很"残酷"的事。

做母亲的都有给孩子"断奶"的经历，虽然只是断绝了"母乳"的供应，但并没有断绝母子亲情。孩子是闻着母亲身上的奶味一天天成长起来的，孩子与母亲感情十分亲密，"断奶"使孩子所经受磨难的痛苦，都让母亲心疼不已。小孩子"断奶"完全是被动的，无可奈何，其痛苦程度，大大超过母亲的痛苦。更何况一出生就"全托"，远离父母，五天见不到母亲，闻不到母亲身上的奶味，会产生难以忍受的亲情饥渴，其痛苦程度可想而知。

孩子一出生就入"全托"，是可以摆脱孩子的拖累，解除父母的负担。但付出的代价太大，太大。过早地长时间离开父母"全托"，使孩子觉得像是被抛弃的孤儿似的，心里没着没落，认为人世间没有真情，对孩子心灵、情感的伤害极大，甚至终生都不能慰平。

据《北京晚报》报道，有一位某部委的干部，父母都是军人。他从很小的时候就上整托，爸爸妈妈甚至一个月都不接他回家一次。小时候的情景，事过四五十年以后，他还历历在目，记忆犹新。他回忆说，那时候，幼儿园经常只剩下几个孩子，我们想妈妈就开始哭。后来，就不哭了，只觉得妈妈对我们不亲。小时候入全托幼儿园给他造成的心理伤痕，历经几十年的岁月，还没有完全消除。

另外一位成年人，也是从小就被家长送到全托幼儿园，只有周末才能回家，有时甚至周末也被父母遗忘在空空荡荡的幼儿园里。

他深有感触地回忆说，我记得最清楚的一次是1958年中秋节。那天傍晚，幼儿园的其他孩子被父母接走后，只剩下我和四五个孩子。吃过一顿冷清的晚饭后，我们在一个阿姨的陪伴下，一个个失魂落魄地攥着手里的月饼，或站或坐，在宿舍楼外面的门廊上，仰着头，呆呆地望着天上那轮金黄色的大大的月亮。

"阿姨，今天是中秋节了吧？"一个小班的孩子咬着月饼，迷惘而孤寂地问。

"是啊，是中秋节。"阿姨说。

"中秋节是干吗的啊？"另一个小班孩子问。

"就是吃月饼呗！"一个大班的孩子回答说。

"中秋节是一家人团圆的节日。"阿姨补充说。

"那我们的爸爸妈妈怎么不接我们回家啊？"那个大班的孩子疑惑地嘟

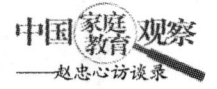

着嘴又问。

阿姨告诉我们说,爸爸妈妈正在十三陵水库参加义务劳动,还说毛主席和国家领导人都去那儿劳动过。

"那水库什么时候能修好啊?"我们几个孩子哭着问。阿姨说,很快就会修好的,别着急。

那一晚,阿姨没有催我们按时就寝,一直陪着我们这几个手里攥着月饼的小可怜儿,望着夜空那轮冷冷清清的月亮。她知道我们想家,想爸爸妈妈……

到了小学,我又被送进寄宿学校,每两周回家一次。直到现在,虽然已经过去几十年了,我仍然认为人生中好像缺少母爱。其实,并不是没有母亲,也不是母亲不爱我;而是在我最需要温存母爱的年龄阶段,却被送进了全托幼儿园、寄宿小学。我明显地感到,我们好些与我有同样经历的同学,与家庭、父母关系甚是冷漠。

小说《青春之歌》作者、女作家杨沫的儿子老鬼也是作家。他在《母亲杨沫》一文中是这样描写他的母亲的:

"我的母亲整天醉心于她的写作,不管孩子,儿女情很淡。""她说她尊崇卢梭——卢梭就把自己的亲生孩子统统送到育婴堂,一个也不要。""母亲嫌麻烦,把我往托儿所一送了事。母亲说她小时候,她的母亲从来没有抱过她,亲过她。她也继承了这一点。我四岁从农村来到北京与父母生活在一起,记忆中就没有被母亲抱过、亲过,也从没有尝过坐在母亲膝盖上的滋味,哥哥也如此。……我和哥哥一辈子不知道撒娇是何滋味。"

作家王朔在《致女儿书》中说:"我是在群宿环境中长大的。一岁半送进保育院,和小朋友们在一起,两个礼拜回家一次,有时四个礼拜。很长时间,我不知道人是爸爸妈妈生的,以为是国家生的,有个工厂,专门生小孩,生下来放在保育院一起养着。"

我自己曾遇到过这样一件事:有一个上小学的小女孩在我家寄托过5年。她很喜欢我们,我们也喜欢她,我们相处得很好,她的父母也很满意。临近小学毕业,我不记得是什么事让她"触景生情",竟然哭着喊出了这样一番话:"他们(指父母)从小就送我上全托,一个星期接我一次。

现在上小学了，又全托到你们家。等他们（指她的父母）老了，我把他们送到敬老院，也一个星期接他们一次！"那孩子的父母一听这话，立即把孩子接了回去。

过早送孩子"全托"对孩子情感上的伤害是相当严重的。年轻父母工作很忙，是有压力，但既然生育了孩子，就应当负起养育的责任，就要把事业和孩子的关系处理好。要是觉得孩子是累赘，可以不生育孩子，现在不是已经有不少的"丁克家庭"吗？有了孩子就不能因为忙就推卸自己的责任，不能把压力转嫁到身心稚嫩的孩子身上。你现在对孩子无"情"，可别怪孩子将来对你无"义"。希望做父母的深思。

当然，全托也不是绝对不可以。但要慎重，要看孩子的个性适合不适合全托。有的孩子可以，有的就不适合。实在无可奈何，不送全托不行的话，家长要特别关注孩子思想、行为的变化，不能一送了之。我们不仅要看到孩子送全托在自理、自立方面的能力的培养和提高，也要关注孩子在心理上是否受到不良的影响。如果发现了，要采取措施及时补救。

《健康时报》（北京）2006 年 7 月 17 日
本报记者杨帆采访

16. 隔代教育谨防误区

有人说，"隔代抚养教育"有害无益，会把孩子给毁了。这话说得太绝对，这有"以偏概全"之嫌，由祖父母带大的成功人士屡见不鲜。比如，中国共产党早期领导人李大钊是由伯祖父抚养长大的，英国著名的哲学家罗素是奶奶带大的，俄国文学家高尔基是外祖母对他实施的早期启蒙教育……事实表明，祖父母不单能带好孙子，也能把孙子培养成才，甚至成"大才"。虽然教育者与孩子之间的关系是影响家庭教育效果的一个因素，但能不能带好孩子，关键不在于谁带，而主要在于教育者的教育思想观念是否科学。

现在，社会环境好了，人们的生活水平提高了，人的寿命普遍延长。中国的老年人到离退休时，一般身体还是硬朗的。有个孙辈在身边，既支持儿女工作，也能排遣失落和孤寂，给空巢家庭带来欢乐，享受天伦之乐。这是个一举两得、两全其美的事。

老年人是过来人，抚养、教育孩子有着丰富的实践经验，对孩子也耐心细致，照顾周到。但孙辈毕竟不是自己的儿女，中间"隔"一辈。可不要小看这"隔辈"！过去对自己的儿女能严格要求、训练和教育，而面对"隔辈人"，一些老年人却往往变了一个人，就连性格、心态都不知不觉地在发生变化。特别是面对这"独一无二"的孙子孙女，怎么也"爱不够"！昔日在儿女面前，有的是"尊中至极、威严十足"，谁也不敢冒犯；而今在孙子孙女面前，往日那种令儿女敬畏的家长架势和威严却荡然无存，个别的老年人甚至对孙子孙女"俯首称臣，唯命是从，百依百顺，有求必应"。有人戏言："现在是有了儿子当儿子，有了孙子当孙子。"这种变化，根在"责任"二字！

时过境迁，物是人非。现在的孩子不比过去的孩子，出生在盛世，享受着比前辈优越得多的生活条件。大多是独生子女，天然地处在"唯我独尊"的特殊地位。生活在以交通、通讯高度现代化的信息社会，成年人垄断信息的时代一去不复返了，孩子们往往比大人还先知先觉，孩子们的头脑变得越来越复杂。对此，不少老年人觉得好像是"老革命遇到了新问题"，深感费力不讨好。可见，要做合格的祖辈，带好孙辈，还真的要学习新知识，更新旧观念，研究教养学问，掌握现代的家教"孙子"兵法。这样才可能引领孩子成为品学兼优的人才。

《人民日报》2004年5月20日
本报记者范建斌、董建勤采访

17. 教育孩子两代人千万别唱对台戏

随着社会竞争的加剧，年轻父母工作负担加重，不少年轻父母都会把孩子托付给老人抚养和教育，这种被称为"隔代教育"的现象目前还呈增长趋势。调查数据显示，在全国有近一半的孩子接受隔代教育，而在北京这一比例高达70%左右。但越来越多的年轻父母也发现，在对孩子的教育问题上，他们往往与长辈不一样，甚至产生了严重的分歧。

教育案例：为了孩子教育，母女反目为仇

40岁的寇女士与父母住在一起，最近为了儿子报课外辅导班的事，竟然遭到母亲的痛斥。"我不知道母亲到底怎么了？我是为了儿子能上一所好中学呀！"寇女士无奈地说，"可是姥姥却觉得把孩子累着了，坚决抵制我的想法。这已经不是第一次了。"

对于女儿给外孙进行的教育，姥姥也是抱怨不已。"她简直就是一个报班狂。"姥姥气愤地说："她们几个年轻妈妈在一起，就想着怎样折磨孩子，孩子身体都垮了，还学什么习？"

就这样，一个为孩子身心健康，另一个为孩子未来发展，截然不同的教育目的让母女俩之间经常争吵。上小学四年级的明明说："我姥姥和妈妈有一次都打起来了，我妈气得把姥姥家的门都砸坏了，我都不知道听谁的好？"

刘先生的女儿今年5岁半，但牙齿却非常不好。提起这些，刘先生满肚子怨气："孩子的姥姥特别爱让孩子吃零食，我经常劝阻，但却遭到反对。由于吃零食不当，经常是今天孩子吃零食，第二天我带孩子去医院。他们根本不管那么多，还经常看着孩子吃东西觉得很满足很幸福！"

刘先生告诉记者，从孩子一出生，老人就和自己的教育观念格格不入。比如，小时候自己想训练孩子爬行能力，但老人却觉得孩子在地上爬又累又脏；孩子上幼儿园了，自己想训练孩子自己穿衣吃饭的习惯，老人却总是以孩子还小为由全部包办……

为了不让孩子继续接受祖辈的"熏陶"，刘先生生气地带孩子搬了家。

调查显示，几乎所有年轻的父母与老人在教育孩子方面都产生了或多或少的矛盾。和老人出现分歧和冲突时，82%的年轻父母想极力说服老人，但其中也有36%不能说服；有18%的年轻父母则不愿影响和老人的关系或碍于情面不说出来。当父母和祖辈因自己的事而争论或吵架时，有73%的孩子表示不知道该听谁的。

对孙辈的教育，老人要努力与儿女意见一致

北京师范大学教授赵忠心说："不可否认，祖辈有充裕的时间和精力与孩子在一起生活，而且能够耐心地倾听孩子的述说；祖辈还具有抚养孩子和教育孩子的实践经验，对孩子照顾周到；祖辈在长期的社会实践中积累了丰富的社会阅历和人生感悟，他们认为孩子应在愉快、宽松的环境下学习与生活，不必强求一定要这样或那样。

"但大量的事实证明，由于祖辈对孩子的溺爱，老一辈与现代教育格格不入的教育方法等对孩子造成的影响，已经使许多孩子出现了性格孤僻，与父母感情淡漠，行为、学习习惯不好，自控能力差，综合素质发展不均衡，家长稍有不依，孩子便哭闹不止等问题。

"在许多家庭中，祖辈人对孙辈人总是爱护有余、严格不足，照顾过度、放手不够，这是相当普遍的现象。祖辈人应当反省一下：自己是不是这种情况？这样做究竟对孙辈人是不是真正的爱护？"

赵忠心教授建议，祖辈人一定要努力和自己的儿女取得一致，对孩子要求一致，步调一致，不要和孩子的父母唱"对台戏"。老人在隔代教育中要给自己"定位"，既不能越位，完全代替孩子父母的教育；也不能当摆设，只"养"不"教"。要做亲子之爱的"润滑剂"，做孩子父母的"助手"。孩子虽小但也会"察言观色"，当他发现了自己这种"众星捧月"的地位，或者知道自己的父母不能忤逆祖父母、外祖父母的时候，他就会更加倾向于迎合老人的意愿，认可他们的溺爱，达到自己的目的。这

样,最终会使孩子模糊是非标准,肯定自己的不良行为。因此,年轻父母不能把教育责任全托给老人,自己当"甩手掌柜",撒手不管。

对于那些图省事干脆把孩子全部托付给老人教育的年轻父母,专家提醒他们千万别这样做。隔代教育对孩子的特殊溺爱和迁就,容易使孩子产生矫情任性、以自我为中心等不良个性。尤其是不少祖辈还习惯于包办孩子生活上的一切事情,这不仅影响了孩子探索世界的兴趣和勇气,而且使孩子的手脚得不到充分运动,孩子的大脑也不能独立思考,这样很容易导致孩子发育缓慢,独立生活能力差。这样的孩子一旦遇到困难或要求不能得到满足时,就没有信心也没有独立解决问题的能力,继而产生愤怒和不满的情绪。

《北京青年报》2007年4月5日
本报记者邓兴军采访

18. 妈妈、奶奶带孩子，谁说了算

大凡在养育宝宝上，一般家庭中老人与年轻人都免不了"磕磕碰碰"。原因特别单纯：怎样做才能把宝宝哺育好，让他健康成长。奶奶、妈妈都各有道理，一个占据着"一辈辈都是这么过来的"的传统阵地，另一个把持着"科学家最新研究表明"的先进武器，搞得宝宝和爸爸都夹在中间，无所适从。其实，老办法肯定有一番"大道理"，但不一定都应验；新方法肯定更具备"科学性"，但不一定都实用。该怎么做才正确，还是得听听育儿专家的意见。

孩子有不足是遗传的吗？

奶奶：这孙子我是越看越喜欢，真像他爸爸小的时候。比如偏科，他爸爸小时候偏科，就爱学语文，我看这孩子将来也是学文科的料……

妈妈：孩子有不足，不应该说像哪位家长，这样会使孩子理直气壮，不思改正。

北京师范大学教育学院赵忠心教授认为：

孩子的性格、习惯、能力、兴趣爱好等，不论是好的还是不好的，也不管是积极的还是消极的，这里有父母遗传的作用。但是，主要还是靠后天形成的，首先是家庭生活环境和父母教育起决定作用。如果认为全是父母遗传的结果，是天经地义的事情，这样往往会把孩子的不足与缺点"合法化"，为孩子找到一个不用改正的"理直气壮"的理由。即便是再小的孩子，在这种思想的潜移默化中，也会慢慢接受自己的缺点，认为"理所当然"，不会积极地去改正。因为这是像爸爸，是天生的呀。即使是好的积极的心理特征，如果认为完全是父母遗传的作用，看不到孩子自己努力的作用，也不利于增强孩子的自信心。

奶奶这样说，其本意不见得是给孙子学习"偏科"找什么理由，大概

是表达一种"爱屋及乌"的感慨罢了。婆婆爱自己的儿子,看儿子哪儿哪儿都好,孙子像自己的儿子,不管是好是不好,只要是"像",就欣慰。奶奶就那么随口一说,不见得是赏识、肯定。妈妈没必要把奶奶随便说的一句话看得那么严重,为这样一句话,对奶奶有看法,不值当,免得伤了婆媳之间的和气。妈妈作为年轻人,应该豁达一些才好。

人前教子对吗?

奶奶:俗话说"人前教子,人后教妻";现在,世道真是变了,孩子不听话还要私下里谈话教育。我觉得应该当着客人的面管教,家长多有面子,显得多有家教啊!

妈妈:孩子也是很好面子的,如果私底下教育孩子,会让孩子感觉家长很尊重他,效果很好。

北京师范大学教育学院赵忠心教授指出:

现在的孩子,出生在新时代,成长在新时代,跟过去的孩子不同,他们的自尊心和自我意识都很强。要想取得理想的教育效果,必须首先尊重他们的人格,还是不当着客人的面管教孩子为好,给他们留"面子"。让孩子觉得家长尊重他们,他们自然会从感情上容易接受批评教育。而如果家长不给孩子留面子,不管有没有外人在场,当场训斥孩子,让孩子下不来台,伤害了孩子的感情和自尊心,孩子就很有可能当面"顶嘴",甚至破罐破摔,对抗到底。明明知道是错了,既不认错,也不改错,自然达不到预期的效果。弄不好,还会把家长与孩子的关系搞僵,家长再也没法管教孩子,丧失教育的主动权。

我想,在这个问题上,妈妈的意见是正确的。妈妈毕竟年轻,对现在的孩子了解得更清楚一些。奶奶是老年人,对过去的孩子可能更了解一些,传统的管教孩子的方法的影响比较深一些,奶奶说的那是"老理儿",老方法,过去还行,现在行不通了。妈妈有责任主动跟婆婆就这样的问题进行沟通,以达成共识。

孩子到底最爱谁？

奶奶：孩子从小就是我带，一把屎一把尿地照顾，当然和我最亲了！问问孙子，听他亲口说出来，真是幸福啊！

妈妈：我是妈妈，我怀胎十月把他带到这个世界，他和我的生命都是相连的。我一定要让他告诉我："他最爱的是妈妈。"

北京师范大学教育学院赵忠心教授认为：

孩子跟奶奶亲，爱妈妈，都是必然的。因为奶奶、妈妈都为孩子的生存、生活和幸福付出了辛劳和代价。有付出，就会有收获，这是很自然的。孩子从小就是奶奶带的，吃喝拉撒，一口水一口饭地喂，一把屎一把尿地照顾，跟奶奶亲，孩子的妈妈应当理解，应当高兴，说明孩子有良心，母亲不该嫉妒。做母亲的希望孩子爱妈妈，天经地义，理所应当，做婆婆的也应当理解，不要感到失落。

我想，做婆婆的帮助儿媳妇带孩子，绝不是要把孩子从孩子的妈妈身边夺走，是为了让孩子生活得更舒适，更幸福，让儿子、媳妇安心上班，好好工作，帮助儿子、媳妇渡过抚养幼小孩子的难关。奶奶问孙子你跟谁亲呀？孙子说："跟奶奶亲。"这很自然。妈妈问你爱谁呀？孩子说："我爱妈妈。"这是人之常情。作为母亲是年轻人，有文化，应当豁达，善解人意，理解辛辛苦苦的老人，不要跟老人争来辩去的。这样不利于搞好婆媳关系。

前边所讨论的这三个问题，其实都不是大不了的问题。要是发生在男人与男人之间，也许就不会是什么问题，而在婆媳之间就成了问题。看来，女人就是比男人更为敏感一些，心胸也不大豁达。依我看，这婆媳之间没有什么根本的利害冲突，都爱孩子，这应当是搞好婆媳关系的基础。豁达一些，都站在对方的角度设身处地地想一想，尽量从好的方面理解对方，减少猜忌，思想能达成一致，家庭成员的关系也会更加和谐的。

《健康时报》（北京）2006年4月5日
本报记者赵绍华采访

19. 孩子"玩"的天性退化有损身心健康

近日在天津举行的"贯彻《未成年人保护法》学校与家庭责任"学术论坛上，教育专家说，孩子"玩"的天性正在退化，失去了在"玩"中自发学习和自我教育的机会，这对于成长中的孩子来说是莫大的损失，也在一定程度上有损孩子的身心健康。

中国家庭教育学会副会长赵忠心说，"玩"是孩子的天性。孩子小的时候，"玩"对他们来说是太重要了。他们把成年人的生活搬到自己的游戏中，过家家、打仗、卖东西、看病、开汽车……模仿着社会生活中他们所看到的一切和他们想像的事情。

上了学的孩子与同龄伙伴在一起，他们会玩得层次更高、更有条理。他们因为游戏而感到充实，他们也通过游戏摆脱孤独，从游戏中积累解决问题的经验，获得成功的快乐。可以说，游戏自然真切地表现出了孩子的积极性、主动性和创造性。

现在的独生子女得到了许多父母在童年时代得不到的物质上的享受，却也失去了许多过去的孩子所享有的童年玩耍的乐趣。孩子们背负着沉重的学习压力，课余时间被大量的作业和各色各类的辅导班、提高班占据了。许多父母一提到孩子的"玩"，首先想到的是耽误学习。我们时常听到有人训斥那些爱玩的孩子："都上学了，该收收你的玩心了！""一天到晚就知道玩，真没出息！"当老师拿着孩子不理想的考试成绩与家长共同分析原因的时候，最主要的原因莫过于"孩子贪玩"了。

为了保证孩子的学习，很多父母对孩子的"玩"百般限制；电视的普及，游戏机、计算机、互联网内容的丰富，改变了孩子玩的方式，由过去的动态改为静态，由过去主动的玩改为被动的玩。单元式住房就像一个个笼子，隔断了孩子们的交往；独生子女家中没有同龄伙伴，是成年的世界，参与孩子游戏的对象免不了都是些成年人，这又难以发挥孩子在游戏中的主导作用等。种种原因，使孩子自然的"天性"退化，孩子已经没有了童年。

　　如何引导孩子玩好呢？赵忠心建议说，父母要充分认识玩对孩子成长的作用，尤其是别把玩跟孩子的学习对立起来，而要多看看孩子在玩中有哪些乐趣，得到多少课堂和书本以外的收获。了解孩子的兴趣爱好是什么、想玩什么。父母要为孩子创造玩的时间和空间，多和孩子一起玩，在玩中了解孩子、启发孩子、培养孩子对生活的兴趣。此外，父母还要学会了解孩子闲暇活动内容，与孩子一起讨论哪些可以玩，哪些是绝对禁止的，定个规矩让孩子自觉遵守、父母监督。家长还要主动放孩子出去玩，不要总把孩子圈在家庭这个小天地里。总是"闭门造车"，出门不见得能"合辙"。

新华网 2008 年 1 月 24 日
新华社记者周润健采访

20. 孩子怎么连玩都不会了

"家长要教会孩子怎么玩"

"自从 1995 年国家实行'双休日'制度以来,每周工作日从原来的六天减少到现在的五天,每年还增加了好几个黄金周,人们的休息时间越来越多。特别是中小学生,加上寒暑假,每年的休息时间大约要有 170 多天,接近半年。在这种情况下,休闲教育越应该提出来。"

国家基础教育实验中心社区与家庭教育研究所所长赵忠心教授说,"在现代社会,不仅大人要学会休闲,孩子也应该学会休闲。因为休闲对人的道德、文明素质要求很高,文明道德的休闲,有利于提高孩子的道德水平、文明素养;当然,不文明、不道德的休闲,也会使孩子受到不良的影响,那些违法犯罪的青少年,基本上都是在休闲时间学坏的。"

赵忠心教授特别指出,这里的休闲不光是在休息的时间里睡大觉和吃喝玩乐,"孩子在学校学习是一种'发展',休闲也是一种'发展'。因为休闲活动完全是自主选择和安排的,是在一种没有压迫感的状态下的'发展',学习效果往往非常好。比如,孩子的特长,基本上都是在休闲时间发展起来的。因此,家长不能忽略对孩子休闲观念的培养。人与人的先天差距很小,后天的差距主要是因为休闲发展的不同造成的,正如著名科学家爱因斯坦所说:'人与人之间的差异主要取决于如何利用休闲时间。'这里的休闲,除了自主的学习、活动以外,当然也包括合理的吃喝玩乐。"

"学会休闲就是要孩子学会自我控制、独立支配自己的休闲时间和对自我行为进行社会化的约束,不是凭感觉走。"赵忠心教授说,"但是,孩子由于阅历和年龄有限,往往自控能力和自主支配能力较差,这就需要家长对孩子的休闲进行正确的指导和引导。对孩子的休闲活动放任不管是不对的,但妄加干涉也是不好的。"

赵忠心教授强调，要教会孩子合理休闲，家长首先要教会孩子玩。因为孩子休闲的主要内容就是玩，只有会自己玩、会跟别人玩，这样的时间才能算是休闲，否则只能是无所事事，无聊。无所事事，就会"无事生非"；在无聊的生存状态下，人就会变得越来越颓废。

休闲是现代人的一种生活方式，是现代人的一种权利。同样，也是孩子们的一种权利，家长和教师不能随意剥夺孩子的合法权利。但专家指出，青少年犯罪主要是在休闲时间学会的，比如沉迷网络、道德败坏、抢劫犯罪等，一般不是在上学时学的。因此，家长要指导孩子科学、道德、文明、高尚地进行休闲活动。良好的休闲方式，不仅能让孩子的生活丰富多彩，而且还能为孩子的发展带来发展机遇。比如，我们每个人的兴趣、爱好、特长，基本上都是在休闲时间得到发展的，不少成功人士就是在休闲的时间里被"猎头"发现而培养成才的。我国也有不少世界冠军最初走上体育道路也只是为了强身健体，比如奥运会羽毛球女子单打冠军龚智超等。

"首先要给孩子玩的时间。调查发现，现在孩子课余上学习班的很多，星期日变成了'星期七'，一天要跑几个特长班，这些孩子简直忙得没有时间游戏。而心理学家的另一项调查则发现，如果儿童缺乏足够的室外活动，他们感官的机能将得不到充分的发展，可能导致感觉统合失调，这也是导致小学生成绩落后的主要原因之一。"

赵忠心教授说，在假日里休闲最好的方法是阅读各种优秀的书籍、参加各种有意义的社会实践活动，或者旅游参观，进行社会交往等，这些都可以让孩子直接得到一种经验，从而使他们对社会、对自然、对自己认识得更深刻和全面。这就要求家长必须要以身示范培养孩子合理安排日常生活的意识和能力，家长切忌在自己的休闲时间里就是睡觉或者没有任何意义的吃喝玩乐。

《北京青年报》2007年8月16日
本报记者邓兴军采访

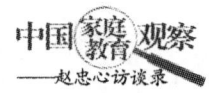

21. 如何看待孩子的智商

北京张望： 赵老师您好！有一个问题想请教您。前些日子，我孩子所在的小学对全校学生进行了智力测验。测验的结果，我儿子的智商是90。据测查人员说，这属于中等偏下。我感到非常失望。我想问一问：现在测得的智商，是不是就给孩子一生的智力发展水平"盖棺定论"了呢？

赵忠心： 张望同志，您所提出的问题，不仅是您一个人关心的问题，有不少家长也打电话或写信问过这个问题。你们对智力测验的结果有这样的疑惑和担心，表明你们对"智力测验"、"智力商数"是怎么回事，还不大清楚。

"智力测验"最初是通过测验的方式来衡量人的智力水平高低的一种科学方法。有人把智力看作是人的各种基本能力的综合，包括观察力、注意力、记忆力、想象力和思维力等等。因此，智力测验也称为"普通能力的测验"。

智力测验最初主要用于鉴别那些智力有缺陷的儿童，把他们从正常教学班筛选出来，转到别的班去进行特殊教育。后来，逐步扩展到用于鉴别学生智力水平，以便因材施教，对心智缺损儿童做早期诊断，以便及时治疗，或作为任用、筛选、升迁、考核人员时的预考依据等方面。过去，智力测验一般只作为医疗诊断和教育心理科学研究的手段。

近年来，由于家长们重视儿童智力的开发，希望了解自己孩子目前智力发展的水平和智力发展的潜力，以便进行有针对性的培养教育，于是，有的家长就带孩子去进行智力测验，也有的学校统一组织对全校学生进行智力测验。

所谓"智力商数"，一般人们都简称"智商"。它是测量人智力发展水平的一种指标，是"智力年龄除以实际年龄所得的商数"。比如，孩子的智力年龄与实际年龄相等，他的智商为100。如果智力年龄是10岁，实际年龄为8岁，那么他的智商则为125。一般地说，凡是智商大于100，则表示他的智力发展水平比较高；若低于100，则表明智力发展水平比较低。

用现在通常用的智力测验方法测得的智商，一般能反映孩子的智力发展水平。到目前为止，尚没有比智力测验更高效、更准确了解人的智力发展水平的方法。但是，由于目前的智力测验手段尚不完善，其可靠性也不能说是百分之百。另外，测得的智商，其准确程度，要受到多种有关因素的影响和制约，比如跟测查人员的操作水平、责任心，测查对象的知识经验、接受测查时的情绪、心理状态，测查时的环境、场合等都有密切关系。其中特别是和测验对象的知识经验有关。比如生活在城市和生活在农村的孩子同时测验，所测得的智力商数，二者肯定会有较大的差异。但实际上他们智力上的差异并没有测得的智商差异那么大。这个道理很简单，用城市孩子所熟悉的知识测查农村的孩子，农村的孩子肯定是"弱智"；而用农村孩子所熟悉的知识去测查城市的孩子，城市的孩子也会是"弱智"。

一般地说，智商具有相对的稳定性，但是人的智力是有可塑性的，就是说是可以改变的。特别是少年儿童，在良好环境、教育和个人努力下，智力水平会有所提高的；相反，如生活环境和所受的教育不好，个人不努力，智力水平也会降低。一次智力测验，特别是在年幼时一次智力测验所测得的结果，并不是"一测定乾坤"。它不能决定一个人一生的智力发展水平。

美国著名心理学家麦考尔1973年通过研究证明，对于正常儿童来说，其智商在2.5岁至17岁之间，会发生20.5分的变化；提高和降低两方面的变化都有。这意味着，只要主客观条件适宜，培养方法得当，智力中等的孩子可以达到优等智力的水平。同样，智力优等的孩子，在恶劣的教育环境下，其智力也完全可能由优等变为平庸。

古今中外许多事实，也充分表明了这一点。比如，我国宋朝有一个孩子叫方仲永，五岁时就会作诗，而且还作得不错，应当说这孩子的智商不低。但由于其父亲没有及时地给予良好的培养教育，而是把他当成"摇钱树"，成天带他到处表演作诗赚钱。到了十二三岁的时候，他作的诗就大

不如以前了。到了二十岁的时候,则成为平平庸庸的人。而清朝时期,有一个叫戴震的人,据记载,九岁时刚刚会说话,其智力水平是很低的。但由于受到良好的教育,他个人也很努力,勤学好问,肯于钻研,后来竟成为博学多才的数学家、哲学家、训诂学家、地理学家,在许多学术领域里都有建树,20世纪最伟大的科学家爱因斯坦,幼时说话很迟,小学时学习成绩很差,父母认为他是个弱智的孩子,学校老师也反映他头脑迟钝,预料他不会有多大的出息。但他26岁就发现了"狭义相对论",30岁成为大学教授,在物理学的研究方面做出了重大的贡献。

这些事实不仅告诉我们,人的智力发展水平是可以变化的,而且也说明人的智能的开化是有早有晚的。小时候聪明的,长大后不见得也聪明能有所作为,如古人所说:"小时了了,大未必佳。"小时不大聪明的,长大后不见得不聪明,不见得在学业或事业上没有建树,"大器晚成"也是成才的发展模式。

人的智力开化有早有晚。智力开化比较早的,长大了智力发展水平不见得还像小时候那么高。关键还是在于后天的教养、教育。

《情商·家教》杂志(北京)2007年3月28日
本刊记者张淑兰采访

22. 教子应怀平常心

为什么会有像王思涵、魏永康这样令人心痛的"神童悲剧"？为什么这些智力超常的少年会因非智力因素的影响败走在求学的路上？为什么神童的年龄越来越小？他们能否顺利度过自己的大学生活？面对着种种吸引人眼球的"神童教育"的广告，"望子成龙"的家长们该如何选择呢？

带着这些问题，记者采访了我国研究神童教育方面的专家赵忠心教授。

记者：神童是通过特殊的教育方式造就的吗？

赵忠心：以儿童智力状况来区分大体可分为三个等级：智商在90到110之间的，是"正常儿童"，这是绝大多数；130以上的智商被称为"超常儿童"，即智力发展或某种才能显著超过同龄儿童平均水平的儿童，这是极少数；智商70以下的，被称为"低常儿童"，即智力发展明显低于同龄儿童平均水平并有适应行为障碍的儿童，又称"智力落后儿童"、"弱智儿童"、"智能不足儿童"、"智力残缺儿童"。

超常儿童和低常儿童的比例基本相似，占到儿童整体的千分之三。在一定意义上，具有超常智力的儿童被称为"神童"或"奇童"，并且这部分人也是确实存在的。

但是，"神童"或"奇童"的称呼是文学语言，一定程度上表明了智力超常儿童的"神奇"和"神秘"，造成他们智力超常的真正原因至今不能得到完整的解释。一般来说，人的智力发展水平，取决于遗传、环境、教育和个人努力程度。但对于"神童"来说，教育是不是造就神童的主要因素，这个问题还不能给出准确的答复。正如国外这部分超常儿童被称为"天才儿童"，一些长期从事超常儿童研究的国外科学家认为，"儿童智力的早熟，是一种真正的自然之谜"。因为，事实上许多超常儿童的家庭，并不具备有超常教育素养和能力的家长。而家长教育素养和能力很高的家

庭的孩子，并不都是超常儿童。

记者：神童的智力情况是不是与他们的年龄有关，为什么会有像魏永康、王思涵这样的事情发生？

赵忠心：古今中外的神童，一般都是在某一年龄阶段，智力发展水平很高，大大超过同龄的儿童。但从小到大，一直都表现为特别"神奇"、特别出众的，十分稀少，可以说是凤毛麟角。绝大多数都是随着年龄的增长，逐步变得与常人一样，甚至比一般的人还要平庸。

其实许多神童都有相同的特点。他们的智力水平也许远远超出了生理年龄，但心理发育远不成熟，是"畸形"发展，在知识、能力和社会适应性方面，有很多的缺陷；再加上从小到大一直生活在光环下，他们的成长环境是"超现实"的。尤其是他们受到家长、学校和社会的过度关注和褒奖，人为掐断了他们从少儿到青年的正常成长规律与周期，在很特殊的"人工温室"里长大。"庭院里跑不出千里马，温室里养不出万年松"。所以，当他们离开家庭、父母，遇到挫折自然会出现抵触情绪，或根本无法承受。这些性格上后天形成的弱点，决定了昔日的很多的神童，今天却屡屡"败走麦城"。

那些成为神童者，除了因为家长、老师在功利心理下的协力"推进"之外，还与现行的应试教育有关系。那些神童之所以能走进大学，得益的就是教育、考试、招生的"唯分数论"。因此，由"功利教育"和"应试教育"合力制造出的神童，缺乏基本的人文精神的滋养，缺少特定的人文关怀，这也就给这些神童留下难以治愈的"硬伤"。随着时间的推移，"人文精神缺失症"必然会给这些神童带来极大的伤害，甚至造成他们无法适应现实环境的变化。

记者：对于越发低龄化的神童现象该如何看待？

赵忠心：神童本来指的就是具有超常智力的儿童，只是近些年来人们对于教育的重视，对于教育的投入逐渐加大，使很多孩子在幼儿时期就被带去做智力测试，更早地发觉了他们过人的智力水平。另外，由于家长受教育程度的不断提高，很多孩子在最初的家庭教育中得到了及早的智力开发，给他们表现出超常智力打好了基础。十岁的张炘炀和十三岁的鲍宇阳就是很好的例子，前者的父亲是孩子的启蒙老师，而后者的父亲是一位大学教师。孩子的基础教育阶段，基本上是在家庭中完成的。只能说，现在的社会环境已经给了我们能够更早发现神童的机会，和满足神童不断学习的需求。

记者：这些年少的孩子在未来的成长中应该注意哪些情况？他们的家长应该充当什么样的角色？

赵忠心：面对超常的孩子，家长的心态很重要，我多次强调这个问题。被称为神童的孩子是有压力的，压力来自于成人世界，成人的心态。比如很多人知道了，你的孩子进了超常班，人们就会一直以一个超常的固定标准，关注他到小学、中学、大学，是不是还继续优秀。如果有一天他不那么优秀了，会引起人们说三道四，这是不可能完全避免的，因为人们对这样的孩子寄予很高的期望。孩子被选进了这种天才少年班，只是在成才上具有可能性，而不是保证有这种现实性。所以我有一句话要送给家长：希望你的孩子以他最好的方式来发展自己，选择适合自己的教育。就是孩子的智力发展水平大大超过了同龄人，我建议不见得过早地把孩子送入大学，让孩子按部就班地升级，学的知识会更扎实一些，更有发展的后劲。

中央电视台曾经做一期节目，我被邀请为佳宾出席。内容是有一个东北的孩子，通过考试进了中国科技大学的少年班，那孩子很有实力。但入学后他发现，少年班的学生是比一般的学生要聪明，其实学习压力也很大，大家都很"较劲"，人人都在拼命地学习。他觉得自己压力很大，希望退学，重新参加普通的高考，报考北京大学。他说，他一定能考上。我当即表示相信他能考上。他的父亲尊重孩子的意见，同意退学；孩子的妈妈则很不赞成，说好不容易进入中国科技大学少年班，那是很多孩子梦寐以求的，有多么的荣耀，觉得孩子退学很失落。记者当场问我的态度，我说我赞成，表明这个孩子很有自信。把一些出类拔萃的孩子都集中在一起进行培养，这不见得是最好的培养模式，到普通的大学读书，学得更为从容一些，可能是个更佳的选择。

记者：外界各种名义上的"神童教育"项目是否具有可信度？神童是

否可以教育造就？

赵忠心：我们可以"发现"神童，但我们却创造不了神童。有些人宣称能把普通孩子打造成神童，这是犯了"教育万能论"的错误。你只能是给孩子提供一个很好的生长环境，给他最适宜的教育，顺其自然发挥他最大的潜能。最后，能发展到什么水平，要受许多因素的制约，是多种相关因素综合作用的结果。从目前情况看，不管是官办的还是民办的"神童教育"项目，实际的培养结果，基本是没有达到当初所许诺或吹嘘的那样。就是个别成功的孩子的出现，也是带有很大的偶然性，还没有发现总结出带有规律性的、"在一定条件下经常起作用"的东西。就是说，他们所归纳出的所谓"经验"，并不能在任何孩子身上起作用，并没有保证使所有"神奇"的孩子一直保持"神奇"。

所以，家长们要有一个清醒认识，那就是用平常心来看自己的孩子，不要有过高期望，从而给孩子莫名的负担。曾经是神童，长大不一定能成才；不是神童，长大了也不一定就不会成为一个伟大的人。这早已经被许多事实所证明了。

记者：应该以怎样的态度看待神童、"超常教育"和自己的孩子？

赵忠心：有的孩子适合接受超常教育，但不是每个孩子都适合。有的家长执著地认为自己的孩子智力如何超常，就像"情人眼里出西施"一样，家长眼里出"神童"，怎么看自己的孩子也是神童的"坯子"。其实，我发现很多的家长有点"坐井观天"，只看到自己的孩子有多么的聪明，如果放眼一看，自己的孩子也是很平常的孩子，并没有什么过人之处。

家长望子成龙，希望自己的孩子能成为"出乎其类，拔乎其萃"的佼佼者，这是人之常情。可一旦陷入无视基本教育规律的妄想，就难免走火入魔。比如，一度被炒得神乎其神的"胎教理论"，近来已被研究证明，并无什么科学依据和事实的证明。再如，本来针对少数学生的奥数班及奥赛之所以演变成了"全民总动员"，将众多学生裹挟进去，其实很多学生根本就是"赶鸭子上架"，既没有学习兴趣，更不可能有多少收获，多数家长是拿钱给奥数班或奥赛的主办者"凑份子"。浪费时间、精力，也浪费财力，还会给孩子增加心理压力，打乱孩子身心发展的进程，给孩子心里平添不尽的烦恼。

　　如果自己的孩子本来就很平常,不要人为地拔高,要是强行把孩子送到这个班那个班去,那是花钱让孩子活受罪。我曾经接待过一个被家长强行送到奥数班的孩子,他长大以后对此一直还耿耿于怀,说小时候爸爸妈妈非要送他到奥数班,结果让他丢尽了脸面。为此,他甚至记恨家长的虚荣心。因此,我主张,即或自己的孩子比别的孩子聪明一些,也还要用普通的眼光看待。

《北方网》2005年7月25日
《北方网》记者吴极采访

23. 尊重教育缺失
——学生课堂不尊重老师现象频频发生

教孩子学尊重先从学会尊重父母开始

"我的孩子不懂得尊重别人,也不会关心人,甚至对父母也不尊敬,我不知道该怎么教育我的小孩?"针对家长这样的困惑,记者采访了教育专家。他们认为,教孩子学会尊重,首先要让孩子先从尊重父母开始。专家指出,让孩子学会尊重他人才是今后真正得以立足的关键。

北京师范大学教授赵忠心说:"我们国家是有尊师重道传统的文明古国,尊敬老师,就是尊重知识,尊重学问,尊重劳动。最近学校里出现这样的情况,我感到很遗憾。这是很不好的风气,必须要改变。"

他说,我研究过古今中外很多在事业上获得突出成就的知名人士成长过程,不久便有两本《名人与老师》(中外各一册)出版。我发现,凡是在事业上有突出成就的人,在成长发展的道路上,一定是遇到了非常好的老师,经过指导、点拨和具体的辅导,走上了成功的道路。在跟随老师学习时,他们崇敬老师,虚心向老师学习,接受老师的教诲;在他们成名之后,都没有忘记自己的"恩师",牢记老师的恩德,无限地感激,深深地爱戴,就像中国古人所说的那样:"一日为师,终生为父。"

赵教授认为:"有些孩子的这种不懂得尊重教师的行为,父母应负有很大责任。"有的家长片面地认为,当今社会环境非常复杂,在家里对孩子限制太多,会让孩子今后难以适应社会。于是,在生活中向孩子片面地渲染父母与孩子间的"朋友"关系,主动放弃家长应有的尊严;并在孩子面前随意抱怨幼儿园、学校老师以及其他一些孩子的长辈,这些言行其实是在向孩子发出信号:不尊重权威是可以的,以致在孩子的字典中也就几乎没有了"尊重"这个条目。

父母首先要让孩子知道自己是孩子的长辈，而不是朋友。要知道，家长和孩子交朋友，此"朋友"非彼"朋友"，不能像社会上那种"称兄道弟"的哥们儿。家长和孩子之间还是要有一定的"距离"，一定的"界限"。爸爸不能跟儿子"拍拍肩膀就是哥们儿"，妈妈也不能跟女儿"拍拍肩膀就是姐们儿"。中央电视台曾经做过一期这样的节目，标题是"爸爸哥们"，儿子跟父亲没大没小，称兄道弟，这就把正常的亲子关系给庸俗化了。家长如果要求孩子做什么事，是可以发号施令的，不见得要罗列各种理由，也不要和孩子讨价还价。如果孩子不愿意服从指示，父母应坚持自己的立场。因为多数孩子一旦发现争吵没有作用，他们就会自我约束了。要使孩子从小就知道自我约束和必要的服从。

赵忠心教授指出，家长要获得孩子的尊重，自己先要尊重长辈。我们得承认，并不是所有的长辈都值得我们尊重，但是当成人公开地贬低长辈的时候，孩子就得到了可以挑战权威的信息。因此，家长一定要给孩子示范尊重人的方式，比如要当着孩子的面尊敬爷爷奶奶甚至保姆等。父母在家庭中要互相尊重，父母之间的尊重，会在潜移默化中给孩子以良好的影响。父母之间也应经常说"谢谢、对不起、请你"等。有些父母经常当着孩子的面揭对方的短处，甚至谩骂对方，这会给孩子造成很恶劣的影响。

赵忠心教授建议：家长应该要求孩子学会用尊重的语气讲话。许多孩子在冒犯了家长以后会感到内疚，如果你对孩子的粗鲁语言不作出反应，过了一阵子孩子就会习以为常，不再在乎他的语言是否会伤害你。还要让孩子看到不尊重长辈的后果，比如说，在孩子的粗鲁行为发生以后，你可以说，"因为你的态度问题，今天晚上你不能玩游戏，也不能看电视。"父母一定要明确地向孩子表达应尊重他人的想法，要跟孩子说，我不喜欢你用语言去伤害别人或因为你说过的伤人的话道歉等。

教育专家指出，这些建议不但可以产生很好的效果，更重要的是，它们向孩子传送了一个很重要的信息：如果他对长辈尊重，他就会得到回报。

《北京青年报》2008年1月10日
本报记者邓兴军采访

24. 反对"曝光浪费"：
保护隐私还是拒绝改正

论坛背景：四川师范大学"蜀之源"节能协会20多个学生，日前拿着摄像机、数码相机，转遍了学校的四个食堂，耗时一个多星期，真实地记录下100多张同学就餐时浪费粮食的镜头。他们本想借此唤醒同学们节约粮食的意识，没想到部分照片挂到该协会网站上后，遭到很多同学的指责。本想做一个照片"曝光台"放在食堂外的想法，也不得不流产。

当地媒体报道此事后，经网络的传播，该事件再次升温为社会关注的热点问题。近日，本报记者专访了该活动发起人和相关教育专家，和他们一起探讨此事的是是非非。

中国学生缺乏体验式教育

记者： 赵老师，当您看到这样的新闻时，您是怎样的一种看法？

赵忠心： 学生通过拍照片引起大家对浪费行为的重视，这一举动还是应该得到肯定和支持的。被拍同学的反应那样强烈不太应该，毕竟浪费这一行为本身就是错误的，那为什么不能够接受监督与批评呢？现在是开放的社会，很多年轻人在网上、在言谈中批评起别人来义愤填膺，不留情面，恨不能化身为正义的使者。为什么一涉及自己的错误行为就不能接受别人的批评呢？

记者： 赵老师，您当时求学时，物质条件肯定不像今天这样丰富，对待粮食也好，对待公共资源也好，那时的学生普遍是比较珍惜的。为什么到了今天，浪费资源的现象层出不穷，尤其是年轻人，浪费似乎现在已经不是新闻，勤俭节约倒成了少见的现象？

赵忠心： 我在北师大求学时是1960年至1965年，我学的专业是五年制，正好遇上了"三年自然灾害"。那是个生活非常困难的年代，粮食不够吃、珍惜粮食、珍惜水电，对我们学生来说是再正常不过的事情。那时候，还没有"资源"这个概念，只知道我们学生要和全国人民一道，同心同德，艰苦奋斗，渡过难关。那个年代，社会、学校也比较封闭，学生就是书生，每天是"食堂——教室——图书馆"三点一线，吃完饭就是读书学习，思想也比较单纯。不像现在社会开放了，包容性增大了，多种价值观并存，如今的学生获得社会信息的渠道增多了，面对的诱惑太多，思想也变得复杂了。像我们过去读书学习，增长知识，提高本领，纯粹就是为了将来能够在社会上贡献自己的一份力量。现在的学生，那样的已经不多了。

说如今不珍惜粮食、能源，完全是因为物质资源丰富了，这是不对的。谁说我们现在的物质资源已经很丰富了？相反，各种信息在告诉我们，我们国家的能源越来越短缺。"人类只有一个地球"，就算是到了物质资源极其丰富的时候，资源也不能随便浪费。浪费的行为依然是可耻的，不光彩的。

我们中华民族具有勤劳节俭的传统美德，并不把"节俭"单单看成是一种经济行为，而认为是一种道德行为。提倡节俭并不仅仅是为了节省物质资源，而是为了进行道德修养。古人说："成由俭，败由奢。"是说一个人的成败，往往与对物质生活的态度有直接的关系。古往今来，凡是在学业和事业上有突出成就的人，一般都是"安贫乐道"，习惯于俭朴生活，能够忍受贫穷，全身心地扑在学问或事业上。比如，孔子称赞的学生颜回"安贫乐道"，"一箪食，一瓢饮，在陋巷，人不堪其忧"，始终矢志不渝；宋朝文学家范仲淹年轻时，生活极为贫困，"划粥苦读"，一心读书做学问；爱因斯坦安于清贫生活，不追求吃喝，不讲究穿戴，不积攒财产，全力以赴进行科学研究，他甚至说："每一件财产都是一块绊脚石。"即或是具有很好的物质生活条件，也不刻意追求享受，更不会有意"显示"自己的阔气；而凡是在事业上一事无成，特别是身败名裂的人，无一不是由于在物质生活上过分追求奢侈。古今中外，概莫能外。

《左传》中说："俭，德之共也；侈，恶之大也。"《格言联璧》中指出："俭则约，约则百善俱兴；侈则肆，肆则百恶俱纵。"节俭在今天也是

我们的传家宝,应当教育青少年继承发扬。

在一些年轻人中,浪费现象已经不是新闻,勤俭节约倒成了少见的现象,说到底还是我们的学生缺乏"体验式"的教育。当年是生活在教育我们,我和我的同学大多数都来自农村,家境贫寒,在家经常参加农业劳动,看到过父母为了生活艰苦奋斗的身影,知道我们享用的一切都来之不易。在学校,我们也经常下乡参加春种、秋收,参加劳动锻炼。那时候,我们国家也有很多年轻人响应国家的号召上山下乡,要当一辈子农民。他们知道一粒米、一度电、一滴水到底重几何。在那个年代,在青少年心目中,劳动是光荣的,优秀劳动者是我们年轻人普遍崇拜的偶像,学习的榜样。

当今的年轻人是出生在盛世,他们中的很多人并没有相应的体验,并没有体会到父辈人创业的艰辛,以为现在所享受的一切,就像"天上掉馅饼"那样来得太容易了。即使是来自农村的学生,他们从小也在学习成绩第一的目标引导下,离开田间地头,脱离生产劳动;更不用说那些城市里连家务都不做而成长起来的"小皇帝"、"小公主"了,坐享其成,过的完全是"饭来张口,衣来伸手"的生活,从来没有想到过他们所享受的这一切,是从哪里来的,是怎么来的。

我们的教育应当引导现在的学生去体验劳动,体验创业、守业这一艰辛的创造过程。知识固然重要,但那不是人在社会立足的唯一资本。相信有过这种体验的年轻人,在他未来成长过程中,勤俭节约观念将伴其一生。

记者: 确实如此,而且现在的一些年轻人似乎也不再尊重劳动者。

赵忠心: 是的。比如说,我现在上网经常看到一些娱乐的新闻,有的都是很无聊的小事,比如谁胖了瘦了,双眼皮单眼皮,什么星座,喜欢吃什么,喝什么……仅凭空穴来风或捕风捉影在那里炒来炒去。但是年轻人愿看,甚至为了自己崇拜的偶像不惜去打嘴仗甚至动武、拼命。我们的传媒也在大力宣传"好男儿"、"超女"等一系列纯粹的选秀节目,这些都给年轻人带来了很不好的影响,这些偶像都是虚幻的,不现实的,并不是社会的主流人群。很多都是人为地"被包装"出来的,但是他们却占领了孩子们的思想阵地，很令人担心。

  我们社会的主体仍然是劳动者，他们在创造着人们必需的社会财富，包括物质财富和精神财富，劳动者的价值是不可估量的，而他们的这种创造的过程是真正脚踏实地的，付出了艰辛的。这些，现在很多的年轻人看不到，就更难让他们尊重劳动者了。我们的传媒应当大力宣传劳动人民事迹和优秀品质，树立正面的榜样，时时提醒他们"一粥一饭，当思来之不易；半丝半缕，恒念物力维艰"，对青少年进行积极的引导。

  《现代教育报》（北京）2007年5月9日

25. 感恩教育助学子驱逐"榨取心"

11月初,南京大学校园里贴出了一封"辛酸父亲的来信",批评一些孩子只知向父母索取,甚至为了多要钱物不惜"偷改入学收费通知,虚报学费"。我们且不论信的真假,信中所写在现实生活中可以说是俯拾皆是,有的学生亲情观念越来越淡漠,这是什么原因造成的?孩子本无错,那么,家庭教育、学校教育哪些地方有缺失?该如何让孩子懂得感恩?

辛酸父亲的信

亲爱的儿子:

尽管你伤透了我的心,但你终究是我的儿子。虽然,自从你考上大学,成为我们家几代里出的唯一一个大学生之后,心里已分不清咱俩谁是谁的儿子了。从扛着行李陪你去大学报到,到挂蚊帐缝被子买饭菜票甚至教你挤牙膏,这一切,在你看来是天经地义的,你甚至感觉你这个不争气的老爸给你这位争气的大学生儿子服务,是一件特沾光特荣耀的事。

的确,你考上大学,爸妈确实为你骄傲。虽然现今的大学生也不一定能找到工作,但这毕竟是你爸妈几十年的梦想。我们那阵,上大学不是凭本事考的,要看手上的茧子和出身成分,有些人还要用贞操和人格去换。这也就是我们以你为荣的原因。然而,你的骄傲却是不可理喻的。在你读大学的第一学期,我们收到过你的三封信,加起来比一份电报长不了多少,"言简意赅,主题鲜明",通篇字迹潦草,只一个"钱"字特别工整而且清晰。你说你学习很忙,没时间写信,但同院里你高中时代的女同学,却能收到你洋洋洒洒几十页的信,而且每周一封。每次从收发室门口过,我和你妈看着你熟悉的字,却不能认领。那种痛苦是咋样的,你知道吗?

后来,随着你读二年级,这种痛苦煎熬逐渐少了,据你那位高中同学说,是因为你谈恋爱了。其实,她不说我们也知道,从你一封接一封的催款信上我们能感受到,言辞之急迫、语调之恳切,让人感觉你今后毕业大可以去当个优秀的讨债人。

当时,正值你妈下岗,而你爸微薄的工资,显然不够你出入卡拉OK酒吧餐厅。在这样的状况下,你不仅没有半句安慰,居然破天荒来了一封长信,大谈别人的老爸老妈如何大方。你给我和你妈心上戳了重重一刀,还撒了一把盐。最令我伤心的是,今年暑假,你居然偷改入学收费通知,虚报学费。这之前,我在报纸上已看到这种事情。没想你也同时看到这则新闻,一时间相见恨晚,及时娴熟地运用这一招,来对付生你养你爱你疼你的父亲母亲。虽然,得知真相后我并没发作,但从开学到今天,两个月里,我一想到这事就痛苦,就失眠。这已经成为一种心病,病根就是你——我亲手抚养大却又倍感陌生的大学生儿子。不知在大学里,你除了增加文化知识和社交阅历之外,还能否长一丁点善良的心?

一位辛酸的父亲

记者就这封给儿子的信采访了中国教育学会家庭教育专业委员会理事长、北师大教科所研究员赵忠心。

自尝苦果家长应反思

赵忠心:我看这封父亲给儿子的信,心里很沉重。这位父亲用写信的方式来发泄了内心对儿子的不满,说明他已经对孩子的行为忍无可忍了。按照这名失望父亲的描述,家庭条件还是很困难的。父亲工资微薄,母亲下岗,家庭生活拮据。俗话说:"穷人的孩子早当家",这个孩子本应该早懂事,尽自己所能分担家庭的困难。然而,这个做儿子的,不但不理解父母,在生活上艰苦朴素一些,反而肆意挥霍金钱,还弄虚作假,欺骗家长。这能不让辛辛苦苦供给上大学的儿子的父亲心酸吗?

这种现象,在今天并不是绝无仅有的,应该说带有一定的普遍性。出现这样让家长痛心的现象,有社会的原因。现在,社会上的一些不良思想的确对孩子的成长产生了很不好的影响,比如虚荣攀比、贪图享乐,不懂得节俭,不能过艰苦生活等。这是客观原因,或者称为"外因"。现在的家长对于孩子的家庭教育有所缺失,诸如重视知识学习,忽视思想品德教

育；娇惯溺爱，放任自流；孩子的地位摆得过高，家长心甘情愿地做孩子的仆人；等等。这是主观原因，或者称为"内因"。外因是条件，是通过内因起作用的。孩子这样的表现，家长负有不可推卸的责任，家长应该反思。

我们上大学的时候，也有"一年土，二年洋，三年不认爹和娘"的现象，但为数极少。学生从外地到了京城，从农村到了大城市，环境变了，思想感情也会随之发生变化。不过，那时候，大家生活都比较清贫，生活水平上下都差不多，学校里的政治思想工作又抓得比较紧，未雨绸缪，事先打"预防针"，整个社会的风气也积极向上。因此，大学生的思想状况，一般来说，还是比较好的。

就拿我自己来说，我们家里生活很贫穷，只有我母亲一个劳动力供我上大学，学校给我少量的助学金，我从来没有跟家里要过钱。因为家里没有。我母亲是靠讨饭供给我读书的，哪里有钱供我挥霍？穿的很朴素，吃的也很俭省。那时正是"三年自然灾害"期间，我们很多同学饿得都浮肿了，有时候饿得实在抗不住了，我们就买点西红柿生吃。记得有一次，我和我们班的一个要好的同学，花了一毛多钱买了一书包的西红柿，也顾不上洗，我们两个人一口气全给吃光了。就是这种情况，我们也没有动过任何的歪念头。

现在的情况不同以往了。人们生活水平差别很大，不良的诱惑也多，思想政治工作没有过去那样抓得紧了，整个社会对利害、得失、贫富渲染得太多了，而对人对事的伦理道德评价又太少了。在这种情况下，有的学生就放松了对自己的严格要求，在思想上出现了问题。

现在公布的这封家信，其中所反映的情况是比较严重的。虽说像这种比较严重的情况是个别的，但有这种思想倾向的，绝不是这一个学生。像这样的学生，这种表现，怎么能够刻苦读书，怎么能够成为国家有用的人才。就是学到了一些知识，那又有什么用处呢？信中所反映的问题，不仅仅是个"亲情淡漠"的问题，应该是反映当今青年中现在的道德素养问题，应当引起人们的关注。

优秀传统不能偏废

赵忠心：家长应该明确，自己有责任和义务给孩子创造良好的学习、生活条件；与此同时，家长也应该对孩子有所要求，不能放任自流，任其为所欲为。这种要求不仅仅只是在学习上"拿高分"，还要要求孩子懂得什么是责任，什么是良心，如何自律、上进，如何做人，怎样和谐与人相处等等，让孩子从小就渐渐懂得一些做人的基本准则和道理。要让孩子明白现在虽然是一个知识经济的社会，但是一个人能否适应社会，光有文凭是不够的，还必须有良好的人品和适应社会的能力。

现在，有的家长常对孩子这样说："只要你好好读书学习，能考上大学，我就是做牛做马也认了！"这不是在教育，是在乞求，是在乞哀告怜。就是孩子上了大学，也不会有什么出息。

我研究过古今中外很多成功人士的成长过程，也出版过这样的书，如中国文联出版社出版的《大师的阶梯》和中国发展出版社出版的《大师的关键一步》等。我发现成功人士的两个共同的特征：一是这些人都很尊重父母，孝敬父母，理解父母，有一颗很善良的心；二是对于教过自己的恩师怀有很深的感恩之情，不管自己在事业上获得了多大的成就，有多大的名气，对教过自己的老师都是由衷地感激，就如同中国古人说的那样："一日为师，终生为父。"师生之间的感情非常深厚。这两条很重要，结合起来就可以养成一个人的良好人品。一个有着良好品行的人才可能广泛被社会接纳，才可能有所成就。试想，如果一个人对自己的父母都不好，忘恩负义，哪还谈得上什么良心？那你还期待这个人能对谁好，还能给他谈什么爱国吗？

要从小处落实德育

赵忠心：现在是开放的社会，信息是很开放的，信息量大，传播手段现代化，渠道多，传递速度快，传播面广泛，孩子在成长过程中会接触到多种多样的信息。在接触的过程中，由于缺乏分辨是非、善恶、美丑的能力，一些消极的、负面的信息往往会使得一些孩子认为自己看透了社会，产生消极的思想情绪。这种状态给孩子造成的影响是不可忽视的。

而从家庭和学校来说，我们很多的思想品德教育都流于形式，不能打动孩子的心。这样的品德教育反而让孩子产生反感情绪，认为这些都是"假大空"的东西，没有什么实际意义。这就要求家庭和学校在进行思想品德教育的时候，一定要注意寻找一些能打动青少年内心的办法，让他们能产生共鸣。可以从小事做起，让孩子容易理解，容易实行，在实践中体验，思想上才有收获。实践出真知，尽量避免空头说教。这样，才能让孩子从道德认识、道德情感上升为道德行动，从而形成良好的道德品质。

《现代教育报》（北京）2004年11月19日

26. 两成多毕业生求职靠父母

一年一度的大学生择业战已经拉开帷幕，学子们又开始忙着找工作。2005年全国普通高校毕业生人数预计将达到338万人，比2004年增加58万人，增幅达20.71%。在全社会就业状况十分严峻的形势下，2005年高校毕业生就业工作压力十分突出。

对于未来他们是怎么打算，将通过什么方式来找到适合自己的工作？本报对此专门在北京部分有代表性的高校作了一个民意调查。经过对100份调查问卷的统计显示：36%的学生希望自己找工作；23%的学生希望能通过父母、亲友的关系帮忙找到一份合适的工作；41%的学生持观望态度，摇摆不定，或者说随机应变。

自己寻出路　痛苦也是财富

著名教育学家、北京师范大学教育学教授赵忠心认为，现在的大学毕业生就业形势严峻，毕业生的确感觉到了就业的压力。十几年的寒窗苦读，毕业的时候都希望找到一个理想的工作。但是社会提供的工作机会，由于竞争加剧，毕业生的增多，必定与求职者的预期存在着数量和质量上的差距。因此，大学生在没有毕业的时候，就要早做好思想准备，求职不要太理想化。在学校，要刻苦努力学习，切实增强自己的实力，只有这样，才能在激烈的竞争中占据优势。

大学毕业不工作不是人才，工作了不能发挥自己的优势是浪费人才。一个有能力的人，不一定有展现自己才华的舞台，这就是现实，必须正视。一个人求职的成功，是各种因素综合作用的结果。但是，不可否认的是，通过各种关系找工作，容易使人产生惰性和依赖性，不能真正地认识自己，不利于自己以后的发展。自己找工作的过程或许很痛苦，但是这个过程本身就是一种不可多得的财富，通过求职的实践，无疑会增加你的经

验,锻炼你的能力,使你以后在面对风浪、曲折时,能够从容面对。

求职必备"六大策略"

北京师范大学教育学教授赵忠心给面临找工作的大学生提了六大建议:

1. 理想状态和现实选择是两个层次。要根据实际情况调整自己的想法,真正认识自己,给自己一个恰当的定位。不期望"一步到位",只要有机会,先抓住。能很快适应,就继续做下去;不能适应,再找机会调整。

2. 要把眼光放长远点,视野开阔一些,不要把自己的视野局限在狭窄的范围。学生们从小是从这个校门进入另外一个校门,视野不够开阔,对社会不是太了解。要走上社会了,要把眼光放长放远,不要局限于某一类职业,也不要局限于某一个城市或某一个地区。学生刚出校门,不仅不了解社会,也不大了解自己,自己究竟更适合什么类型的职业,也不见得很清楚。要扩展搜寻的范围,本地不成到外地,机会总会有的。

3. 不要以为非得找专业对口的工作。能找到专业对口的职业,那当然是最理想的。但现在的情况是,往往是对口的没有职位,有职位的跟自己所学专业不对口。怎么办?不要非在"一棵树上吊死"。如果有机会,先上班,边工作边学习。俗话说,隔行不隔理。只要虚心学习,很快就可以适应,进一步变为内行,大学生应该自信有这个优势。多实践一下,还可能会有意外的收获。

4. 不要期望着一次性就业。过去,往往是"一次就业定终身",不少人这一辈子就在一个单位工作;现在的情况是,换单位,调工作是很平常的事,一生当中可能是多次就业,多次择业。先设法找到一份职业,学会"骑驴找驴",先就业再择业。

5. 不赞成一毕业就自己创业的举动。刚毕业就创业,这是一种冒险的举动。一没有实践经验,二没有充足的经费,三还没有什么合作的伙伴,贸然走自己创业的路子,是有成功的,但成功的比率相当低。先找个单位参加工作,在实践中加强学习,见识一下,实习一下,积累些实践经验,再创业也不迟。

6. 真正能找到合适工作的，都是那些有真才实学的人。要找到理想的工作，既需要有实力，也需要有机遇。但机会往往是留给那些有实力、有准备的人。所以只有刻苦努力，不断学习、不断超越自己，增强自己的实力，才会走向成功。

《法制晚报》（北京）2004 年 12 月 21 日
本报记者哈建伟采访

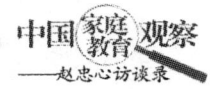

27. 学习育儿方法时切莫"追星"

针对时下热销的"成才"类图书，专家提醒家长，家庭教育没有能在每个孩子身上都适用的"标准答案"，也没有一蹴而就的速成法，学习育儿方法时切莫"追星"。

中国教育学会家庭教育专业委员会主办的"和谐社会与家庭教育"论坛上，中国教育学会家庭教育专业委员会理事长赵忠心说，现在许多家长热衷于购买"成才"图书，这些书往往通过某个孩子如何成为"高考状元"，或者怎样考上国外著名大学的经历，来给家长们灌输塑造"成功孩子"的教育方法。赵忠心说，这类书籍虽然在家庭教育方面有一定的借鉴意义，但由于每个孩子的性格特点、家庭背景、兴趣爱好各不相同，书中那些案例的经验未必在其他孩子身上也适用。

赵忠心说，现在很多家长教育孩子都有急于求成的急躁心理，迎合这种不大正常的心理，因而图书市场上出现了一大批"成才"图书，都获得了不错的销量。然而，这些图书中某个孩子的"成功经历"往往比较特殊，这样的教育方法不具有可重复性。因为只是"经验"，还不能像规律那样经常、反复起作用。还有一些书籍对某一教育方法过于强调，如强调"快乐学习"、"赏识教育"等在孩子成长中的作用，这种夸大其词并不符合现代家庭教育的基本规律。事实上孩子的成功，并不只是这些教育方法在起作用，一些介绍经验的书籍，有意无意地掩盖了其他教育方法的作用。因此，盲目搬用这样的方法教育孩子，很容易进入误区。

新华网 2006 年 5 月 28 日
新华社记者杨一苗、张旭采访

28. 我们要更新教子读书观念

我这里要说的是两句话：一是网络、电视不能取代读书。网络、电视能及时传送新鲜的知识和见闻，加强与外界的沟通，扩大视野，实用性也强；但是，从整体上提高人的素养特别是道德、人格的养成方面，作用比较弱。忽视人文阅读，就有可能造成这方面的缺陷。

二是课内学习取代不了读书。升学固然重要，现在独生子女家庭多，就一个孩子，谁不想让孩子上大学？虽然我国高等学校毛入学率比以前有大幅度提高，加上这两年扩招，上大学已经不是梦想了。但是从总体看，高校入学率还是不能适应要求，大部分人还是上不了大学，这就使得考大学的竞争很激烈。我国13亿人口，有大学1200余所，美国人口3亿多，却有大学3600所，这两个数字一对比，问题不就很清楚了吗？美国人上大学的压力不能和我们相比，他们可以在中小学开设研究性课程，可以在玩中学习，可以有充分的时间、开设相当的课程培养孩子的创新能力，健全孩子的人格发展。我们在这些方面就不能跟他们相比。升学是第一位的，先保证升学，因为升学不是一天两天就能完成，需要从小学到高中十几年功夫，所以其他方面就顾不得了。我们也不能责备家长，也不要责备教师，如果在美国，可以轻轻松松上大学，谁不想有更多的时间全面发展？但是有的人把升学看得过重，非北大、清华不上，差几分落了榜，宁可复读，也不上其他大学。正是因为我国的这种具体情况，加强人文阅读，提高孩子的全面素养，培养良好的人格，补上缺失或薄弱的这一课才显得尤为重要。现在，由于这方面缺失引起的问题开始显现，对一个孩子来说，一旦出现人格缺陷，再来纠正为时已晚。因为人文素质的培养，是一个潜移默化的过程，不是一朝一夕就可以完成的。

这两年，出了很多教子成功的书。"哈佛女孩"、"剑桥男孩"、"轻轻松松上哈佛"、"玩学习"、"博士姐妹"等等，非常畅销，迎合了一些家

长望子成龙的心理。究竟什么是成功,难道成功的标准唯一的就是上"哈佛",读"剑桥"?似乎出一个范本,树立一些"教育模特",大家跟着复制,就可以造出一批又一批的哈佛高才生一样。实际上是误导,把人们引向一个极端。家长应该更新教育观念,眼光放远,扩大孩子的阅读视野,做功课、升学固然重要,但其他方面也不能忽视,青少年时期是接受能力最强的时期,购一些人文方面的书籍,让孩子或浏览,或阅读,或跟孩子一起阅读、讨论,形成一种家庭文化氛围,将是大有益处的。

最近有关部门组织了一个"更新家庭教育观念讲演团",从各省选取了11名教子成功的家长,在人民大会堂首场演讲后,分赴各地讲演。他们的经验很有特色,也很成功,具有推广价值,很值得家长们认真地听一听。

《中学语文教育网》(2003年)
本网站记者采访

29. 家长平和心态选择好书

现在家长在学习与家庭教育有关的理论和方法，不少家长自己有选择地阅读一些有关书籍。但是，现在许多网民反映有关家教的书籍让人感到无所适从，无从选择。有的书籍互相矛盾：有的让孩子早识字，有的说孩子识字太早会得心理疾病。对这种状况，家长如何分辨家教书籍的真伪？又如何树立正确的家庭教育观念？

家庭教育专家赵忠心提出了几条建议。

首先，家长要想选一本好书的话，得有一个平和的心态。我们读书的目的就是为了提高家长作为教育者的素质，不是学几个"绝招"来教育自己的孩子。现在好多家长心态不太端正，希望有一本书能指导我把自己的孩子培养成神童。家长有这种心态，而有些写书的人也迎合某些家长的心态。你培养神童，我就来给你一本培养神童的书；你希望早识字，我就给你来早识字。我认为这样做，作者是不负责任的。家长要想选一本好书首先要有平和的心态，你看书是要提高自己的素质，而不是学几个绝招。

其次，从书的广告词或者封面或者标题上，家长也应当注意分辨。现在对家庭教育图书"炒作"得很厉害，根据我的经验，越炒作得厉害你越别买，越平实的，你倒可以看看。因为家庭教育是个科学的东西，不是靠炒作，不能"忽悠"读者。现在的图书广告对家长确实影响很大，许多人被广告"牵着鼻子走"。我们要学会看图书广告，因为广告不是"合同"，广告词也不是"合同语言"，夸大其词的情况相当普遍，家长们选哪本书不能只看广告。

再次，家长要学习这方面的知识，建议家长们参加孩子上学的幼儿园、小学、中学开办的家长学校，听听教育专家是怎么讲的，以提高自己的分辨能力。一般来讲，学校和幼儿园的家长学校所传授的知识是比较可靠的，所以应当积极参加。

最后，家长要增强自信，积极进行家庭教育实践，就是总结自己的经验或者教训，学会用教育的头脑思考对孩子的教育问题，不断提高自己的教育能力，端正自己的教育思想。

《中国图书商报》2004年8月27日

30. 我国家庭教育正处于方式方法变革时期

记者： 聚焦教育论坛，聚焦家庭教育，各位网友好，这里是第三届家庭教育高峰论坛嘉宾访谈室，我们请到了两位老师，分别是中国教育学会家庭教育专业委员会理事长赵忠心老师和全国政协委员、北京四中校长刘长铭老师。欢迎你们。

赵老师刚才做了一个非常非常精彩的讲座，我们想请赵老师谈谈，您觉得新东方的论坛从宏观的角度对中国的教育有什么启发？

赵忠心： 新东方是非常有名的、国内最大的、最有名气的教育机构，他的主业并不是家庭教育，但是他们提供人力、物力支持家庭教育的研究，我是很赞赏的。现在，家长越来越重视家庭教育，但家长是潜在的教育资源。要想充分发挥家长教育的作用，就得要进行培训，提高家长的教育素质。当然，政府要组织培训工作，教育部门要培训家长，我很赞赏民办的教育机构参与进来。因为新东方是专门从事教育的机构，有经济实力，也有专业队伍。这是做了一件利国利民的大好事，我希望你们坚持下去，能够做得越来越好。

记者： 我曾经在网上看到一幅漫画，就是一个老师拿着一个绳子套在孩子的脖子上，孩子拉了一车书，后面家长腰里别着鞭子在推。从这幅画里面能够看到一些关系，您觉得家长应该做什么，学校应该做什么？

赵忠心： 家庭教育应该是学校教育和社会教育的基础，家庭教育在孩子成长过程中的作用是无可替代的。现在，中国的家长比较急功近利，比较浮躁。我想，现在家长应该做到的首先是把心态放平和，就是培养教育孩子应该尊重孩子，尊重孩子的年龄特征、个性特征，按照他们的需要培养教育。这就是我们讲的"以人为本"在家庭教育中的体现。

记者： 您觉得家庭教育中孩子和家长、学校的关系是什么？

赵忠心：现在，应当说家长的教育方式方法比过去有了很大的变化。刚才我在报告中讲的过去是比较专制的、野蛮的，现在比较趋于平等、民主，教育方式方法也越来越完美。但是，家长跟孩子的关系还是没有处理得很好，这是影响效果的一个重要因素。我们提倡家长和孩子要交朋友，这个提议我赞成一部分。要跟孩子亲近，让孩子有心里话愿意跟家长说，我们要朝着交朋友这个方向来发展。但是，我有另外一个方法，家长跟孩子交朋友，我不赞成交成像同事那样的朋友。我认为家长跟孩子要亲近，要讲平等、民主，同时也要保持一定的距离。爸爸不能跟儿子成为"哥儿们"，妈妈不能跟女儿成为"姐儿们"，没有一点儿距离。没有距离也就没有威信。

现在家长对孩子期望值都很高，都希望孩子能上大学。但现在我们的优质教育资源远远满足不了人们的需要。有人说现在考试是一种"恶魔"，这种说法我也不太赞成。考试也是一种素质教育的内容，不能完全否定考试。我们做事说话一定要从中国的国情出发。我举一个数字，美国3亿人口，大学数量是3600所；我们中国13亿人口，大学数量是1200所，我国远远满足不了日益增长的接受高等教育的需要。所以，你不竞争不成，不考试不行。从目前来看，最好的、最公正的、最可行的就是通过考试来选拔。

记者：可能这个模式还会持续很长时间。

赵忠心：说我们为什么不多办大学啊？这个不是想办就办的。大学不仅需要盖大楼，更需要合格的教师，大学毕业教大学，那是不成的。大家要正视这个现实。家长希望孩子能够考上好的学校，这个愿望是非常好的。但是最好不要"拿着鞭子"逼迫孩子，那样，效果会适得其反。

记者：换句话来说，赵老您觉得家庭教育算得上称职的家长应该具备哪些素质？

赵忠心：家长对孩子的教育作用非常大，非常深刻，甚至深刻到一生都留有烙印。作为孩子的首任教师，家长应该具备人类所有的美德，但这很难做到。面对孩子的教育问题，家长应该努力提高自己，起码应该有这么几条：

第一是责任意识。我们培养教育孩子，不是为了让孩子将来报答我，报效我。父母生养了孩子，就有义务培养教育孩子。义务是无条件的，做事之前，做事之中，做事之后，都不图回报，无论有什么困难，都必须尽心尽力地培养教育孩子。家长应该有这种义务感。

第二，家长要有一定的文化素养。现在孩子接受教育的程度越来越高，家长没有文化，就很难承担起教育的责任来。孩子现在在信息化的社会，掌握了现代信息手段，获得了很多信息，如果家长是孤陋寡闻就没有教育孩子的主动权。所以家长可以没有很高的学历，但是经常要保持学习的状态。

第三，家长要有一个良好的心态。面临成长中的孩子，不管是拔尖的还是后进的，家长都应该有一个好的心态。孩子好的话，你不要骄傲自满；孩子不太好，在班里考试分数不理想，你也别悲观，别发怒。

记者：类似这种情况我们看到比比皆是，现在很多人呼吁当前的教育改革首先应该是家庭教育改革。请赵老师谈谈您对第三届家庭教育高峰论坛有什么寄予和愿望？

赵忠心：这次高峰论坛是关注家庭教育问题，这是很重要的。家庭教育在一个人的成长发展过程中的作用是很重要的，也是无可替代的。我觉得我们的家庭教育应当充分发挥它的职能作用，要发挥职能作用就是要提高家长，让家长们掌握一些知识，关注他们的心态。现在家长关注孩子的学习我赞成，学校是传授知识的主渠道。我想真正要调动孩子的积极性，就是要进行教学改革、教材改革，使孩子对教学本身感兴趣，这就对学校的要求是很高的。家长应该在家里给孩子创造好必要的学习条件、学习环境。关心孩子的学习，关心孩子的学习内容，关心孩子的学习情况，只要有进步就要进行鼓励。要经常跟学校进行沟通，了解孩子的情况，主动督促孩子把学习搞好，把学校布置的作业做好。家庭和学校要是不配合的话，双方的教育力量都是有限的。如果家庭跟学校密切配合，就会获得一加一大于二的效果。

新东方家庭教育高峰论坛 2010 年 10 月 30 日
腾讯教育网记者宋少卫采访

31. 探讨家庭教育的误区

★现在社会上好多的识字培训机构都是吹牛，孩子多长时间能学会一千、两千字，这是错误的。我一直没有想通，什么时候衡量一个人的智力用识字早晚、识字多少做标准，我一直都没明白过！

★你以为他（孩子）学了钢琴，将来就能成为钢琴家啊？哦，不不不，不见得。这几天我一直"谴责"某些家长。要想教育好孩子，一定要先克服自己的"虚荣心"。

★上那么多兴趣班，就一定能增强孩子的实力？不见得。你有可能在某一个阶段有竞争实力，将来长大了可不见得还有竞争实力。

★好多家长不太理解人才成长的规律，以为有了知识就有了一切。不，不见得。你上了清华不见得是最幸福的，你上深圳大学不见得就不幸福。让孩子自然地成长，现在很缺这个，你们（家长）要解放孩子。

★培养孩子成长是一个漫长的过程，是"王军霞"那种长跑而不是"刘翔"那种短跑。起跑好坏并不重要，重要的在于积累实力。

"你看这念什么？"赵忠心先生在茶几上画了一个圈。

"零。"记者说。

"不对。"沉默三秒钟，赵忠心微笑着反驳道："它是一个太阳，它是一个葵花，它是一个锅盖。"

赵忠心随即补充："你早早教给孩子那是什么的话，就限制了孩子的思维。"他用这个例子来表明他的观点：家长不要"急功近利"地让孩子早早地学这个学那个。

赵忠心先生，是我国第一位家庭教育研究生导师，被誉为"中国家庭教育第一人"。前天，他结束了深圳家庭教育研究生班四整天授课以后，要返回北京。临行前，他在接受记者采访时，说到兴致处还感叹"应该再讲一天才够"。

赵忠心先生开明的教育观念对比他69岁的年纪，不禁让人刮目相看。头发花白的老人家，早在几十年前，就给自己的一儿一女定下了"规矩"：不必非要上名牌大学不可，也不必做最优秀的人，要健康快乐地生活。

赵忠心说话声音较洪亮，抽烟有点凶，谈起现在家长们的教育观点和教育方式方法，他的"不满"形于脸上，几次用一连串的"不不不"来批驳家长们的误区，我们来听听。

话题一：家长们的心态"背水一战"

在赵忠心先生看来，中国人过去子女比较多，有教育多子女的经验，而独生子女的教育，在中国人面前还是一件新鲜事。不过，其实多子女和独生子女教育本身并没有多大的差别，有差别的就是家长心态。

记者：大批独生子女出现怎样影响了家长的心态？

赵忠心：过去孩子多家长心态比较平和，现在只生这一个孩子，每个家长培养孩子都是"一次性"的，所以家长们的心态就是"背水一战"，只许成功不许失败。

记者：具体表现在哪方面？

赵忠心：首先就是急功近利，事事都着急，都要捷足先登，或者叫作"捷足先得"。说什么"市场经济社会可不能让孩子输在起跑线上"，家长们完全按照自己的意志来培养教育孩子；而不是以儿童为本，不尊重儿童的年龄特征、接受能力、理解能力。比方说有的孩子还不到3岁呢，就开始认字啊、读书啊、学外语啊；甚至连孩子出生也人为地提前，还没到预产期就剖腹产，为了让孩子及时入学，别再耽误一年。再一个就是攀比，专门和比自己孩子强的孩子比，比的目的是想激励孩子，实际效果肯定是相反的，会让孩子越比越消极，产生很大的心理压力。

话题二：只进行了"一半的教育"

学校传授知识，家庭培养个性。赵忠心一再说，家庭教育应该想得更长远，家庭应该成为孩子进入社会生活的一个"演习场"。

记者：现在的家庭教育方式有什么问题？

赵忠心：可以说，中国的家庭教育只进行了"一半的教育"，比如说，"重智轻德"，"重视知识轻视能力"，"重视书本知识忽视生活常识"，"重视智力因素的发展忽视非智力因素的发展"，"重灌输轻思考"，"重视特长发展忽视全面发展"等，这都是片面的。家长们只抓跟孩子升学有关系的，这是太大的一个问题！这样孩子将来成长怎么有后劲？完整的教育才能是协调的教育，才能促使孩子协调、可持续的发展；"一半的教育"是不完整的教育，畸形的教育，不可能促使孩子可持续发展。

记者：那家庭教育应该干什么？

赵忠心：家庭教育应该是个独立的教育形态，它跟学校教育、社会教育有密切的联系，但又是相互独立的。家庭教育有它独特的任务，不能成为学校教育的"附庸"，家长不能成为老师的"助教"，学校教什么，家长就跟着学，这是不对的。

如果说学校传授的是同样的知识，着重培训的是共性；那么，家庭应该侧重培养孩子的个性。学校让孩子理解科学知识，家长就应当要孩子增加感性知识，想办法带着孩子开阔眼界，如逛公园、逛商场、下农村；此外，家长还要培养孩子的生活能力，适应环境的能力，动手的能力，交往的能力等等；再就是最基本的道德品质教育，光靠讲道理是不可以的，要实践，形成一个个良好习惯，由习惯逐步转化为一种稳定的品质。比方说见到生人要称呼、和人说话要眼睛瞧着人家，这些都是家长应该教的。

话题三：没有什么比想像力更重要

过早地教授给孩子某些知识，某种程度上也是在扼杀孩子的想象力。

记者：有学龄前孩子家长让孩子早学识字，你怎么看？

赵忠心：这绝对是一个误区。识字很容易的事，到了能识字的年龄，自然就学会了，干吗非要提前？提前识字事倍功半，适时的识字事半功倍。

记者：但早点学会对孩子有坏的影响吗？

赵忠心：当然有不利的影响。美国有一个孩子上幼儿园，老师把一个圈告诉他念英语的"O"，这个家长把老师告到了法庭——说你切断了孩子进行发散思维、进行联想的思路。你没教他的时候,他可以说是个烟灰缸,是灯泡,是个钟表。什么重要啊?知道"是什么"重要,还是"想像力"重要?想像力是思维的核心,当然更为重要!

我的主张,不要过早地单纯地告诉孩子"是什么",应该首先问他"像什么",以增强孩子的想像力,这是最重要的。我给你举一个例子,在幼儿园里,老师叫小朋友画画。有的画树,有的画小鸟,有的画花。有一个孩子,就把一张白纸用黑色的蜡笔涂满了黑色,就像是一块黑板。如果是一般的老师看到,一定会训斥这孩子:"让你画画,你怎么画成黑板了!"这个班的老师非常好,具有强烈的具有意识,她和蔼地问孩子:"小朋友,你画的是什么呀?"孩子给老师侃侃而谈一大套。他说,我画的是一大群小动物,小牛、小羊、小马、小兔子、小狗、小鸡、小鸭、小鸟,它们在森林里一块儿唱歌、跳舞,它们唱啊跳啊……跳累了,天也黑了,它们就睡觉了。我画的就是这个。

——谁都想不到,孩子会有这么丰富的想像力。所以现在我们家庭教育的误区太大了,错的不是一点半点。

话题四:关注孩子的喜怒哀乐

孩子们没有无缘无故的脾气,那是因为孩子有心事,家长不能忽视,要敏感一些,要跟孩子沟通。

记者:现代孩子的心理健康怎么把握和引导?

赵忠心:现在的家长很关心孩子的吃喝穿戴,当然这很重要;同时,也必须要关心孩子的喜怒哀乐,喜怒哀乐就是心理。

记者:我们的家长对这些关心的多吗?

赵忠心:很不够,很不够,或者说很不敏感。比如说,家长让孩子们去上特长班、兴趣班,有不少孩子是"被兴趣"的,是家长有这个兴趣,但孩子不喜欢。有时候,家长觉得孩子莫名其妙发脾气,那一定是孩子在心里面有心事,家长又不允许他说,没给他机会说,不愿意倾听,一定是这样的。

记者:那么家长该怎么保护孩子的心理健康?

赵忠心：一定要随时保持沟通，关注孩子的喜怒哀乐，有些蛛丝马迹，家长要特别敏感，哪怕是微小的情绪上的变化，家长都不能大意。家长还要引导他们，指导他们更多地参加实践活动，增强信心，也能减少他们的郁闷。

记者：有人提倡与孩子做朋友，你觉得现代家长应该是怎样角色定位？

赵忠心：现在，普遍提倡做孩子的朋友，有些提过火了。此朋友非彼朋友，爸爸和儿子成了"哥们儿般"的友谊，妈妈跟女儿成了"姐们儿般"的和气，恐怕那不成。是要交朋友，要交心，但中间一定要保持一定的距离，否则你就没有威信了。但现在有些家长做过头了，不太讲究分寸，孩子不把你当家长对待。

话题五：所谓绝招是骗人的

教育没有"绝招"。寻求"绝招"是家长们急功近利心态的表现，也是徒劳的。

记者：记得您以前曾说过，反对家长寻找教孩子的"绝招"，是吗？

赵忠心：对。教育没有"绝招"。"绝招"就是适合所有孩子、适合所有问题、适合所有情况的"招数"，这是典型的形而上学，实际上是没有的。谁要说有，他一定是个骗子。因为我们从哲学上讲，特殊的问题要用特殊的方法处理、解决。每个家庭都是特殊的，每个孩子都是特殊的，没有一种方法可以解决所有孩子的所有问题，这就是辩证法。

记者：有人提倡鼓励教育很有效。

赵忠心：鼓励是积极的刺激，适当的运用是很好的。但那种完全鼓励式的教育是错的，只要见了孩子你就说"你真棒"、"你是全世界最好的"，这是错的。我们除了鼓励、批评，还要教他学会自我评价。一味地鼓励，给孩子心里造成一种假象，孩子永远学不会自我评价。

记者：不少"80后"也为人父母了，他们需不需要专门学习一些心理学、教育学？

赵忠心：应该学习。但学知识之前，先要解决心态问题，这是第一位的。心态问题解决不好，你也学不好这些知识，你也无心去学。这些年我给家长讲的是，先不要着急讲什么知识、方法，先解决心态问题，心态在一定条件下起决定作用。

话题六：理财教育要缓行

如果过早地教孩子理财，孩子还不具备这种能力的话，会使他们学得很世故、过于精明。一个人精明一点是可以的，但过于精明就会让人讨厌。

记者： 广东省经济很发达，很多家长开始教孩子理财了，您有什么建议？

赵忠心： 我的观点是理财教育要缓行。中小学不适宜，到大学进行理财教育还可以。中小学生不需要，因为他们在经济上没有独立；中小学生也不可能，因为他们没有支配金钱的能力。有些家长认为，现在是市场经济社会了，处处、事事都离不开钱啊，你不理财将来适应不了社会生活。赵老师我就不会理财，活得好好的。不是每个人都投资股票，都做商人，理财也是一种非常复杂的、高级的能力，中小学生也不具备这种能力。小孩子过早地学习理财很容易使他们斤斤计较，锱铢必较，什么事情只认钱，这样是不好的。

话题七：幸福是一种感觉

心态平和才幸福。孩子只要健康快乐地成长就是最重要的，这样的人往往是最长寿的。

记者： 高考刚结束，我有一个同事，他告诉自己的女儿"不必上名牌大学，不必做最优秀的人，开心就好"，你怎么看？

赵忠心： 我非常赞成。这位家长非常开明、豁达。我对儿女的要求就是这样。

我有一儿一女，我对他们说，我鼓励你们上学，至于学什么专业，学到什么程度，那是你们的事。我认为，不一定非要上名牌大学不可，名牌大学的不见得个个都成才，非名牌大学的也不见得个个都不成才。诺贝尔

奖获得者丁肇中先生，在接受采访时曾经说过这样一段话："据我所知，全世界诺贝尔奖获得者，绝大多数都不是出自名牌大学。"

不要刻意追求完美，要心态平和才会有幸福感。那些追求完美、追求高级、要做富翁的人，他们的幸福感并不强烈。

什么是幸福？我认为，幸福是一种感觉，不是与你所拥有的金钱数量成正比。我跟我的孩子们讲，不要当名人，名人的日子并不好过。孩子只要健康快乐地成长，就是最重要的。这样的人往往也是最长寿的。家长培养孩子的目的，就是让孩子比自己过得还幸福。

深圳《宝安日报》2011年4月14日
本报记者蒋美丽采访

拨乱反正

——赵忠心批判社会上的错误家教观点

拨乱反正——赵忠心批判社会上的错误家教观点

1. 作秀文化导致家庭教育种种误区

"目前盛行一时的'赏识教育'宣传过头了！"

北师大教育科学研究所研究员赵忠心在"中国的家庭教育与大众传媒的使命"研讨会上这样评价。

赵忠心列举了近年来媒体有关家庭教育报道的一些实例，提出对未成年人进行思想道德教育要防止陷入误区，不能把家庭教育过于简单化、模式化、功利化。

"赏识教育"不是一种科学的教育理念。"赏识"是一种文学的语言而非学术的语言。所谓的"赏识教育"，即一味地无原则地夸赞孩子，那实际上就是"哄小孩"，把所有孩子都当成小孩子来"哄"。这种教育只适用于那些弱势群体、缺乏自我评价能力的人群。兼任中国教育学会家庭教育专业委员会理事长、国家基础教育实验中心社区与家庭教育研究所所长的赵教授的看法是，对孩子行为的评价应该实事求是，好就是好，不好就是不好。因为，培养孩子的自信心关键在于提高孩子的实力。"赏识教育"是要有条件的，那种不分年龄段、不讲实际情况、一味夸大"赏识"的作用，是一种唯心主义的做法，容易给孩子造成错觉，永远不会客观地评价自己，反而不利于孩子的成长。

同时，诚实，是全人类共同追求的一种美德。可现在有些家长在孩子的成长时期不对孩子进行诚实教育，反倒进行"谁诚实、谁吃亏"的教育，甚至还要进行谋略教育。"谋略"是什么？就是计谋策略，一般是解决敌我矛盾才使用。说得不好听一点，有那么点欺诈的意思。教小孩子学"谋略"，这是不利于孩子健康成长的，而且错过了幼年这段成长期，将来都无法再教育。

"谦让教育还需不需要？"赵教授继续问，在市场经济的时代，谦让和竞争是不是一对无法调和的矛盾？我们对孩子的教育，是不是要灌输"如果他打你,你也要打他"的意识?我们是不是要教育孩子对生活周围的老弱病残者应该抱有同情心、怜悯心,在公共场合是否要知道礼让?

针对前一段某些媒体关于天津某父子共同签订"双向自立协议"的报道(即父亲不承担儿子现时的上学费用;儿子将来也不承担为父亲养老送终的职责),赵教授给予了严厉的批评。他觉得:"家长与孩子的关系,首先是一种亲情关系,而不是'契约关系'。不让父亲慈,不让儿子孝,以颠覆父子关系的代价换取孩子的自立是不可取的。应该让孩子懂得自立,同时要告诉他一个人在人生不同阶段具有不同的责任,任何人也不能推卸。"

对一度出现的"教育创新之举"——"洗脚作业",赵教授颇不以为然。认为这是教育简单化、模式化的典型做法。孝敬父母完全可以选择多种方式,但像布置作业一样,让每个学生按照统一的"洗脚"模式来"孝敬父母",而且只洗一次,一洗即孝,这就不可取了。赵教授说:"我也曾给我八十岁的老母亲洗过脚。老人身体不太行了,手脚活动有困难,后辈帮忙做这些事情是完全应该的。但我在报纸上看到一幅'洗脚'的照片就觉得很别扭、很刺眼,母亲的模样还很年轻、漂亮,大概不到 40 岁,给她端洗脚水的是她上中学的儿子——一个身材魁梧、十七八岁的大小伙子,整个画面显得很不协调、很不自然。"

在列举了家庭教育的种种误区后,赵忠心教授直言道:"教育是个严肃的事情,是有其基本内在规律可循的科学,而不是任何人随随便便就可以搞花样翻新的玩意儿。我觉得,有些教育工作者和家长不是在教孩子做人,而是在教孩子作秀,这种倾向值得注意。"

《中国青年报》2004 年 11 月 30 日
本报记者谢湘采访

2. 给"赏识教育"泼点冷水

个别的教育经验不是"教育理念"

我很早就认识"赏识教育"发明者周某。那是1998年，我到长春的东北师范大学讲学，一天晚上，周某到我的房间，跟我单独交谈了几个小时，详细介绍了他是如何培养他的聋哑女儿周某某的，并说自己"发明"了"赏识教育"理念。

我认真地聆听了之后，当时就对他说："你得了一个聋哑女儿，你没有放弃做父亲的责任，没有灰心丧气，下苦工夫艰难地培养她。这种精神，的确值得赞赏。但是，你所说的'赏识教育'，不能说是一种新的教育理念，顶多也不过是一种具体的教育方法。而且，这种教育方法，主要是在教育弱势群体时使用，不能推广到普通儿童之中。"

我们知道，"教育理念"是一整套教育理论，是高度抽象、概括的东西，比如我们现在正在大力推行的"素质教育"，比如美国教育家杜威的"儿童中心主义"，等等。而"赏识"即对人的才能或作品的价值给予重视或赞扬，是个很具体的概念，谈不上什么"理念"。

作为一种教育理念或理论，是要经过长期的、反复的实验研究，经过专家认真论证，并经大量的实践验证，在理论上是站得住脚的，从实践中证明是可行的，才能说形成了一种教育理念或理论。而且，作为一种教育理念和理论，必须有它独特的哲学、认识论的基础，还要有诸如教育目的、培养目标、教育原则、教育内容、教育方法、教育途径等一整套思想体系。而所谓"赏识教育"，不过是一个做父亲的，只有教育一个孩子的经历，就贸然自诩自己"发明"了一种教育"理念"或"理论"，这是很不严肃的，也是不可信的。

即使说，他的聋哑女儿"上"了大学（周某说是"保送"上的大学。

据我了解，教育部根本没有制定过残疾学生保送条例），也不是凭自己的实际本领"考"上的，他怎么能就"发明"了一种教育理念呢？这也太不可思议了！要是只要有一个孩子上了大学生，家长就可以"发明"了一种教育理念，那普天下得有多少种教育理念啊！"赏识"顶多可以说是一种个人的教育"经验"或"体会"，根本与教育"理念"或"理论"不搭界。

在周某向我介绍他教育女儿的过程时，给我印象最深刻的是他说："为把女儿培养成为大学生，多少年来，我成天就是'竖大拇指'。为夸奖女儿，我的大拇指经常伸得抽筋！"他公开主张，对孩子就是要赞扬、肯定、夸奖，不能批评、否定。批评、否定是孩子成长的"杀手"。对于孩子，他主张要一味地夸奖，甚至要"无限夸大"、"无中生有"，不是优点、没有长进也要赞扬、肯定、夸奖。

要说"一味地赞扬、肯定、夸奖"，主要适用于那些属于弱势群体的人们，比如聋哑、弱智、不大懂事的小孩子，甚至包括那些危重病人。由于他们普遍缺乏自信心，有强烈的自卑感，又缺乏自我评价能力，需要周围的人给予他们自信心。因此，可以采取"赏识"的方法鼓励他们，给他们以生活的勇气。比如，聋哑、弱智的孩子，由于他们生理上有缺陷，他们学会了十个字，可以夸他们"好"，学会了五个字，照样可以夸他们"好"，因为对他们这些孩子没有统一的要求；而对于正常、没有生理缺陷的孩子，就不能学会多少个字都无原则地夸奖，必须要达到全国统一的教学大纲的要求，及格就是及格，不及格就是不及格。比如，幼儿园的小孩子，妈妈下班后，递给妈妈一双拖鞋，妈妈可以大大地夸奖，孩子会很高兴；如果一个上了中学的正常的孩子给妈妈递了一双拖鞋，妈妈也十分夸张地夸奖，就像夸奖幼儿园的小孩子那样，那孩子肯定会认为妈妈有毛病。再比如，人们到医院看望危重病人，不论病人的脸色多么不好，病情多么严重，人们也都是说"今天你的气色真好，比前几天好多了"，绝不会实话实说病人"面带菜色，将不久于人世"。

"赏识"的教育方法，只是适用于弱势群体，不能在普通孩子的教育中推而广之。

拨乱反正——赵忠心批判社会上的错误家教观点

一味地夸奖是"夸"不出好孩子来的

"赏识教育"的发明人主张一味地赞扬、肯定、夸奖孩子，有人还公然赞许"赏识教育"是教育孩子的"万应灵药"。也有人总结出一句很"经典"的话："好孩子是夸出来的。"更有甚者，有地方把"赏识教育"推到了极致，提出要实施"无批评教育"。这简直是奇谈怪论！

"赏识教育"的一个主导思想，就是不能批评孩子的缺点和错误。就是说，无论孩子怎么做，就是犯了错误，也都说："好好好""棒棒棒"，简直成了"好好先生"。即或是批评，也是轻描淡写，隔靴搔痒，一带而过。"赏识教育"的发明人周某怕我不明白他的"赏识教育"，曾经给我举这样的例子：比如一个孩子打人了，老师就要求大家先鼓掌鼓励他、赞扬他，因为他昨天打了三个人，今天只打了一个人；因为他过去打人又凶又狠，都打得流了血，今天打人没有过去凶、狠，没有流血，所以要先热烈地欢迎他、赞扬他。

严格地说，这种方法不是教育，而是在"哄"孩子。"弱势群体"有时候是需要"哄"的，但"哄"绝不能代替正常的教育。一味地、无原则地夸奖孩子，不是一种教育"理念"，更不是科学的教育"理念"。

第一，从方法论的角度说，家长的眼睛只是看到了孩子身上的缺点和毛病，只看到事物的"一点"而不顾其余，那是片面的，是"形而上学"；同样，家长要是只看到孩子身上的优点和长处，看不到或掩盖孩子身上的缺点和毛病，也不是全面看待孩子，照样也不符合"辩证法"。过去信奉"不打不成才"的教条，一味批评，那是违背教育原则的；说"好孩子是夸出来的"，一味夸奖，也是片面的，恐怕也不符合教育原则。

第二，只是一味地夸奖孩子，从不批评孩子，那势必就得有这样一个前提："孩子所有的言行举止，所作所为，都是正确无误的。"而这样的前提是根本不存在的。"人非圣贤，孰能无过？"人不可能没有过错。如果孩子所做的一切天生都是正确无误的，那还要我们教育者做什么呢？家长和教师不都成为多余的人了吗？家庭教育和学校教育不都是"画蛇添足""多此一举"了吗？

第三，任何一个孩子，身上不可能没有缺点或毛病。因为就是我们成年人，不也同样有缺点或毛病吗？"人无完人，金无足赤"嘛。有缺点或毛病怎么办？怎样才能去掉呢？毛泽东同志曾经说过这样一句至今人们都耳熟能详的话：扫帚不到，灰尘照例不会自己跑掉。有缺点或毛病，不指出来，不批评教育，孩子不知道是错的，有什么危害，那怎么能改正呢？当然，批评要讲究方式方法，要和风细雨，要留有余地，以尊重孩子的人格为前提。

第四，说"好孩子是夸出来的"，只是一味地夸奖孩子，也就是说，孩子无论怎么说、怎么做，家长和老师都说"好，好，好"，就是不能批评，这种夸奖是无原则的，那不就是典型的迁就、姑息、放任、纵容、恭维和吹捧吗？现在已经有许多孩子是只能听表扬不能听批评、傲慢骄横、唯我独尊、"老虎屁股摸不得"了，本来就够难管难教了，还要一味地无原则地夸奖，难道娇惯的"火候"还不够，还要加温吗？真是咄咄怪事！

第五，一味地夸奖，会给孩子带来许多消极的影响。孩子经常获得"廉价"的无原则的夸奖，久而久之，便对夸奖习以为常、无动于衷，从而丧失为获得夸奖去完成各种任务的动力。长大以后，会变得谨小慎微，缺乏开拓创新、冒险的精神。因为唾手可得的夸奖，在一定程度上会成为一种精神负担，一种足以使之"自我窒息"的压力；或者导致孩子是非不分，善恶不辨，盲目自满，盛气凌人，停滞不前。

古今中外的教育家，历来都主张教育孩子要以表扬为主，批评为辅。这是"放之四海而皆准"的科学的教育原则，永远不会变，谁也别想推翻。如果说"赏识"是一种教育方法的话，那么，也不是今天的周某"发明"的。我国清代有一位教育思想家叫颜元，他在数百年前就曾有一句至理名言："数子十过，不如奖子一长。"

说"好孩子是夸出来的"，这既不是什么教育原则，也不是什么教育艺术，更不是适用于所有孩子的教育"绝招"。

对正常的小孩子，还是该表扬则大力表扬，该批评则严肃批评，不能姑息，以使孩子们从小形成一个正确的行为标准，明辨是非、善恶、美丑。当然，教育过程中要以表扬为主，批评要注意方式方法，不要伤害孩子。

许多事实已经表明，对正常的孩子一味地无原则地夸奖，不仅不能获得应有的效果，甚至还会引起孩子的反感。有一个一度特别信奉"赏识教育"的家长，还没有细看上中学的儿子画的画就夸奖说："儿子，你画的画可真好，真棒！"儿子说："这张画是我最不满意的。妈妈，您怎么还把我当小孩子哄啊！真让人讨厌！"

可见，无原则的赞扬、夸奖，并不适用于那些有了自我评价能力的正常的孩子。

"赏识教育"不可信

"赏识教育"本来就是不科学的东西，更不能在对一般孩子的教育中推广。可人们为什么还如此青睐它呢？

究其原因，一是"赏识教育"推广人（其实就是经纪人）和大众传媒的炒作；二是有些家长太过盲目、轻信。

古今中外的教育家很多，不少人一辈子从事教育理论研究，也没有听说有几个教育家"发明"了什么新的"教育理念"。一般只不过是在前人研究的基础之上，对教育规律有所探索，不断地接近教育规律，仅此而已。一个学历并不高的家长，只有教育"一个"孩子的经历，就能"发明"一种崭新的"教育理念"？其实，这是明眼人一看就明白的，根本不值得大肆宣扬。可就有那么一些人，热衷于炒作，因为炒作是有利可图的。被炒作的人发了财，操纵炒作的人也不会白干，同样可以发财。

大家不会忘记1998年冬天，那样大规模地炒作《学习的革命》一书。其实，买了书的人一看便知道，那根本是一本不入流的、谁也看不懂的"天书"。可炒作的人却违背良心把那本书吹得"天花乱坠"，说什么是"通往21世纪的通行证"，读了那本书可以"在两周到四周内掌握一门外语"，"一天能记住四本书的内容"，等等。

时至今日，已经过了四年多了，究竟有多少人两周或四周掌握了一门外语，有谁一天能记住四本书的内容，现在也该拿出成功的典型来了。但典型在哪里呢？还不是"逗你玩"、"耍你"，人们花几十元钱买了那本书，

什么也没有得到,可那些推广人却乐不可支地在背后偷着数钱!

有许多家长,望子成龙心太切,甚至已经达到了"慌不择路,饥不择食"的地步。在本来是非常容易辨别的是非、真伪面前,辨别能力却大打折扣。只要有人说能使孩子聪明、提高智商,能把孩子培养成才,就不管是真是假,先试一试再说。听说人家把一个聋哑孩子都培养成了大学生,就认为人家一定有什么"绝招"。于是,便趋之若鹜,紧紧追随。

其实,我国真正的第一个聋哑大学生并不是媒体炒作的那个女"大学生",而是江西临川市的唐英,1971年出生,5岁时双耳失聪。小学、中学、大学,全凭自己考试入学。1990年高考考出了541分,以超出当年全国重点大学录取分数线21分的优异成绩,被江西大学录取。现在,他是我国2100万聋哑人中唯一正宗的博士毕业生。

现在,社会上有一股风气不太好。孩子上了大学,有的家长就说完全是自己培养的,又出书,又演讲,到处吹嘘。这不公平,任何孩子上大学,第一功劳是孩子的学校,教孩子的老师。家长是起到了一些作用,但任何一位家长,文化水平再高也不太可能教会孩子掌握考大学所需要的各门功课。有的家长自己不过是初中毕业,就说孩子上大学全是自己一手培养的,那不是事实,那怎么可能呢?

家长们不要相信有什么教育孩子的"万应灵药"。教育孩子的经验是有价值的,可以参考,但任何的经验都有一定的局限性,只适用于一定的范围和对象。只有科学理论,由于在一定程度上揭示了教育规律,没有局限性,才能反复起作用。家长们还是要下工夫学点教育理论,这才是正道,才能真正提高自己的教育水平,把孩子教育好。

《小学各科教与学》杂志2003年第6期

3. 狼性教育对吗

"用狼做榜样？"赵忠心先生忿忿地说，"古今中外，可谓空前绝后！"

赵忠心是北师大教育科学研究所著名研究员，也是国家基础教育实验中心一位负责人。一段时间以来，深圳市学府小学的"狼性"教育让这位教育学专家深感不安。

近日在接受本报记者采访时，赵忠心研究员一再告诫，教育本身是一门科学，有其固有之道，不可违背。"迄今为止，我从没有发现，世界教育学界有教育家有过'狼'的教育、'羊'的教育这些提法。"他说，"提出一些耸人听闻而又没有科学根据的口号，实际是校长在作秀。"

专家指出，狼的本性是凶残的，是通过掠夺占有的，教育者的想法如果是为了适应竞争，就是对市场经济的一种肤浅认识。

赵忠心研究员说，在"文革"期间，确实有人认为中国解放以后十七年的教育是"修正主义"的教育，是培养"羊"的教育，这是教育界一种极左的思潮。现在推行狼性教育，概同此类。"在把狼树立为榜样之前，要认清狼的本性，它不仅是凶残的，还是不择手段的。是通过掠夺占有的，是带有攻击性的，是恃强凌弱的。自古以来，凡是带"狼"字的成语，基本上都是贬义的，诸如"豺狼虎豹"、"狼心狗肺"、"狼子野心"、"狼狈为奸"、"狼贪鼠窃"、"狼奔豕突"等等，没有一个是褒义的。说到狼与狼的"合作"，也仅是在共同利益一致的情况下的"勾结"。其实，那不应该叫"合作"，而应该叫"沆瀣一气"，并不值得人这么一种高级进化的动物去仿效。在市场经济条件下确实有竞争，但这种竞争是在相对公平的环境下，依靠实力的公平竞争，而不是动物本能的弱肉强食的抢夺。如果教育者片面推行"向狼学习"是为了适应竞争，就是对市场经济的一种肤浅认识。

在赵忠心研究员看来，教育要遵循多种规律。教育的目的和作用，总的来说，就是要让人从自然人向社会人转化。其中，道德规范是相当重要的一环。"因为社会秩序是靠法律和道德规范来维持的，对于中国人而言，善良绝非坏事，谦让始终是可贵的美德。教育的本质就是使人性不断完善，核心是向善、向文明，不是向恶向野蛮。狼不是一种向善的动物。'狼'的教育也违背了教育的本质。"

《北京科技报》2004年8月4日
本报记者童光来采访

4. 河南"教育狂人"遭质疑

中国教育学会家庭教育专业委员会理事长、北京师范大学教育科学研究所研究员赵忠心认为，任庆文这种个体的教育经验，谈不上是教育理念，宣称要引发中国教育"大地震"更是有炒作之嫌。

赵忠心说："我研究了一辈子的教育，我也没有发现教育界发生过什么震动。对教育进行改革，进行探索是可以的，但不要太偏激。不要鼓吹颠覆现行的教育体制。"

赵忠心认为，任庆文的现场教育法有积极的一面，它打破了传统的封闭式教育模式。从认识论的角度说，掌握的感性知识越多，对理性知识的接受能力越强。

让孩子到大自然中去观察、去实践，这也是一种学习，增加了孩子的感性知识，刺激了学习兴趣，产生求知欲。任乐园目前在某些方面比同龄的孩子突出，当然得益于他父亲任庆文的现场教育法。但是，跟现在学校里的学生相比，他的孩子在知识上是不是有缺漏，知识结构上完整不完整？还不得而知。

但是这种个体的教育经验还谈不上教育理念，顶多是一种具体的教育方法，或者说是一种辅助的方法。它适合于一定年龄阶段和一定时期，但不能和传统的教育方式完全对立。要说他的教育方法，对现行教育有一些启示，作为现行教育体制的一个补充，还有一定的价值。但如果说要以他的方法完全代替现行的教育体制，颠覆现行的教育观念和教育制度，那就太狂妄了，有肆意炒作的嫌疑。

现行的班级授课制度，是适应现代社会发展的需要的，克服了个别授课教育效率低下的弊端。我们的教育不能重新返回个别教育的模式。学校教育改革是要提倡的，但不能"返祖"，重新倒退回去。任庆文的教育模式，家庭教育可以借鉴，学校教育也不能全盘照搬。

赵忠心说,"教育理念"是一种高度抽象、概括的东西,就像"素质教育",是要经过在若干个实验点上的多次反复实验、论证才能形成的,而且还要形成一整套教育理论,如培养目标、教育目的、教育原则、教育内容、教育方法、教育途径等等。只培养了一个孩子,就宣称"发明"了一种"教育理念",那是很不严肃的,也是不可信的。

衡量一个人、一种教育是否成功,最终是要通过社会实践的检验,现在一些小孩子在某些方面表现出比较突出的能力,就被吹捧为"神童"、"天才",其实这是极为不科学的,他们都还没有真正走入社会,一切都还为时尚早。

《北京科技报》2004年3月31日
本报记者刘慧采访

5. "西点"只是一剂教育偏方

最近一段时间以来,杭州"西点军校"独特的男孩培养方式引起了大众的广泛关注。这种军事化的教育是否符合孩子的成长规律?学校教育和家庭教育又有哪些缺失,应如何"补课"?

"偏方治大病"不科学

现在的男孩子阳刚气是少些,但杭州这个训练中心的做法并不好,不应当袖手旁观,任其为所欲为,应当制止。因为直接违背未成年人保护法,是违法行为。体罚就是"野蛮",有辱孩子自尊,会伤害孩子的身体,扭曲孩子的心灵。这种方法可能培养出孩子刚强的性格,但也可能是"变形"的刚强,或使孩子变得野蛮。老师拿鞭子抽打孩子,孩子在那样一个被严密控制的环境里,无可奈何,只能忍气吞声,被迫服从,因此也可能培养出孩子的奴性,甚至酿成心理疾病。

"阳刚"是相对而言的。男孩和女孩在一起,男孩子都会有保护女孩子、显示男人阳刚之气的想法,这更能培养男孩的阳刚之气。孩子应放到正常的环境中去培养,有阳刚之气的男人并不都是单独训练出来的,更不是被"殴打"出来的,弄不好会出现变态性格。刻意做什么事,专门搞某一方面的训练,很容易出现问题,造成孩子人格不健全。比如,容易使孩子把野蛮当成"阳刚"。

基础教育是德、智、体全面发展的教育,可以促使孩子协调发展。先打好全面发展的基础,将来要偏重发展某一方面的特长,可以在孩子长大后根据职业需要作出选择。有的家长把孩子送到这样的学校里,纯粹是花钱雇人"整治"自己的孩子。我真的不明白,这究竟是为了什么?

此类所谓的民办学校,是不是合法,应当进行调查。有的民办学校的资质,已经遭到社会的置疑。开办民办学校,应当有准入制度,对办学校

的人有资质和学历的要求,应当有从事学校教育的经历,不是任何人都可以办学校的。一般学校的教师都要取得教师资格证方能任职,这些民办学校的办学人有没有教师资格?值得怀疑。教育部门应当对此类民办的教育机构,加强资质的审查和监管,不能放任自流。

家长需宽容对待学校

男孩缺阳刚之气,有其客观原因。男孩从出生起,就像《红楼梦》里的贾宝玉那样,掉进了女人窝里,接触的都是妈妈、幼儿园阿姨等。小学老师又多是女老师,男老师只是配角。

不过,在家庭中,也可以培养男孩坚强勇敢的性格。父母不仅要鼓励孩子,更要给孩子实践机会,让孩子承担责任。在现实生活中,这种机会很多,有些家长没发现,有的发现了,但怕孩子受伤害,没有利用起来。

现在,家长"护犊子"太厉害了。比如,在学校进行体育活动受了点儿伤,就大惊小怪,大呼小叫,搞得学校也整天担惊受怕,不敢搞孩子们喜欢的活动。体育课上的跳马、跳箱项目都取消了,有学校上体育课只做"匍匐前进",跳高、跳远都不敢让孩子们做,剥夺了孩子很多成长锻炼的机会。在平地上旅游,远离山水,那叫什么春游!孩子本性是喜欢探险、冒险的,勇敢是以前很推崇的好品质,现在都很少提及了。学校也渐渐成了"温室"了。而温室是培养不出能经得起风雨的松柏的!

家长要宽容对待学校,给学校培养孩子的空间,要支持学校,让学校按照教育规律和孩子需要来培养孩子。我给家长讲课时,常告诉他们去观察观察小鸡、小牛、小羊出生的情景。它们刚生出来时,都是自己连滚带爬、挣扎着爬起来的。这是本能。我特别欣赏一个词:摔打。孩子们的"坚强"性格不是别人教的,是自己在实践中摔打出来的。

《现代教育报》(北京)2005年5月25日

6. "富二代"真的富有吗

每年学费好几万,每天零花钱几百块,穿名牌服装,上下学车送车接,在学校里不好好学习,听不得一句批评……这就是当前许多富家子女的真实写照。

自从 2009 年 5 月 7 日浙江杭州 20 岁的富家子胡某飙车撞人致死事件发生后,社会舆论质疑、声讨富家子女教育问题之声不断。透过这些纷繁的表象,人们在追问:日渐富裕起来的国人究竟该如何教育下一代?富家子女的教育面临着哪些问题?

记者: "纨绔子弟"在"富二代"中有一定的普遍性,您怎么看待这种现象?

赵忠心: "纨绔子弟",旧指官僚、地主等有钱有势人家成天吃喝玩乐、不务正业的子女。当前社会上富起来的这部分人要么有钱,要么有权,他们的孩子的成长总体上并不是令人满意的。问题出现在孩子身上,根源却在家庭,在家长身上。家庭经济条件对孩子的教育和成长是很重要的因素,但究竟是发挥积极作用,还是发挥消极作用,这不是绝对的。不是说所有富裕家庭的孩子都不上进,"富二代"问题的出现,也不是因为家里富;而是因为家长对富裕陷入了盲目状态,缺乏一种理性的、明智的认识。

有不少家长的资产增加跟他道德水准的提高不成正比,也有的家长随着资产的增加思想慢慢退化了,变得腐化了。好多家长思想上的误区是:好不容易成了有钱人,就是要让孩子过上好日子。家长的这样的思想,对孩子是没有好处的。

记者: 您认为"富二代"家庭最缺少的是什么?

赵忠心: 现在国家强调法治,道德教育却很"软"。有的有钱人认为,只要不犯法就成,缺点儿德没事。这是错误的认识。新富阶层的家长需要接受教育,加强自己和孩子的道德和文化修养。家长有钱不是坏事,但要是对钱财陷入盲目，就会产生消极作用。家长要让金钱发挥正面积极的作用，要教育孩子严格要求自己，让孩子知道不能给家长添乱，不能给家长脸上抹黑，要努力抑制负作用的产生，不要让孩子认为家庭富裕就可以享清福，为所欲为。

记者：有些家长说自己工作太忙，没时间跟孩子沟通交流，这是否是富家子女出现问题的主要原因？

赵忠心：家庭教育不完全是"讲"出来的，是靠家庭生活的熏陶。我原来在北师大附中做团委书记、党总支书记，那是一所全国著名的重点学校，不少国家领导人的孩子在那个学校上学。那些孩子我差不多都认识，我从来没见过哪个家长用小汽车接送孩子。就是那些住在中南海的孩子们也全都是骑自行车，他们穿的比普通孩子还要朴素，参加劳动也不怕苦，不怕累，表现很好，没有一点儿特殊化的表现。这些孩子的家长都很忙，有些孩子几个月都见不到家长，照现在人的说法这些孩子缺少家庭教育。可事实是，孩子们都很懂事，事事处处严于律己。现在有钱有权人家的孩子上学放学都是车送车接，家长连公交车都不舍得让孩子坐，更别说骑自行车。父母不在吃和穿上、不在权和钱上计较、攀比，孩子也就不讲究这些。关键就是父母。

国外一些企业家教育孩子的方法值得我们借鉴。他们虽然很有钱，但对孩子的物质消费水平是有管理有限制的，不是为所欲为。他们教育孩子要自立，培养独立生活能力，不是把所有的资产都遗留给孩子。有的国家总统的孩子，还要自己排队求职、找工作。而在我们国内，不少家长给还在上高中、上大学的孩子送了汽车。国外一些有钱人把钱捐献出来，资助慈善事业；国内有些家长却舍不得兜里的钱，总想留给自己的孩子，指望让孩子一辈子享清福。

有些家长把金钱看成是万能的，认为"有钱能使鬼推磨"，遇到事以后随口就说："拿钱摆平。"家长对待金钱的态度，会潜移默化地影响到孩子，久而久之，孩子们就会以为有钱有权啥问题都能解决。这就是家庭环境影响的结果。

《现代教育报》（北京）2009年6月9日
本报记者解淑萍采访

7. 孩子不是用钱堆起来的

现在的中国家长一般都比较重视子女教育，但是在应该如何培养教育孩子上，存在着不少的问题。

第一，缺乏情感教育。一些家长往往一忙就把孩子交给保姆，或者寄养在别人家里，或者从小让他们上全托幼儿园、寄宿学校，一个星期甚至一两个月才会见上一面。这样，孩子跟家长的感情就淡漠了。

有些家长却只顾着拼命赚钱，给他们提供最好的学习、生活环境，却忘了情感教育的重要性。他们认为孩子只要有人看管就可以了，上学能学到知识就行了。没有时间和精力亲自照管孩子，就花钱托付给别人。以为孩子的成才是可以"用钱堆起来的"。

我家里就曾经寄养过企业家的孩子。有一个小女孩，她的父母做房地产生意，没有时间照顾她，从小学一年级就把她放在我家里寄养了五年。我老伴是师大实验附小的数学老师，我们像对待自己的孙女那样去照顾，小女孩在我们家生活得很快乐。但是，别人怎样的关爱，也替代不了父母之爱。可以说，父母之爱是不可取代的。

在五年级的时候，有一天下午，我看到小女孩在哭，就问她为什么，她说："以前上幼儿园的时候，爸爸妈妈就让我全托，一两个星期来接我一次；现在到北京上小学了，他们又把我寄养在你们家，还是一个星期接我一次。哼，等他们以后老了，我也把他们送到养老院去，一个星期接他们一次！"很显然，这个女孩儿在感情上受到了严重的伤害。

第二，功利思想过于浓厚。对于孩子寄予过高的期望，这样不利于孩子在健康、轻松的环境中成长。一些企业家很忙，没有时间和精力照管孩子，又有经济条件，把孩子送到国内或是国外的贵族学校，这是可以理解的。但他们平时很少关心孩子的生活和学习，孩子的学习成绩并不理想。他们对孩子的期望又往往太高，以为花重金把孩子送到国内外的好学校，

孩子的学习成绩就会上去。其实，这只是家长的"一相情愿"，不少的孩子发展得并不好。我认为，最好是把孩子送到普通的学校去上学。因为孩子们未来走上社会后，周围并不都是有钱人。只有从小建立了广泛的适应能力，才能在以后的工作、生活中有更多的朋友，遇到问题才能更快更好地找到解决的办法。

第三，忽视心理健康。从小就在寄宿学校生活，有利于培养独立意识和能力。但有的家长为了省心，把孩子一送了之，孩子的心理状况怎么样，不闻不问。有些孩子变得性格孤僻，对人冷漠，甚至记恨家长，很多情况都是因为没有及时关注他们的心理问题。

在实在没有时间和精力的情况下，把孩子送寄宿学校或外国读书也不是不可以。但如果小学就送去，年龄太小，孩子的自我生活、管理的能力还很差，也没有形成独立意识，我是不大赞成的。幼儿园全托，我更不赞成。中学生寄宿，还是可以的。

《英才》杂志（北京）2005年第5期
杂志社记者朱雪尘采访，颖一整理

8. 名人的孩子早"独立"

连日来，电影演员张某某之子打人事件在国内引起了人们的普遍关注。尽管现在还有很多事情没有得到证实，比如对张某的处理，事件发生的真实经过，打人的真实原因，双方各自平常的为人等等。可这些似乎并没有影响到人们表达自己的观点，谴责"打抱不平"者有之，理解演员张某某并为之遗憾者亦有之。但是，在整个事件的各个环节中，人们似乎唯独忽略了学校在其中所应该承担的责任。

记者日前就"作为教育工作者如何对名人的后代予以正确教育"这个话题，与北师大赵忠心教授进行了有关探讨。

赵教授认为：名人之后在处境上和心理上的确与普通人的孩子不同，他们既具备一定的心理优势，同时也承受着比常人更多的压力。特殊的家庭背景既可能使孩子变得飞扬跋扈，也可能令他们形成孤僻的性格。因此，对名人子女的教育，我们应该采取一视同仁的态度。过去，国内的名人多是指高干、专家、学者，今天多指影星、歌星什么的。当年我们很多国家级的领导都是特意把孩子放到一个老百姓的环境中去，目的就是要按照一个对待普通人的方式去教育他们，熏陶他们。在国外，也有很多总统子女隐姓埋名与普通人一起上学读书、求职的例子。

那么何为"一视同仁"？赵教授给的答案是："不要恭维他们，也不要歧视他们，不要对他们提出超出他们年龄段和身份的不合实际的要求。"即便是孩子犯了错误，也要按照一个正常的方式予以处理，他们只是一个孩子，对于他们来说，既不应该仰仗着父母的光环，也不应该活在父母的阴影之下。努力帮助他们树立一个独立的人格是教育工作者应该做的。

当然，名人之后毕竟是名人之后，他们在很多方面是天生注定的，他们出生在这个家庭，从小就会受到更多人的关注，人们对他们的衡量标准在潜意识中永远不可能降低。

尽管我们对他们的教育是要使其认识到自己凡人的一面,但也不可否认的是,名人之后必须要更早地学会面对错误——坚强地面对社会舆论是他们人生中所要迈出的重要一步。同样,作为家长,也更应该意识到,有助于孩子成长的唯一办法是尽量减少笼罩在孩子身上的光环,让孩子独自去闯世界。

《北京青年报》2003年12月26日
本报记者郑叶采访

9. 专家对"早恋低龄化"另有看法

据大河网报道，小学生在大多数人的印象里应该是天真无邪的，轻易不会把他们跟"谈情说爱"、"三角恋"这些词挂钩。而近日一网友在网易论坛贴出的一组小学生之间传情递爱的纸条却打破了网友对小学生的传统观念，并在网上引起了激烈的讨论，早恋呈低龄化的趋势让越来越多的网友感到担忧。

这组纸条共十张，是一个六年级男生和一个叫美美（化名）的女生共同写的。纸条上，男生给女生写了一组英文对话，他提示女生可以把每句话的最后一个单词连起来念，记者照做后发现竟是"Do you love me"（你爱我吗）。对此，女生美滋滋地答道："不错嘛，学会写'藏头诗'了。听好了，哦，是看好了，I love you（我用生命保证这是真的）……"

纸条内容除了当事双方如此郑重的表白外，还记录了一段男生向女生索要初吻的文字，男生希望女生在一个特定的时间把"kiss（吻）"送上，他还特别附加问一句"你真的愿意把你的（初吻）献给我吗？"

专家：过家家不必当真

中国家庭教育专业委员会理事长赵忠心教授表示，小学生这种传递"爱情"小字条的行为，对于五六年级的小学生来说，其实只是一种"模仿"，是十分"孩子气"的事情，类似于小孩子"过家家"的游戏，大人不必当真。

这个年龄层次的小孩子，他们根本不太懂得什么是"爱"，什么是"喜欢"，他们在信件中所使用的词汇，不能用大人的解释来"理解"。家长不必过于着急，不要粗暴地训斥孩子，免得由于惊慌失措、过度关注、过于较真而弄假成真。家长还是要用平常心态对待，使之慢慢地淡化，在事情淡化之后，慢慢地去引导孩子。

对于小孩子中此类事，媒体最好不要肆意炒作，还是让老师和家长去解决。一公开炒作，会对孩子稚嫩的心灵造成伤害。传媒界的人心地要善良，要有社会责任感，对待孩子的问题要坚持以人为本，不要什么事都以"娱乐的心态"去对待，这种心态很不好。全社会都要关心孩子，不要伤害孩子。

《大河报》（郑州）

10. 安全套该进孩子书包吗？

赵忠心教授对此问题有如下观点：

要不要给孩子安全套？"让无意识的孩子有了意识"

从保健的角度讲，给孩子安全套无可厚非。但是，这类措施的实施，一定要特别慎重，要考虑我们国家的文化传统。有些国家性观念比较开放，这样做能为家长接受。中国在性方面还是相对保守的，给孩子发安全套，恐怕一般家长都接受不了。

有些孩子在小时候可能已经有这方面的意识，但有的孩子可能还没有，或者有了意识还没有行为。突然给他安全套，可能会促使他们产生这方面的意识，他们可能会以为是在怂恿、纵容、默许这个行为，结果很可能与我们的愿望恰恰相悖。

孩子性行为的现象被夸大了？"夸大了性行为现象"

性行为在大学生中间发生的比较多，但是我印象中中学生中应该不会多，因为现在的中学生都面临升学的任务，无论是学校还是家长管理得都比较严。所以，可能很少有机会在这方面发展。而且，大学生和中学生之间还有一个差别，大学生是成年人的问题，中学生是未成年人。所以，应该教育他们不要过早地有性行为，而不是肯定他们的性行为。

用什么方式对孩子进行性教育？"不要大张旗鼓地进行"

在性教育方面，我们应该强调未成年人不要过早地尝试性行为，毕竟对未成年人可能带来身心伤害，而且未成年人也很容易冲动，不考虑后果，把握不好，很有可能做出让自己后悔莫及的事。在学校里，我们可以教授一些性知识，只是一般性的；但是很多东西并不适宜学校来进行，更

多更隐秘的知识,要靠家长来教育,而且是妈妈来进行,并且在进入青春期的早期就开始对孩子进行教育,最好不要大张旗鼓。

国家需不需要作出规范?"应该有整体教育计划"

国家应该有个规划。在全国范围内大规模调查,了解什么年龄段的孩子有什么样的问题,需要学习什么知识,再有一个统一的教材,根据不同的年龄提供不同的教材,以及采用什么形式上课等,做一个规划。但是,这个规划一定要慎重,符合中国的国情,适应中国的文化传统。

《竞报》(北京)2008年11月14日

11. 早婚会给未成年人的成长带来不利影响

近年来在一些地方，尤其是少数民族和贫困地区早婚现象越来越多。近日在天津举行的"贯彻未成年人保护法学校与家庭责任"学术论坛上，专家警告说，早婚会给未成年人的成长带来四方面不利影响。

中国家庭教育学会副会长赵忠心介绍说，近年来，受旧习俗的压力、金钱的诱惑等因素影响，早婚现象在一些地方越来越普遍。在广西一个山区乡，有的女孩刚上小学五年级，家长就给订了婚。有的刚上初二就辍学结婚。一些父母认为，早点给子女定亲有选头；有的父母为了得到一块宅基地，匆匆让未成年的孩子娶妻成婚；有的父母以收彩礼的方式聚敛钱财，逼着未成年的女儿出嫁。殊不知，早婚会给未成年人的成长带来很多不利影响。

一是严重影响了孩子的身心健康。未成年的孩子处在生理和心理的发育阶段，很多方面还不成熟，社会生活阅历浅，甚至还不知道婚姻为何物。结婚一方面容易使生理上早熟，另一方面，难以承受怀孕、生子、家庭生活的负担，难以应对婚后的各种家庭矛盾，很容易造成心灵创伤，破坏正常的生理和心理发育。

二是早婚往往使孩子放弃学业。未成年人结婚，实际上是被父母强行带进了婚姻的"牢笼"，不得不放弃继续学习的机会，为了生计开始务农或者打工挣钱，错过了学习文化知识的最佳时期，这种损失将终身难以得到补偿。

三是早婚得不到法律保护。因为没有达到法定的结婚年龄，按照我国婚姻法的规定，属于无效婚姻。实际上早婚便成了未婚同居、未婚先孕。这就使得未成年人不具有作为合法夫妻应有的权利，合法权益得不到保障。

四是早婚对下一代的抚养教育十分不利。本来未成年人自身还不成熟,早婚后承载起与他们的年龄不相匹配的家庭生活和生儿育女的重担,往往力不从心,出现在教育抚养方面的问题,又会给下一代的健康成长制造障碍。

赵忠心表示,正是这些问题的存在,使很多早婚家庭面临重重危机,极不稳定,很容易破裂。这又会带来新的家庭问题和社会问题,形成恶性循环。

新华网2008年1月27日
新华社记者周润健采访

12. 越怕越快乐？
暴力光盘占据孩子长假生活

警惕"越怕越快乐"

就很多孩子在长假中经常看暴力电影、玩暴力游戏的现象，北师大教育科学院的赵忠心教授说，人天生地有一种好奇本能，是由新奇刺激所引起的一种朝向、注视、接近、好奇、探索心理与行为活动。青少年的好奇心很强，对于新鲜、怪诞事物的探求欲望及渴望打破平淡、暂时逃脱过大的学习和社会压力的心理，是导致他们对恐怖片蜂拥而上的主要原因。而观众对恐怖片的胃口一旦被吊起来后，便"欲罢不能、欲罢不忍"，本能地想得到更加强烈的刺激。因此，所谓"越怕越快乐"的心理是存在的，但这种"快乐"确切地说应该被称为"兴奋"。

同时，赵教授特别强调，恐怖电影中的暴力对于青少年的影响，决不亚于电影中色情的影响，人们表现出对色情问题视如猛虎，却对血腥暴力网开一面的态度是值得警惕的，实际上二者都是"猛虎"。而尚未成年、缺乏判断和抵制能力的青少年，对于恐怖电影这一类传播速度极快、不受地域限制的流行文化，极易出现跟风和盲目崇拜的现象。

赵教授希望青少年家长能对此予以一定的关注和引导，既不要一味地压制，也不要有意放任自流，应在与孩子的沟通基础上，逐渐使他们提高辨别能力，自觉抵制不良信息对于个人的影响。

《北京晚报》2003 年 10 月 8 日
本报记者李玫、王佳琳采访

13. 罪与非罪的边缘：专家谈中学生拉帮结伙

中学生为何要拉帮结伙

中学生拉帮结伙现象，国外也有，而且兴起得也比较早。从专业的角度可以称它为"消极非正式群体"，一般在初中阶段比较多。它的形成跟这一阶段的年龄特征有关，当然也不能排除社会大环境的影响。受社会上不良思想的影响，搞"哥们义气"、好冲动、不考虑后果等。这一年龄段的孩子正跃过儿童期，向成熟期过渡，充满了青春的冲动和萌动。在这一阶段，他们渴望独立自主，渴望摆脱父母的管理，走向社会，还渴望得到别人的承认。这种心理特别强烈，他们的主观愿望倒不是为了危害社会，而是为了实现自己的价值。但如果他们的这一心理愿望在其他方面得不到满足，就有可能走向暴力倾向的一端。而一个人的力量又很单薄。在这种情况下，就会抱在一起，拉帮结伙，依靠团伙的力量来实现。

校园团伙危害有多大

我们不能简单地就把这种现象说成是坏事。渴望别人的承认，是这个年龄段的孩子的共性。学习好的孩子可以通过学习来获得，但学习不好的孩子没有这个"资本"，就想通过拳头或者其他渠道来获得。而这一年龄阶段，有人称之为"危险期"，本身就是一个"多事之秋"，他们在做这些事情的时候，是不去想会造成什么后果的；而且，他们往往也不能预料后果，无法把握自己。这样，无意中会给社会造成极大的危害，尽管这种后果不见得是他们的主观意愿。

如何消除校园暴力团伙

对待中学生中出现的拉帮结伙现象，不能像对待社会上的团伙那样给予严厉打击。他们毕竟还是未成年人，社会要正视他们心理上的这一渴望实现自我的心理需要，要正确引导，不能从法律上把他们当成严厉打击的对象。我认为这仍然是一个教育的问题，引导的问题。我们的教育，关键是要立足于这一年龄段的特征，挖掘他们心理上的积极因素，排除消极因素，引导他们，转化他们，不能孤立地去对待。

《北京晚报》2001年5月8日
本报记者白玮、实习记者周明杰采访

14. 警惕五类招生广告陷阱

近日，在《北京青年报》报社举行的教育市场热点问题讨论会上，有专家指出现在教育广告中存在着一些不正规的现象，比如概念性广告泛滥，给学生、家长造成误导。为此记者采访了一些专家，请他们对这些倾向性广告具体分类剖析，提醒广大家长注意。

类型一："重点名校"型"经典"广告语：由北大、清华、人大、四中等名校名师任课指导。

点评：这也是时下诸多教育辅导广告的主打方案。只要挂靠北大、清华、人大、四中等名校，家长们就会蜂拥而至。北京教育咨询与投诉中心的魏主任说，有些不正规的学校迎合并利用家长的这种心理，刊登所谓的名校广告，并未明确其所属挂靠关系，只是笼统地说一两句话，等家长来报名时，再另行单独印发广告，这种"小广告带出大内容"的恶劣做法常常引出一些纠纷，同时使刊登广告的媒体也蒙受"不白之冤"。

北京师范大学教育科学研究所的赵忠心教授对家长们过于迷信、推崇名校、名师的现象也表示担忧。他说，实际上这是一种非常不理智的做法。重点名校拥有较为强大的师资力量，但更为重要的是高质量的生源，好学生加好老师，再加上良好的教学环境设备，三位一体，才构成重点学校的优势。学习是一个老师与学生互动的过程，仅指望一方的努力是不会出成绩的，更何况京城的名校、重点校就那么几所，名师数量有限，更不可能每家教育机构都能够请到，所以"重点"、"名校"、"名师"遍地开花的广告，难免会有注水之嫌。

类型二："状元陪读"型"经典"广告语：小班授课，保证每班有各科（或各省）文科、理科状元陪读（或解答问题）。

点评：多数家长迷信"高考状元"的考试经验，与对待重点、名师、名校的态度是一样的，存在一定的盲从心理。于是有些不规范的教育机构，为了迎合家长们的这种心理，如同旧时的"状元楼"一样，推出这种"特色服务"。更有甚者，还成立专门机构以状元名义承揽家教工作。一时间，满纸都是"状元红"。

赵忠心教授分析说，各科（或各省）的文科、理科状元，本来就是凤毛麟角，屈指可数，而且大部分都在忙着深造学习、考研、出国之类的事，真正出来打工，做这种"陪读"、"解惑"工作的，1000个中都未必能有1个。所以教育机构作出的"状元陪读解惑"的保证似乎不太现实，消费者看到后要多动些脑筋加以甄别。

类型三："统计数据"型"经典"广告语：升学率×××、录取率×××（有些数字还精确到小数点后一两位）。

点评：很多不正规的机构把写有明晃晃的升学率、录取率数字的广告摆在消费者眼前，这种做法会引来很多头脑发热的家长和学生报名。赵忠心教授表示，这种"量化了"的广告，看上去非常直观可信，但其背后可能藏着更大的"猫腻"。

类型四："短期见效"型"经典"广告语："××作文"半天（或4小时）彻底教会写作文。

点评：某些家长总是存在认识误区，抱着急功近利的思想。赵忠心教授以写作为例，作了进一步说明。他说，写作是读书、思考结合的综合能力的体现，而能力的培养、提高不可能在这么短的时间内完成，所谓"速成"只能教给孩子几种模式化文章，只能算作鹦鹉学舌，对于培养、提高孩子的作文能力起不了多少作用。教学是一个长时间的、复杂的过程，要循序渐进，万万急不得。

类型五："许诺"型"经典"广告语：不达目标全额退款。

点评：赵忠心教授认为，"不达目标全额退款"是一种非常单纯直白的"买卖逻辑"，但是用在以人为本的教育教学当中，是极为不科学的。日前海淀消协就发出了今年第一号消费警示：不要被家教服务机构所承诺的让孩子"提高多少分数"或"提升多少名次"所迷惑而轻易投入巨资聘请"目标家教"。

专家支招：学习无捷径选班须慎重

现代社会生活异常复杂，影响人生的不可控因素众多，生存难度加大。面对激烈的竞争环境，很多家长对孩子的教育问题感到力不从心，这就需要借助社会教育的力量。但是在广告铺天盖地的今天，家长到底应该如何选择？

赵忠心教授建议：不要盲目从众，对名校广告慎重选择，对广告中的数据持保留态度，做出选择之前，最好先到有关部门咨询一下，弄清其真实的背景资料。如果是知名院校，一定要弄清楚其连串的挂靠关系，明确责任，确认是否是其所说的办学主体在办学。现时的情况是，一些"江湖医生"往往租借军队医院的房子，那些教育方面的文化公司多是租借师范院校的房子。他们这样做的目的和用意，显然是为了增加"信任度"。不要盲目，学会分辨真假。

另外，学习是没有捷径可走的，不要轻信什么"绝招"。冷静地对待媒体上铺天盖地、五花八门的教育广告，仔细地选择适合学生的教育培训机构才能达到提高的目的。

《北京青年报》2004 年 9 月 20 日

15. 15位"名校家教"全系冒牌 监管空白待填补

寒假来临，一些望子成龙的家长开始张罗给孩子找家教补课。但是记者通过调查发现，家教市场良莠不齐，有相当一部分人冒充重点学校在职教师应聘家教，有的声称给某位高考状元做过家教，以吸引学生和家长。记者抽取了十五名"名校家教"调查发现，他们全是冒牌货。

家长惊叹连请六名冒牌家教

孙先生的孩子正上高三，面对即将来临的高考，孙先生决定给孩子开开小灶，再提高一下学习成绩。

一天，孙先生看到一条可以提供家教服务的广告。他与家教公司取得联系后，对方称有一名北师大附中的高三老师非常合适。孙先生决定就请这名老师。

第一次教课时，这名老师下午六点到了孙先生家，无意中流露出他一天内已经跑了三家了，孙先生家是第四家。孙先生非常不解，他告诉记者："一个重点中学的在职老师，要完成本职工作，哪里还有时间出来带那么多课？"孙先生决定打电话到北师大附中去核实一下老师的情况。没想到校方称，该校根本没有这样一名老师，老师的年龄、姓名都对不上号。

之后，孙先生又联系了五个家教，尽管他们全都自称重点中学任课老师，但经过他多方核实，那些中学根本没有这些老师。

家教广告随处可见

家教广告随处可见。记者在一份报纸上看到，关于高中生家教的广告

有数十条，其中一条广告这么写道："重点校在职教师十八年教学经验准确把握高考考点高三串讲。"而另一条广告则更显蹊跷，同一位老师竟然可以教授数理化或者语数外等课程。记者注意到，"重点中学"、"资深教师"、"精通高三教学"等抓人眼球的词语成为家教应聘者的标签。记者根据广告电话拨通了一家家教中心，一名男士热情地告诉记者："我们这里有五千多位高级和特级教师，文、理科的孩子都可以辅导，都是重点中学的在职老师，你大可放心。"

"高教老师"穷追不舍

记者通过广告与一名自称"北京四中的潘老师"取得了联系，在广告分类中，潘老师属于教授"数理化"专栏。当记者表示，想找一位教高三的数学老师时，潘老师立即表示，她教高一物理，不过可以帮记者找一位符合条件的老师。

不到五分钟，一名自称叫张志兵（音）的男老师主动给记者打电话。张老师告诉记者："我是四中的高级教师，有几十年的教学经验了，给孩子补课肯定没问题。"没容记者说话，他就迫不及待地表示，希望马上开始补课。对于记者为什么不需要先和孩子交流，制定教学计划的疑问，张老师显得非常吃惊："这有必要吗？我觉得直接开始第一次课就可以了。"张老师既没有问学生的情况，也没有说与数学教学相关的话题，只是一味地催促记者赶快做出决定。

只报姓不说名成行规

记者在某家教网站上看到，在其显示的老师信息中，只有姓没有名，只有"重点中学"的字样，而无学校全称。在记者采访中，几乎所有老师都拒绝透露自己的全名，声称双方本着诚信合作，没有必要说那么清楚。

记者试图与一名自称首师大附中教授高三数学的周老师见面，周老师称自己是高级教师。当一切条件谈妥之后，记者表示，希望见面时周老师能够带上教师证或者能够证明身份的证件，周老师马上拒绝了记者的要求。

十五名"名师"全是冒牌

记者通过网络、报纸、杂志等上面的广告与十五名老师取得了联系,经过记者的核实,他们中竟无一人是重点中学的任课老师。这些老师大多自称是北京四中、五中、二中、八中、人大附中、东直门中学、师大附中等重点中学的高三任课老师。尽管他们大多数只告诉记者姓什么,但记者逐一向各中学核实时,各校的校办、人力资源处、教学处均表示根本没有这名老师,有的连姓这个的都没有,年龄、性别、教授的课程等均不相同。

对于自称是首师大附中的周老师,校方表示,曾经有过这么一名老师,但是目前不在本校内。

家教中心谈成一个收费三四百

记者了解到,家教市场一个课时费大约 100 至 150 元。照此计算,只要做成一次中介,家教中心就将获得 300 至 450 元的提成。在记者采访时,家教中心均表示,如果老师开始上课,家长则需交纳 100 到 150 元不等的管理费,而有些也称之为终身会员费。

同时,这名老师表示,有些家教中心还有固定的兼职家教,但很多老师并不愿意去,"他们给的课时费太低,一个钟点才 50 元。"

家教登记不需要证件

记者从网上搜索到三家家教中心的电话,以老师的身份打电话过去,自称 3 年前从北京师范大学数学系毕业,目前就职于北京二中高中部,是北京市优秀青年教师,询问是否可以介绍学生。家教中心负责接待的黄先生听完记者的情况后,信心十足地告诉记者:"你的情况很好,我这里刚好有一个高中生需要辅导,你看有没有兴趣?"当记者表示,家教中心是否需要先验证一下自己的证书、教师证等证明时,黄先生说:"目前没有这个必要,只要你能教学生就可以了。"

自称状元家教　学校查无此人

在记者看到的广告中,有一名老师的条件十分诱人,她自称姓刘,为东直门中学高三年级的英语老师,曾经给一名文科高考状元辅导过英语。

在约定时间记者在刘老师家中和她见了面。她正在客厅里给一名学生补习英语。经过初步交流,刘老师极力表现出她对学生及教学的充分了解。她说,自己教的很多学生都是重点中学的,如八中、二中、八十中等,课余时间来找她补课,成绩都相当好。但是令记者疑惑的是,如果刘老师目前正在教高三的话,时间应该非常紧张,但是记者前后两天的11时和15时致电刘老师时,她都没有上班。对此,刘老师解释说:"学校放假了,我正在家里带学生。"同时,刘老师表示,她更看重这些来家里补习的孩子,"学校那边完事就走人,过得去就行了。"

之后几天时间里,刘老师多次致电记者,婉转地询问是否决定请她做家教。当发现记者有些犹豫后,刘老师马上说:"你们在不在我这里学习并不重要,我的时间也很紧张。"刘老师说的是真的吗?经过记者多次与校方核实得知,东直门中学高中部根本没有一名姓刘的英语老师,并且该校当时还未放假。

专设机构监管家教市场

中国教育学会家庭教育专业委员会理事长赵忠心教授表示,虚假的儿童教育广告是精神产品,危害性绝不亚于伪劣食品、药品的危害。赵教授说:"现在虚假的家教广告实在太多,太泛滥。稍微用心一看,就会发现,全部是假话连篇,它危害的是孩子的心灵,这就更可怕了。打击虚假教育广告,应该引起全社会的极大关注。"赵教授表示,有些家教打着和重点中学合办的旗号,实际上,它所配备的教师很难达到所宣称的教学效果。

赵教授提醒家长:"特级、高级教师的比例比较小,如果十所学校,有一个特级教师就不错了。尽管各个学校的师资力量不同,但是特级或者高级教师的比例比较低。有的广告说,自己麾下有几千个特级教师,请问:全北京市才共有多少特级教师?那完全是骗人的鬼话,那是不可能的。"

赵教授表示，寒假、暑假期间，家长应该让孩子充分发展自己的兴趣和爱好，合理地使用休闲时间，可以发展特长，激发孩子的学习兴趣。"学校教育或多或少，都会让孩子有被逼迫的感觉；而假期的学习，完全是自主安排的，没有被强迫的感觉，可以更好地发挥孩子学习的主动性。如果到了假期，他们还在学习课本上的知识，而没有新鲜的知识进行刺激，很难起到良好的学习效果。"赵教授表示，对孩子来说，家长多请家教辅导功课，不如多让孩子参加社会活动，以社会为课堂，以社会生活为教材，在实践中获得知识和能力。

但是令人担忧的是，目前家教市场没有一个专门的部门进行监督和管理，因此赵教授呼吁，应该逐步建立家教市场的准入制度。据了解，注册家教中心只需在工商部门进行登记，有一定的启动资金即可，对于从业人员的资质并没有进行必要的审查。但进入市场后，因为家教中心属于社会教育性质，缺乏政府部门的监管，教育部门不管，文化部门也不管，是个无人管理的空白。因此，赵教授建议教委应该设立相应的部门对家教市场进行管理。

《北京晨报》2007年2月2日

16. 小学入学考吓坏学童

进入6月,上海一些幼儿园大班的孩子感受了"一考定终身"的紧张气氛。为了就读"重点小学",这些幼儿被迫坐在书桌前,识更多的字,解更多的题……

"妈妈,熊猫难道不喜欢吃蛋糕吗?"6岁男孩殷胜尧的问题,让母亲潘巍明不知所措。

这是上海某重点小学入学考试的考题之一。这所招生不到300人的小学却有3000人报名。为了"小考"上线,殷胜尧今年寒假就开始复习了,家里有十余本复习资料,从认字习字、算术到自然常识、看图说话,应有尽有。

可是,殷胜尧还是"落榜"了。因为"熊猫喜欢吃什么"一题的标准答案是竹子,而不是他根据动画片中熊猫吃蛋糕的情节所作的判断——这让小尧尧疑惑不已。

伴随"小考"升温,教辅材料热、补习班热,也同样发生在幼儿园小朋友身上。

超前学习 孩子可能输在起点

赵忠心教授认为,"不能让孩子输在起跑线上"的观点太绝对化了。人的成长是一个漫长的过程,这个过程包括了许多个不同的发展阶段,我们不能说哪一个阶段是最重要的,哪一个阶段是不重要的,应该因人而异。比如,在短跑比赛中,起跑是很重要的。长跑起跑时慢了一两步、两三步是没有多大关系的,关键是要有实力,最后的一两百米能够很好地冲刺,开始落在最后也有可能得第一。孩子的成长和教育也是这样。现在不少家长对孩子实行"超前教育",如让3—6岁孩子学习小学的课程,小学时学中学的课程,中学时学大学的课程等。这种教育对个别人可能适应,而对绝大多数人来说是行不通的。

赵忠心教授表示，早期教育是一种非学历教育，不是以传授知识为主的，不能跟学校教育（即正规教育）相比。幼儿教育（包括幼儿园教育）也是一种非学历教育，不能把教育过早地正规化。我们不能违背儿童生理和心理的发展规律，对孩子的教育要坚持量力而行、循序渐进的原则。在学龄前阶段，最主要的是要让孩子掌握生活常识，就是直接经验，感性知识。上学之后读书，书中讲的主要是间接经验，即理性知识。用认识论的观点来看，要想掌握大量的间接经验，首先应该掌握大量的直接经验，这样才能更好地理解别人的间接经验。生活常识就是感性知识，感性知识越丰富，将来学书本上的理性知识时才能有更好的理解力。所以，过早地让孩子读书或识字，灌输一些抽象的知识，而不是先丰富孩子的感性认识，实际上是违背认识论的，也是行不通的。

《中国妇女报》2004年7月6日
本报记者沪艳春采访

17. 是谁在制造"休学"和"弱智"学生

记者在采访中了解到,北京宣武区一所普通中学的董老师自2002年到现在四年半的时间里,已经教过四个开过"弱智证明"的学生。其中现在上初三年级的小刘同学特别好动,但学习成绩差,家长在小学就给他开了"弱智证明"。

班里的另一位张同学不爱说话,但自己遇到事情能够自己处理,家长也为其开了"弱智证明"。"这样我们老师就不能像要求其他同学一样要求他,能学多少学多少。其实,这是家长溺爱的结果,怕他学习累着,怕老师抓得太紧。"

董老师认为,开了弱智证明,老师就可以对症下药,但他看这四个孩子智力没什么大问题,吃、穿、玩等生活方面很正常,上学放学也能自己回家,也能跟老师玩"心机",只是学习跟不上而已。

随后记者采访了北京市大兴区一位开了"弱智证明"的学生家长。这位家长告诉记者,起初是学校暗示家长,孩子学习成绩差。开了"弱智证明"可以免试升学,减轻了老师的升学负担,也避免了学生去工读学校的可能,孩子即使毕业了找不到工作也还可以享受劳保。"我们想想,这也是为了孩子将来好,就给他开了'弱智证明'。"这位家长说:"虽然孩子不愿意,可这也是一个办法。"

记者了解到,开了弱智证明就属于残疾人,可以享受国家为残疾人正常生活而施行的医疗保险、养老保险、住房保障、子女就学等基本保障。

专家访谈 学校和家长都有责任

记者:您认为是什么导致了"休学证明"和"弱智证明"的出现?

赵忠心:这是为了逃避教育的责任而弄虚作假。这些做法跟学校和老师片面追求升学率有关系,这是教育上的投机取巧,实际是一种变相的

"教育腐败"现象；此外，出现这样的"证明"还跟家长对孩子的溺爱、缺乏远见有关系。

记者：您怎么看待开这两种"证明"的家长？

赵忠心：开"休学证明"和"弱智证明"的这两类家长都太短视，目光短浅，只看到眼前，没考虑到孩子的将来。孩子学习有困难，"休学"还可以缓冲一下。而给孩子开"弱智证明"的家长，简直就是糊涂。"弱智"的帽子可不是好戴的，不可轻率。一旦给孩子戴上了，将会伴随孩子一辈子。家长给孩子开"休学证明"，暂时躲过了升学考试的压力，孩子长大后会明白，自己是因为学习跟不上才开的"休学证明"，而并非别的原因。随着年纪越大，这顶帽子也会越来越沉重。而"弱智"的帽子一戴上，在人们眼里就是个"另类"了。

记者：您能否给这两类家长提点建议？

赵忠心：孩子几岁上学是有科学根据的，没到年龄就上学是违背科学的。想方设法让孩子提前入学，实际上是不明智的。看起来早上年学似乎是捡了个"便宜"，但孩子身体、心理、智力等各方面发育都不太完善，早上学孩子在班里学习、活动都很吃力，反而会影响孩子的正常发展。建议家长们要以孩子为本，按照入学年龄要求适时入学，孩子的学习和生活都比较从容。不要早早地让孩子背上生活的十字架，免得让孩子过早地承担难以承受的压力，影响他们身心健康的发展。

记者：您认为开这两种证明还跟哪些方面有关系？

赵忠心：医院要严把关。国家对于智力残疾的测评是有规定的，凡智商低于70（IQ）分者，视为智力残疾。但有的孩子明明智商正常，医生经不住家长一再地恳求，就违心地开了"弱智证明"，随便在纸上写点什么，家长就可以去学校办"休学证明"。因此，医生们应该增强社会责任感，加强自律，讲究职业道德；大众媒体也应该加强监督的作用，让孩子正常快乐地成长。

《现代教育报》（北京）2007年4月16日
本报记者解淑萍采访

18. 家庭教育要从"出钱"走向"出力"

夏令营的价格在这个炎热的夏天有增无减,八九天的时间收费两三千,已是司空见惯。近日结束的某个"写作旅",八天收费 4900 元,而在新浪网上随机搜索某个"精英夏令营",收费也达到了 7800 元。

"您觉得孩子需要什么样的夏令营?"在某夏令营网站发出的这份问卷调查上,有 154 人投票,赞成"锻炼素质型"的比例达到 45.45%。其次是随意游玩型、增长见识型和学习提高型。

不少家长存在着这样一种家庭消费观:不在乎费用的多少,而希望孩子能在夏令营中学会一些独立的能力。

记者在一些夏令营网站,看到了一些家长的感触。一位何爸爸留言:"回来之后孩子好像长大了几岁,比以前更有礼貌、更懂事也更坚强。"韩妈妈留言说:"孩子长大了,学会了与他人相处,提高了独立生活的能力。"还有一位于妈妈高兴地说:"孩子像变了一个人似的,吃东西都要说'妈妈你也吃吧!'"类似的留言占了绝大多数。

家长的愿望当然是好的,孩子从营地回来,确实吃饭快了,也会叠被子了。但是,花这么多钱参加八九天的夏令营,家长就能一劳永逸了吗?

记者采访了家庭教育专家、北京师范大学教授赵忠心。赵忠心说,夏令营也许能够在几天内产生立竿见影的效果,但是从长远看,若家庭不能加以巩固,这些培养起来的习惯也坚持不了多久。家长完全可以在日常生活中培养孩子的良好习惯,而没有必要全部寄托在高价夏令营上。如平时给孩子一些任务,委托孩子办事、串门、走亲戚,都可以在生活实践过程中培养孩子的独立生活能力。

《中国教育报》2006 年 8 月 11 日
本报记者张春铭采访

19. "家校互联"
——家校沟通无极限

家校联系无论采取什么手段,都要努力做到让家长在教育理念、教育方法上和学校达成共识。

2004年10月25日,张萌收到了儿子班主任发来的一条短信:"标题:表扬,内容:您的孩子在昨天的英语课上表现积极,受到各校听课老师的好评,特此表扬。留言人:田凤艳老师(直接回复给对方留言)。"

这让张萌的心里涌出几分喜悦。这是她第三次收到类似的短信了。儿子在学校表现好,她当然觉得骄傲,而能够如此及时地了解儿子在学校的表现情况,她求之不得。

张萌的儿子就读于北京市朝阳区管庄中心小学,学校最近刚刚开通了"家校互联"信息平台,老师们可以在家校互联软件平台上编发信息到家长的手机对学生相关情况予以及时通知,家长通过手机回复的信息同样会显示在老师们使用的网络主页上,双方可以即时沟通学生状况。

为了加强家校间的联系,各学校都在根据学校实力积极寻求多种途径,开通各种联系方式,以便能及时和家长进行交流。

很多学校引进了类似"家校互联"的软件交流平台,采用学校一端使用电脑、家长一端使用手机的方式,尽力保障可以随时和家长沟通交流学校情况及学生在校状况,以"短、平、快"的信息交流作为传统家校联系的补充。

在前门小学,教导主任赵连杰老师给记者介绍了一些既现代又新颖的模式,"语音信箱是由学校老师、学生录制节目,家长可以直接拨号接听各项节目,以便了解学校教育的各种状况。社区论坛的建设更是给家长、学生、老师提供了畅通交流的公共空间。打开学校网页,网络社区上学生的作业、老师的评语等历历在目。"

作为一所寄宿制学校,学生接送也为老师、家长提供了面对面交流的机会。每周五家长接孩子,学校要求各个老师都要进班接待家长,尽可能扩展各方面的交流。

史家胡同小学不仅开通了语音信箱、网络社区,设立了家教咨询热线,很多班级还成立了"家长俱乐部"、"家教沙龙",除了每学期的在校家长会,每月还举行一次视频家长会。每年在一年级新生入学时请来心理专家对新生家长进行培训,帮助家长树立良好的教育教学理念。学校在学期中还不定期地请本校资深教师、校外教育专家对家长进行教育培训。另外,学校还自费选编了一些能提升家长教育观念的文章印刷成刊物,免费发到每个家庭中。这个学期,他们已成立"家长义工队"为学校发展献言献策,家长报名很是踊跃。

家访、电话、网络、社会资源,条条大路都联结着学校、家庭这两端。

如今,已经有越来越多的学校开始利用现代信息技术进行家校之间的沟通。种种便捷的"家校互联"方式是否能真正在家、校之间架起畅通无阻的桥梁呢?

对此,北京师范大学家庭教育专家赵忠心老师表示了自己的担心:

"如果学校、家长仅是依靠各种先进的手段交流学生的各种状况,让孩子的生活、学习变得透明,那么这样的家校联系能达到的目标只是对孩子的共同监督,还只是停留在'面'上,层次还很浅。家校联系,无论采取什么手段,都要努力做到让家长在教育理念、教育方法上和学校达成共识。"

对于各种家校联系模式,赵忠心强调,在任何一种模式下学校都要注重家长这个教育资源的开发与培养。目前,培养家长教育资源,只有一些特别优秀的学校开展得还不错,很多学校在这方面还是一片空白。家长教育水平得不到提升的话,学生在学校受到的一些教育就不能得到很好的巩固,甚至家长的消极影响会"消解"学校的教育成果。

《现代教育报》(北京)2004年11月5日

20. 谨防少儿读物再被"灰色"歌谣打败

《新疆新童谣》发放到当地学校后,盖过了校园传唱的"灰色"歌谣的风头。这是一件好事情。但是,我们要突出地强调,我们所提倡的少儿读物一定要寓教于乐,不然就会又被新的什么"灰色"歌谣所打败。

赵忠心教授说,少儿读物要把让少儿获得乐趣和美感放在第一位,然后渗透一些教育的内容,使孩子在玩乐过程中不知不觉地受到教育;绝不能先谈教育意义,必须把有意思和好玩放在最前面。此言不虚。

为什么一些所谓的"灰色"歌谣曾经流行一时,就是因为这些东西趣味性比较强。而一些看上去很正确、很符合大人对孩子要求的少儿读物,根本引不起少儿的兴趣。各地去年以来出现的《新童谣》在一定程度上弥补了这方面的不足,起到小孩能接受、大人很放心的效果。

对于各地《新童谣》所起的作用不能过于乐观,而是要不断推出孩子们喜欢、内容健康或至少无害的读物,满足少年儿童非常旺盛的需求。绝不能有一套《新童谣》包打天下、一套丛书管十年的一相情愿。再推出新的读物时,也不要回到只要大人满意、不管孩子们是否真正爱读的老路上去。

要把为少儿提供课外读物作为文化工程来抓。今年,湖北的出版社推出《百年百部中国儿童经典书系》、北京的出版社推出《少儿文艺典藏丛书》,此外郑渊洁、曹文轩的原创作品也成为少儿出版物的闪光之处,这消除了中国少儿图书市场只有靠《哈利·波特》和安徒生的误解。

新华网 2008 年 1 月 18 日
新华社记者鹿永建采访

21. "出书就像氽丸子"
——专家不满家庭教育图书泛滥

"现在我不喜欢去书店,去了就忍不住要生气。那么多听都没听说过的所谓'学者',左一本右一本地炮制家庭教育图书,快得简直就像氽丸子!"近日,在中国儿童中心举办的新书《做好父母这件事》专家研讨会上,中国教育学会家庭教育专业委员会理事长、北京师范大学教授赵忠心作了上述表示。

赵忠心说,随着社会发展和人们思想观念的改变,广大家长对家庭教育科学知识的渴求越来越强烈,大量家庭教育读本不断推出,却难掩鱼龙混杂、泥沙俱下的事实。"我从事了几十年的家庭教育研究工作,倒是出版了一些书,有几十本。没想到,一个闻所未闻的作者一年间竟能出版几本书。"赵忠心称,有的作者从来没有从事过教育工作,没有接受过教育专业方面的训练,缺乏最基本的教育科学理论素养;也有的教育学者丧失了起码的学术良心,极力迎合一些家长不正常的心态,出版了一批违背教育学科和儿童心理发展规律的书籍,使许多望子成龙心切又缺乏鉴别选择能力的家长上当受骗,错入误区,非常令人担心。

他说:"教育类图书不同于其他的休闲读物,没有专业学术素养和严谨求实的态度,是不可以轻易写作出版的,不能就是为了赚钱而误导读者。作者和出版社都要增强社会责任感。"

他同时还批评了一些家长盲目追捧个别"成功"家庭教育个案的思想,指出"神童"是不可复制的,要从自己孩子的实际出发,注意因材施教。

《中华读书报》2006年7月4日
本报记者韩晓东采访

22. 家庭教育岂能如此推广
——"黄鹤飞现象"调查

在近期召开的一次家庭教育管理体制研讨会上，中国教育学会家庭教育专业委员会秘书长赵刚指出：北京华夏英杰国际教育科技中心负责人黄鹤飞编造、冒用一些"中"字头单位名称和专家名义，开展涉及家庭教育的培训和大型活动，扰乱了家庭教育市场。记者就此展开了调查。

《中共中央国务院关于进一步加强和改进未成年人思想道德建设的若干意见》发布至今已两年整，作为未成年人思想道德建设三大方面之一的家庭教育成绩斐然，但也有些不和谐音，"黄鹤飞现象"就是一例。

未登记的"中"字头家庭教育推广机构

根据赵刚提供的线索，记者登录了"北京华夏英杰国际教育科技中心"自办网站，发现这家机构原名为"北京华夏英杰教育科学研究院"，自称是"一所专门研究爱的智慧和生存创业教育的专业性、开放型研究机构"，下有7个经营实体、10余个二级研究分支机构，正在一些地方设立分院。

赵刚说，黄鹤飞近年来以教育机构院长、主任等身份、以推广家庭教育为名，在多个地方大搞营利性活动，所用名义时有冒用与编造。

北京华夏英杰教育科学研究院在举办论坛、培训等活动时，打出若干合作单位名称，诸如"中国家庭亲子教育研究会"、"中国儿童早期教育研究会"、"中华成功者研究会"、"中国未成年人教育指导中心"等。赵刚说，他向民政部社团管理局查询后得知，无上述机构。

另外，黄鹤飞原任职于湖北某银行，因经济犯罪被判刑，刑满释放后到北京谋生。多年从事教育研究工作的赵刚认为，依据《教师法》，有刑事犯罪记录的人，不能取得教师资格，也不能从事公共教育活动。中国政

法大学行政法副教授王建芹也证实，有刑事犯罪记录的人不可以登记、出任为教育及教育相关领域的法人代表。

冒用别人和其他单位名义的推广活动

记者查阅到教育部所属的中央教育科学研究所2005年3月3日发布的"关于北京华夏英杰教育科学研究院盗名侵权的声明"，从中可见黄鹤飞"合办活动"方式的一种。

这项声明说："我处收到教育部有关部门及一些地方教育行政部门和学校的举报，称'北京华夏英杰教育科学研究院以中央教育科学研究所名义合作举办某论坛并进行招商，是否属实？'经查，我所及下属各部门、个人不曾与该机构洽谈、签署过任何合作协议，该机构对外通过自办网站、在《早期教育》等刊物上刊登广告、散发活页广告等行为存在盗用中央教育科学研究所及下属部门名义的严重侵权现象。"

声明还指出：北京华夏英杰教育科学研究院自立课题《家园共育365健康人格培育模式探索》，谎称"全国教育科学'十五'规划教育部重点科研课题"，经向全国教育科学规划领导小组办公室咨询，不存在该名称课题。北京华夏英杰教育科学研究院自立课题《家园共育365健康人格培育模式探索》谎称"经教育部中央教育科学研究所科研管理处批准"，等等。经查，中央教育科学研究所科研管理处从未下达该课题（包括子课题）批准通知书。此系盗用国家单位名义以及伪造公文的严重违法行为。

中央教育科学研究所科研管理处负责人告诉记者：在中央教育科学研究所与北京华夏英杰教育研究院交涉后，对方撤下了其在自办网站上所有与中央教育科学研究所的相关联信息，并向中央教育科学研究所及相关部门书面道歉。

中国教育学会家庭教育专业委员会理事长、北京师范大学教育学院研究员赵忠心接受记者采访时称，黄鹤飞举办家庭教育论坛时，未经同意便把他的名字列在与会专家中，遭到他严厉斥责。赵忠心质问道：家庭教育是要教育孩子诚实做人的，这样的人，怎么能够从事家庭教育指导呢？

家庭教育领域必须扶正祛邪

辽宁省和朝阳市家庭教育顾问王秉德多年来致力于家庭教育的研究和写作，自办家庭教育网站，上载公开出版的《父母之道》，供读者免费浏览。他认为，经济社会的发展，不能以道德缺失为代价；广大家长必须意识到，要让未成年人有好的人格，关键是成年人勇于改变自己，成为榜样。

江西省教育科学研究所研究员谭虎近年开办家长函授学校，创新家庭教育形式，很受家长欢迎。他提出，在继承发扬中华民族传统美德的同时，应提出适合社会主义荣辱观的"新家规"，把勤劳、正直、善良写入其中。

西安教育学会会长许建国近年在家中开设家庭教育课堂，帮助了240多个家庭，给100多个学生作人格教育辅导，让心理压抑的孩子们"轻松多了"，身患糖尿病的许建国义务从事这项工作。他说，家庭教育需求巨大，教育工作者必须投身其中，不然就会有劣质产品乘虚而入。

赵忠心认为，目前家庭教育市场存在收费混乱，多头管理、谁都不管的现象。整顿家庭教育市场，要出台规范、标准，建立家庭教育示范体制。教育行政管理部门要设立民营教育机构进入家庭教育领域的准入制度。

记者调查发现，黄鹤飞目前确有合作者，包括教育工作者和社会团体，他们认为黄鹤飞是"浪子回头金不换"。也有一些人悄悄退出合作。

新华网2006年3月23日
新华社记者鹿永建、张旭采访

23. 家庭教育应更积极发挥专家作用

学有所成的家庭教育专家正受到家长追捧,但此类专业人士也有受冷遇的尴尬。要让为数不多的家庭教育专家与更多家长见面,传道解惑,需要充分发挥政府和市场两个积极性。

成都市妇联牵头成立的成都市家庭教育指导中心开张时,来了一对为三岁儿子犟脾气而烦恼的父母。一位专家观察和询问后说,孩子的问题是注意力不集中,主要是因为婴儿期很少爬行;他建议家长每天与孩子对视三分钟,集中他的注意力,还可以加强沟通。年轻父母听得连连点头。

家庭教育是教育的一种,专业人员的指导必不可少。在拥有 240 万未成年人的成都,人们打给成都市家庭教育指导中心的热线电话,忙坏了义务接听的专家。在农村,一旦有专家下乡讲家庭教育,简陋的课堂就挤满听众。这表明家庭教育专家资源供不应求的基本现状。

在家庭教育专家奇缺的今天,也有家庭教育专业人才受冷遇的现象。从事家庭教育研究 20 年的北京师范大学教授赵忠心透露,他培养的几十名家庭教育专业硕士生、进修生和访问学者,有一半学成后没机会干专业。这让人意识到,在想大显身手的家庭教育专业人才和如饥似渴的家长之间,常常是"思君不见君"。

在专家与成千上万家长之间,确实不存在现成的信息通道。建立日常的沟通平台需要政府有关部门实实在在提供服务,扶持建立中介机构。

家长的需求催生了家教市场的初步繁荣。广东省妇联儿童部部长张丽玲说,在广州出现形式新颖的家庭教育训练营,收费不低,家长却积极参加。看来,通过市场机制配置家庭教育的专家资源,推进城市家庭教育,极其有效。

市场需求旺盛,须小心冒牌的家庭教育专家。作为家庭教育专家的赵忠心说，不迷信专家就不会受骗上当。家长可以在专家指导下，读一两本严肃的书，思考如何对孩子进行德育和智育。

新华网 2004 年 11 月 21 日
新华社记者鹿永建、苑坚采访

24. 应该给孩子一个什么样的家庭教育

刘亦婷上了国外名牌大学读书对家庭来说是好事,她的家长培养子女、教育子女的做法也值得参考,但是并不值得模仿。任何经验都是有一定局限性的,经验不是规律。现在家长很容易犯照抄照搬的毛病。如果说可取之处,那就是她的家长很重视孩子的教育,但他们的一些做法我并不太赞成。一个人的成长、成才要受很多因素的制约,刘亦婷家长的做法多数家长做不到,因为没有那种素质和能力。就是不工作了专门来做,也不可能像刘亦婷父亲那样,他比老师还老师呢,我觉得没有推广意义。刘亦婷的家长用这种方法教育她,刘亦婷听了,如果换了另外一个孩子,她可能就不听,因为不适合。

神童不是培养出来的,神童是发现的,是存在的,神童是不能复制的。同样,刘亦婷也是不能复制的。

上大学并不代表素质高

我觉得那些陪读的家长们特可怜。学艺术是为了提高素质,但现在的家长很盲目。上了大学并不代表素质高。我给素质下的定义中包括两个方面,即衡量一个人素质高低的标准,一是生存能力,二是自我发展能力。这中间排除了学历。上大学就是人才吗?不,我绝不这么看待这个问题。台湾艺人凌峰曾到瑞士访问诺贝尔奖获得者丁肇中。丁肇中讲道,据他所知,诺贝尔奖获得者绝大多数不是出自名牌大学。

不是上哈佛上牛津就一定怎么怎么样,这都是炒作。上大学不见得就是成功,成功主要通过社会实践来取得。家长的工夫要下在培养孩子的素质上,素质是一个人一生中永远起作用的因素。

追求成功还是追求幸福？

误区之一是盲目的超前教育。这对孩子的智力是一种掠夺式的开发，大有"杀鸡取卵"的趋势，这是很错误的。孩子们应该有他们快乐的童年，现在却过早地让孩子背上生活的十字架，幼儿园的孩子都开始对前途有忧虑。

现在社会上搞了很多早期智力开发方案，我认为是错误的。学龄前第一是保健，第二是让孩子学习生活常识，即感性知识，而不是理性知识。掌握感性知识是掌握理性知识的基础，感性知识掌握得越丰富，他对理性知识理解得越好、越深刻。

超前教育的危害在于打乱了孩子身心成长的次序。进行超前教育，眼前可能看到一些效果，但从长远看是有害的。最近社会上有句话叫"不要让孩子输在起跑线上"，这句话是说给学龄前儿童家长的，是不正确的。我想告诉大家，人才的成长是长跑不是短跑，不是一蹴而就的。苏联有位教育家有一句话说得很好，早熟的果实既不丰满也不甜美。

第二个误区是家庭教育的片面性。人才的成长是各种素质协调发展的过程，只有协调发展，才能够长足发展。片面性表现在多方面：第一，重智轻德。家长关心的是孩子的学习、孩子的智力，不关心孩子的道德品质，只要不犯法就行；第二，重视知识，忽视能力；第三，重视孩子的书本知识，忽视生活常识；第四，重视智力因素，忽视非智力因素；第五，重视发展特长，忽视全面发展；第六，重视营养保健，忽视身体锻炼；第七，注重身体健康，忽视心理健康。

误区之三是家庭教育"学校化"的倾向。现在的家庭教育有点抛弃了自己本来的职能，成为学校的一个承包机构，学校让干什么就干什么。家长在家关心孩子就是学校给孩子布置了什么任务，学校给家长布置了什么任务，却将自己的天职忘了。像劳动教育、孝敬老人、有礼貌、交往能力，这些都是家庭应该做的，但是家长不做了。家长就是管作业、管课堂，就是将学校的任务都转移到家里来了。

家长要端正心态

现在的家长"望子成龙"心切,达到一种"饥不择食,慌不择路"的地步。只要有谁说这个办法能有利于孩子成才,有利于开发孩子智力,能够让孩子长个,让孩子长胖,他就要试一试,很盲目。

在家庭教育中,家长首先要端正心态。教育孩子要遵循发展规律,循序渐进,量力而行,要按照孩子发展的趋势给予诱导,给予指导。欲速则不达,如果违背了孩子的成长规律,是会受到惩罚的。

家长要教育孩子,第一,就是要给孩子创造一个良好的家庭环境,一个和谐、温馨的生活环境;第二,应该给孩子创造一个良好的学习环境。第三,家长要引导孩子接触社会,接触大自然,丰富自己的感性知识,提高自己的社会适应能力。

《现代教育报》2001 年 10 月 26 日
本报记者谢凡采访